MÉLANGES DE L'UNIVERSITÉ SAINT-JOSEPH

BEYROUTH (SYRIE)

Tome VIII, fasc. 4.

P. H. LAMMENS, S. J.

LA CITÉ ARABE DE ṬĀIF

A LA VEILLE DE L'HÉGIRE

IMPRIMERIE CATHOLIQUE
BEYROUTH (SYRIE)
1922

AVANT-PROPOS

En Octobre 1904, sous le titre : *Tâif, la cité alpestre du Hidjâz au 1ᵉʳ siècle de l'hégire*, j'ai publié dans la *Revue des questions scientifiques* de Bruxelles, une modeste esquisse géographique ; rédaction d'une leçon professée, l'année précédente, à la *Faculté orientale* de Beyrouth. Pendant les trois premiers mois de 1914, à l'*Institut biblique* de Rome, j'ai repris toute cette matière pour la développer en une série de conférences, ou de prélections publiques, auxquelles des professeurs de la *Scuola orientale* de l'Université royale m'ont parfois fait l'honneur de venir assister. J'avais à tenir l'engagement, pris dans la Préface du *Berceau de l'islam*, à étudier, après les nomades, les populations sédentaires du Hiǵâz, à la veille de l'hégire. J'explique plus loin, dans l'*Introduction*, pourquoi, parmi les sédentaires, je commence par Ṭâif et les Ṯaqafites.

La rédaction de cette monographie était achevée, l'impression allait être commencée, quand éclata la guerre. Après l'armistice, d'autres occupations m'ont distrait. Je me décide aujourd'hui à publier ces pages, après les avoir revues sommairement. Je n'ai pas cherché à dissimuler partout le ton de la conférence. On y retrouvera des digressions, des compléments d'information, dans le genre de celles que le Professeur Nöldeke (1) a signalées dans le *Berceau de l'islam*, ouvrage qui, lui aussi, représente une réunion de prélections académiques. Dans mon manuscrit, dont j'ai commencé la rédaction à Rome, il y a dix ans, certains chapitres auraient

____

(1) *Der Islam*, V, 205.

gagné à être remaniés et même recomposés. Je ne me suis senti ni le courage ni la force d'entreprendre cette refonte.

Je me suis proposé dans cette monographie d'étudier, de fixer la part qui revient à la population de Ṭâif, dans l'établissement de l'islam. Mais, en dépit du titre adopté, je n'ai pas considéré la limite chronologique de l'hégire comme un *haram*, une barrière inviolable. La Tradition musulmane et l'orientalisme se sont accordés pour exalter le calife ʿOmar. J'ai pensé, qu'après Moʿâwia, il était temps de mettre en lumière les compatriotes de Ziâd et de Ḥaġġâġ, de montrer le rôle islamique qu'ils ont joué et comment leur intervention intelligente a consolidé l'œuvre ébauchée par Mahomet.

Ce travail formant la continuation du *Berceau de l'islam*, je renvoie, pour les références, les sigles et abréviations en usage dans les notes, à la bibliographie publiée en tête du *Berceau*. Les nouveaux ouvrages sont peu nombreux ; ils seront décrits, à mesure de leur utilisation. La lettre E réfère à une édition égyptienne de l'auteur cité.

INTRODUCTION

Les sédentaires, éducateurs des Bédouins.— La Mecque, Ṭâif, les deux villes-sœurs, «les deux Mecques».— Nombre restreint des «Compagnons» ṭâifites ; leur tardive conversion. Entraineurs d'hommes ; leur supériorité sur les Anṣâriens. — Les Ṭâifites, lieutenants, ministres des Omayyades dans la fondation du califat et l'expansion islamite.

Le *Berceau de l'islam* a montré quelle était la situation politique et morale des Bédouins dans l'Arabie, à la veille de l'hégire, au moment où un groupe de Qoraišites, réunis à Médine, autour de Mahomet, s'apprêta à les façonner pour en tirer « la matière de l'islam » مادة الإسلام.

Il ne s'agissait plus, comme aux beaux temps de la *République marchande* de la Mecque (1), d'affirmer, de maintenir contre toutes les compétitions la supériorité économique de la métropole qoraišite. A cette besogne pratique, le savoir-faire d'Aboû Sofiân et des financiers, ses concitoyens, avait pu suffire. La mission nouvelle offrait des difficultés, insoupçonnées par ceux-là mêmes que la mort inopinée du Prophète appela à continuer son œuvre. Malgré leur incontestable habileté, en dépit de leur foi en eux-mêmes et dans les destinées de l'islam, cette poignée de commerçants mecquois aurait sans doute succombé sous le faix de l'écrasante tâche : la transformation d'une race aussi peu maniable, aussi indocile que les habitants du désert. Le secours devait leur venir des populations sédentaires du Ḥiǧâz.

---

(1) Cf. notre *République marchande de la Mecque, en l'an 600 de notre ère.*

Le moment est venu de nous occuper de cette fraction de la race arabe, d'étudier ses aptitudes pour le rôle qui allait lui être dévolu. A la veille de l'hégire, ces populations, elles aussi d'origine bédouine, se trouvaient réparties dans les trois villes : Ṭâif (1), la Mecque, Médine, ensuite dans une série d'oasis, grandes et petites, disséminées principalement sur la surface septentrionale de la province. Nous en avons nommé la plupart au cours des recherches sur le climat de l'Arabie (2) : Ḫaibar, Ǧoḥfa (3) ; Fadak, Taboûk, Taimâ' ; enfin le chapelet de palmeraies s'égrainant le long du couloir étranglé de Wâdi'l-Qorâ, entre Médine et la Syrie.

Il ne saurait être question de retracer l'histoire des oasis du Ḥiǧâz. Leur population d'agriculteurs se trouvait mal préparée pour exercer sur les Bédouins une influence profonde ; nous pourrons nous en convaincre à Médine. Et puis, à l'exception de Médine et de Wâdi'l-Qorâ — ôù Juifs et Arabes voisinent et se disputent la prééminence politique — ces oasis étaient colonisées en majorité, pour ne pas dire en totalité, par des Israélites. Même après l'expulsion des Juifs de Ḫaibar, il n'est jamais question d'un personnage important, originaire de ce centre si renommé pour sa fertilité. Au moment de l'hégire, quand Mahomet émigrera à Médine, nous aurons à étudier les Juifs du Ḥiǧâz.

Notre attention va donc se limiter aux agglomérations urbaines. Elles ont fourni à l'islam primitif les classes dirigeantes : celles de Qoraiš et de leurs auxiliaires citadins. Dans leur milieu, s'est élaboré le premier précis de dogmatique et de législation qoraniques, celui-là même que les Bédouins propageront à la pointe de leurs lances jusqu'aux extrémités de

------

(1) Nous adoptons cette orthographe expéditive, au lieu de la graphie plus correcte *Ṭâ'if* الطائف, où l'on a voulu voir un dérivé du verbe طاف. Comme l'observe le vieux Turpin : « son nom qui signifie tourner en rond a donné naissance à bien des fables » ; *Histoire de la vie de Mahomet*, I, 37. Maurice Tamisier, *Voyage en Arabie* (2 vol., Paris, 1840) écrit toujours *Taïffa*. Il assure (I, p. 227, n. 1) que « les Arabes prononcent indistinctement Taïffa, Taïf ou Tayef ».

(2) Cf. *Berceau de l'islam*, I, 113—183.

(3) Dans la région de la Mecque ; la seule oasis, située au sud de Médine : cf. *Aǧ.*, II, 179, bas.

l'Orient. Propagande fort efficace, mais ni plus ni moins consciente chez les nomades, missionnaires armés du nouveau monothéisme — nous transcrivons la pittoresque comparaison dont le Qoran s'arme contre les Juifs— que celle de « l'âne transportant des livres sacrés » مثل الحمار يحمل اسفارًا بئس مثال القوم (1). Etrange phénomène, en vérité, que la diffusion d'une religion, demeurée d'abord lettre morte pour ses meilleurs défenseurs. Du temps s'écoulera avant que leurs cousins des villes réussissent à leur inculquer les rudiments du credo musulman (2).

A maintes reprises, le Qoran souligne avec complaisance une marque de la miséricorde d'Allah à l'égard des Arabes. Il leur « a gracieusement dépêché », منَّ على المؤمنين, un prophète national — non pas étranger, Juif ou chrétien — un prophète sorti de la « gentilité » arabe, أُمّي, un homme, semblable à eux, رجل منهم, élevé « dans leur milieu, choisi au sein même de leurs tribus », رسول من انفسهم. Cette insistance répliquait à l'exclusivisme des Juifs, se réservant le monopole de la vocation prophétique, monopole que le Qoran avait commencé par reconnaître. A l'encontre des révélations antérieures, consignées en des idiomes inintelligibles, *barbares*, اعجمي, la nouvelle révélation se trouve « formulée en arabe, انزلناهُ قرآنًا عربيًّا, en une langue accessible à tous, لسان عربي مُبين, style d'une clarté sans ambages », قرآنًا عربيًّا غير ذي عِوَج (3). Mahomet ne se lasse pas d'insister sur ce thème, de développer cette faveur d'Allah (4).

Passons sur l'éloge hyperbolique, décerné à la limpidité constante de la pensée, sur l'oubli des متشابهات, ambigüités, qui subistent dans le Qoran (5),

---

(1) Qoran, 62, 6

(2) Cf. *Aǧ.*, I, 255—257, scène légendaire pour le choix des personnages et le développement du dialogue, vraie pour la mentalité prétée aux Bédouins des *maǧâst*. « La guerre les a empêchés d'apprendre le Qoran », affirment-ils ; *Aǧ.*, XIV, 40, 19. Les ablutions et les Bédouins de Baṣra, le cas qu'ils en font ; I. S. *Ṭabaq.*, VII¹, 188, 10 etc.

(3) Qoran, 12, 1.

(4) Cf, Qoran, 2, 146 ; 8, 158 ; 7, 156, 158 (cf. 62, 2) ; 9, 129, 10, 2 ; 12, 2 ; 13, 37 ; 14, 4 ; 16, 105, 114 ; 19, 97 ; 20, 112 ; 26, 195 ; 41, 1, 44 ; 42, 5 ; 43, 2 ; 46, 11 ; 50, 2.

(5) Qoran, 3, 5. Comp. Soyoûṭî, *Itqân*, I, 115 etc., II, 2 etc.

sur le parallèle avec les précédents monothéismes. Le Prophète ne prévoyait donc pas le caractère mondial de sa religion, destinée à conquérir des peuples *allophones*. Les versets, débutant par l'apostrophe *ô hommes*, s'adressent non à l'humanité, mais à un auditoire mecquois ou médinois. Quand il se proclame envoyé « à tous les hommes » (1), il faut comprendre les Arabes, ses contemporains, tous les habitants du Ḥiǧāz et des districts voisins, الناس كافّة, *tous* les hommes, nomades et sédentaires, grands et petits, sans distinction de rang, de sexe ni de condition, dans le Naǧd, le Tihâma, le Sarât, tous ceux enfin, capables de saisir son dialecte qoraišite ; partant, à l'exclusion des citadins du Yémen, pour lesquels cet idiome était à peine plus accessible que l'araméen biblique.

Douze siècles après Mahomet, les docteurs šī'ites invoqueront ces versets du Qoran contre le fondateur de la religion babiste. Ils lui reprocheront d'avoir rédigé ses prédications en arabe, langue incomprise par ses compatriotes persans. Ils ne se douteront pas que le syllogisme pouvait être retourné contre l'auteur du Qoran et contre tous ceux, orientalistes ou non (2), qui prétendent y découvrir des arguments en faveur de l'universalité de l'islam. Mais, ajoutait prudemment ce recueil, « Mahomet n'a pas reçu le privilège de l'immortalité. S'il vient à disparaître, seriez-vous tentés de faire défection » ? (3). Ce désastre, on risqua de le voir réalisé, au lendemain du trépas imprévu d'Aboû'l-Qâsim, mort sans avoir pu assurer l'avenir de son œuvre.

Le Prophète arabe s'était flatté de connaître ses compatriotes, les mobiles habitants du désert. De bonne foi il avait pensé pouvoir déterminer la dose de religiosité, d'obligations morales, adaptée à leur fruste mentalité. La tentative échoua lamentablement. Cet échec explique sans

---

(1) Comp. Qoran, 2, 57.

(2) Cf. *Mo'dwta*, 420—427 ; Snouck Hurgronje, *Mohammedanism*, 45, estime que la question demeure ouverte. Voir aussi plus bas. Nöldeke, *Der Islam*, V, 168, maintient la mission mondiale de l'Islam et la conscience de Mahomet à cet égard. Cette thèse commence à perdre du terrain, au sein de l'orientalisme.

(3) Qoran, 3,138.

doute l'inactivité de Mahomet, durant les deux dernières années de sa vie, son abandon de la Mecque, son oubli du pélerinage, l'interruption des révélations qoraniques, pendant cette période décisive. Les Bédouins demeuraient inconvertissables. Le Qoran en convient sans détours. A la mort du Réformateur mecquois, en masse «ils tournèrent les talons à l'islam», انقلبوا على اعقابهم et se révoltèrent contre Aboû Bakr.

La défection de la *ridda* — ainsi la *Sîra* qualifie ce mouvement — réduisit le groupe des Compagnons de Médine, divisés entre eux (1), à la peu enviable condition de chefs, de gradés, sans troupes à commander. Si l'on put conjurer alors l'éclipse totale du monothéisme qoranique, on en fut redevable à l'audacieuse initiative d'un noyau de citadins. Hardiment, sans en avoir reçu le mandat, ils prirent sur eux de continuer l'œuvre et, nous ajouterons dès maintenant, de compléter l'organisation ébauchée par le Prophète. La sanglante répression de la *ridda* attesta de quelle sombre résolution ces hommes se sentaient capables. S'ils réussirent, c'est parce que, comme le maître, « le prophète arabe », ils furent et restèrent Arabes ; parce que, eux-mêmes sortis par leurs ancêtres d'un mi'.ou bédouin, ils avaient su s'élever au-dessus de la mentalité et des conceptions bédouines. Compatriotes des nomades, alliés à leur chefs par les liens du mariage et des affaires, ces titres leur assuraient l'accès auprès des tribus. Citadins, trafiquants, banquiers, pour les avoir fréquentés de longue date, ils avaient, dans ce commerce ininterrompu, appris à connaître les côtés faibles de ces enfants solennels ; ils s'étaient initiés aux moyens de réduire l'individualisme de ces natures violentes et cupides. Les relations d'affaires et de parenté leur permirent d'assister aux luttes mesquines où s'épuisait l'énergie de la race, mais en spectateurs désintéressés et cherchant à exploiter ces divisions au mieux de leurs intérêts. Les citadins du Ḥiǵâz durent à leur primauté intellectuelle, à une moins rudimentai-

---

(1) Pour expliquer les dissensions entre 'Ali et le groupe d'Aboû Bakr, on suppose des divisions anciennes entre les clans qoraiéites de Hâsim, de Taim, de 'Adî. On essaie de la sorte d'atténuer le scandale des âmes faibles, *scandalum pusillorum* ; Wâḥidî, *Asbâb an-nozoûl*, 208, 6.

re organisation sociale, d'avoir tenu sous leur dépendance ces éternels vagabonds supérieurs par le nombre et par la valeur guerrière. Se représente-t-on les Qoraišites sans leurs *Aḥābīš*, les Ṭāifites sans les Hawāzin? Noyés dans la masse des nomades, les sédentaires ne peuvent se dissimuler cette cause d'infériorité (1). La mauvaise humeur des Bédouins suffisait pour les affamer ou ruiner leur commerce. Cette constatation leur inspirera l'art des compromis. Elle leur inculquera la nécessité d'entretenir des relations pacifiques avec les rudes habitants du désert, sans cesser de les mépriser (2).

Le triomphe de l'islam démontrera l'utilité de cette longue initiation diplomatique. Désormais les citadins deviendront l'âme mettant en mouvement la masse, demeurée jusque-là inerte, du monde bédouin. *Mens agitat molem.* Personne ne comprendra mieux ce rôle, ne s'y adaptera avec plus d'intelligente décision que les citoyens des villes du Ḥiǧāz méridional (3). Ils fourniront les groupes, les instructeurs chargés d'encadrer, de discipliner ces futurs soldats de l'islam. L'auteur du Qoran abandonnera à ses continuateurs le soin d'inculquer aux Bédouins la maigre mesure de croyances, de pratiques cultuelles, adaptée à la nature de cette race batailleuse et pillarde. Sa mort imprévue leur imposera la tâche, à peine moins délicate, d'éveiller en ces individualistes l'idéal nationaliste, le sentiment de la solidarité arabe. Intervenant seule, l'impulsion religieuse fût demeurée impuissante pour entamer leur indifférence, pour ébranler leur passivité et les entraîner dans l'aventure des *Maǧāzi*, des conquêtes mondiales. Les citadins de la Mecque et de Ṭâif connaissaient la ʿaṣabyya, le nationalisme de tribu; ils sauront la transformer en ʿaṣabyya de race, en chauvinisme arabe. A la suite du Qoran, ils

---

(1) Ils en conviennent devant Mahomet ; ان العرب تخطفنا من ارضنا لاجماعهم على خلافنا ولا طلب لنا بهم , Wāḥidi, *Asbāb an-nozoūl*, 255. Le ḥadīṭ paraphrase ici — comme souvent— le Qoran, 8, 26 ; 28, 57.

(2) Ici encore Mahomet leur aurait donné l'exemple. Comp. Qoran, 49, 4, à l'adresse des Bédouins, au dire de l'exégèse traditionnelle.

(3) حجازيون , gens du Ḥiǧāz ! (*Aǧ.*, VI, 6,1) Voilà comment au 1er siècle les poètes des Ḥāriǧites — en majorité de Bakr et de Tamīm — qualifient les orthodoxes !

exploiteront la légende d'Abraham et d'Ismaël, ancêtres de tous les Bédouins. Mahomet avait limité son ambition à la conversion du Ḥigāz. Ils
le travestiront en prophète de l'humanité. Quand on considère l'indigente
matière, sur laquelle ils durent opérer, on n'hésitera pas à qualifier de chef-
d'œuvre l'ensemble de ces audacieuses évolutions. Leur adresse empêchera les Bédouins ombrageux de s'apercevoir qu'ils se laissaient mener
par une minorité, la même minorité contre laquelle leurs poètes de la
ğāhilyya avaient élevé de si vibrantes protestations (1).

Malgré des dissentiments passagers, l'entente persistera entre les
deux grandes fractions de la race arabe. Elle assurera le triomphe de
l'islam et un siècle d'étonnants succès militaires. Nous allons donc étudier
de plus près le milieu, où l'œuvre de Mahomet devait recruter ses plus
intelligents auxiliaires, parmi les citadins du Ḥigāz.

*
* *

Ṭâif, la Mecque ! Par elles nous commencerons cette nouvelle ran-
donnée à travers l'Arabie occidentale, pour compléter celle commencée
dans le *Berceau de l'islam*. Je ne crois pas céder à un caprice, en juxta-
posant de la sorte ces deux toponymes. Je me contente de répondre — on
le verra — à l'invitation des Arabes, pour lesquels «la Mecque fait partie de Ṭâif, et Ṭâif de la Mecque » مكة من الطائف والطائف من مكة ; ainsi aimait
à dire Mahomet (2). Telles Gand et Bruges, dans l'histoire mouvementée
de la Flandre médiévale — on serait tenté de les appeler des villes-sœurs,
tant leur histoire se ressemble et se compénètre. Dans les deux centres, on
suit d'un regard scrutateur les vicissitudes de la vie politique, les oscilla-

---

(1) Cf. *Yazīd*, 38—55 ; nos *Aḥābīš et l'organisation militaire de la Mecque*, passim.

(2) 'Oġaimī, *Aḫbār Ṭāif*, 10 b. Ce sigle désignera désormais احدى اللطائف من اخبار الطائف
œuvre de حسن بن المرحوم علي الشهير بالشيمي, manusc. de la Biblioth. Khédiv. du Caire, marqué
au catalogue, section Histoire, sous le n° 87 م. Dans ce recueil de *Varia* مجموعة, cette monographie de Ṭâif occupe les pp. 7ᵇ — 22ᵃ. Sur l'auteur, 'Oġaimī, cf. Brockelmann, *Geschichte*, II,392, où n'est pas signalée cette composition, laquelle ajoute peu à nos connaissances sur l'histoire ancienne de Ṭâif.

tions du marché chez la voisine. C'est seulement après la reddition de la Mecque, que Ṭâif, jugeant son indépendance compromise, songera à traiter avec Mahomet.

Chez les Bédouins du Tihâma et du Sarât — nous le savons par le Qoran, Ṭâif et la Mecque s'appelaient القريتان, les *deux villes* par excellence ; il faudrait peut-être ajouter : *Al-Makkatân*, « les deux Mecques » (1). Malheureusement les poésies, où la dernière locution se trouve conservée, nous paraissent d'une douteuse authenticité (2). Nous savons que dans les toponymes, les poètes affectaient parfois d'employer, au lieu du singulier, la forme du duel (3). Les fabricants de pièces apocryphes le savaient encore mieux que nous. Ce qu'ils ont prétendu, c'est attester d'une façon graphique les relations, la solidarité des deux cités. Celle-ci se trouvait renforcée, nous le verrons, par de nombreuses alliances matrimoniales et par la communauté des intérêts économiques. Ce fait était universellement reconnu. A chaque Qoraišite, à chaque Ṭâifite de renom, le ḥadīṯ suppose des beaux-pères à Ṭâif ou à la Mecque, قُرَشِّي وختناهُ ثقفيان او ثقني وختناهُ قُرَشيان (4). Imposante était — nous le verrons plus loin — la liste des propriétaires mecquois (5), dans les monts du Sarât ; et non moins, celle des

---

(1) Qoran, 43, 30 ; Ibn Hišâm. *Sīra*, 519, 11.

(2) Ibn Hišâm, *Sīra*, 121, la pièce attribuée au légendaire Waraqa ibn Naufal est sûrement apocryphe. Celle citée, *ibid.*, 518—519, est pour le moins suspecte. C'est une réplique, *naqīḍa*, à une poésie, déjà suspectée au temps d'Ibn Hišâm ; cf. 418, 1—2 : « aucun critique poétique ne la connaît, pas plus que sa *naqīḍa* ». Dans la phraséologie de cet auteur très circonspect, ce verdict équivaut a une condamnation ; cf. nos remarques dans *MFOB*, VII, 316—317.

(3) Ou même le pluriel ; ainsi *Afâkil = Afkal* ; Bakrī, *Mo'ǧam*, 116. *Marwatân = Marwa* ; Ibn Hišâm, 173, bas, (morceau apocryphe, composé de centons *archaïsants*) ; Raqqatan = Raqqa. Ibn Qais ar-Roqayyât (dans *Aǧ*. S. I, 45). Comp. dans *Aǧ*., X, 53, 1, d.l., « les deux Ḥiǧâz » ; *Berceau*, I, 16, n. 3, « les deux Mašriq » dans le poète Ǧamīl, *Aǧ*., VIII, 94, 19 ; dans le Qoran, 55, 16, 17 et passim ; « les deux Naǧd » ; *ibid.*, 90, 10; *Koûfân = Koûfa* ; Moṭahhar Maqdisî, *Livre de la Création* (éd. Cl. Huart), IV, 103 ; *Kawdẓim = Kâẓima*; Ḍoû'r-Roumma, *Dīvan*, (éd. Macartney), XXXV, vers 45.

(4) Ḥanbal, *Mosnad*, I, 381, 9 ; Wâḥidi, *Asbīb an-nozoûl*, 279.

(5) Azraqî, *Chroniken* (Wüst.), 70 ; I. S., *Ṭabaq.*, I¹, 52, 240 ; Yâqoût, *Mo'ǧam*, Wüst., III, 497, lire جبل au lieu de حبل.

Ṭaqafites (1) possédant le titre de *ḥalíf*, alliés, qoraišites, ou actionnaires et commanditaires des banques mecquoises, aux environs de l'hégire.

Ces considérations nous décident à étudier d'abord Ṭaif. C'est à peine si nous nous apercevrons avoir quitté la Mecque, en nous arrêtant dans la cité des Ṭaqafites et dans les montagnes, dominant à l'Est le ḥaram mecquois. Nous y retrouvons, presque à chaque pas, le souvenir, l'intervention des grandes familles mecquoises, les Omayyades, les Hášimites, les Maḫzoûmites. Ṭaif, c'était encore la Mecque, mais dans un cadre plus riant que la « stérile vallée, où, entre de hautes montagnes noires, sans une goutte d'eau, sans un brin d'herbe » (2) se dressait l'édicule de la Ka'ba. C'était une Mecque champêtre, ventilée, où l'on respirait et vivait à l'aise. C'est seulement en redescendant les pentes du Sarât, en se rapprochant du *ḥaram* mecquois, après avoir quitté le territoire de Ṭaif, que cessait brusquement la succession de propriétés, de villas, de bastides qoraišites. Cette halte aux abords de la cité sainte du Tihâma nous préparera à mieux saisir la caractéristique étrange de cette métropole qoraišite, ville unique en Arabie, dont seul le commerce peut justifier l'existence et la prospérité. Chemin faisant, nous aurons pris contact avec un coin inconnu des paysages du Ḥigâz, achevé de nous convaincre que l'ensablement progressif, *fatal* — au sens de Winckler — ne menaçai pas toute la Péninsule: une thèse que nous avons discutée dans le *Berceau de l'islam*.

A vrai dire, si on les compare à leurs contemporains mecquois et médinois, les Ṭaifites ont fourni un bien mince contingent au groupe des premiers Compagnons de Mahomet. On aura vite achevé de les compter dans l'innombrable armée des *Ṣaḥâbis*. A ces *Pères* de l'église musulmane, témoins et échos des traditions primitives, les plus anciens compilateurs de *Ṣaḥîḥ* et de *Mosnad* ont prêté leur propre curiosité et leur loquacité inépuisable. Ṭaqîf se trouve sous ce rapport largement distancée par

---

(1) Relatif de Ṭaqîf, tribu principale de Ṭâif.
(2) Qoṭb ad-dîn dans *Chroniken* (Wüstenfeld), III, 334.

mainte tribu du Ḥiġāz, sans en excepter des tribus aussi déconsidérées que Ġifār et Daus (1).

Dans la littérature qoranique, les écrits appelés *Asbāb an-nozoūl* prétendent expliquer les « occasions ayant motivé la révélation des versets ou des groupes de versets » et représentent un effort intéressant de l'exégèse musulmane pour suppléer à l'imprécision du Livre d'Allah. On sait la place envahissante prise par les Qorais et les Ansars dans ces recueils d'*Asbāb*. Or, l'ère des révélations se trouva pratiquement close, quand, un an avant la mort du Prophète, Ṭaif se décida à traiter avec lui. Aussi le nom de la cité figure-t-il à peine dans le *Tafsir*, exégèse qoranique (2). Circonstance encore plus défavorable : un seul Ṭaqafite avait jusque-là représenté ses concitoyens dans l'entourage du Maître. C'était, convenons-en, une tâche particulièrement ardue de mettre en relief, dans l'interminable galerie des Ṣaḥābīs, des traits aussi ingrats que ceux de ce Moġīra ibn Šo'ba, traître, assassin et voleur. On a tenté de l'encadrer dans un cortège de prosélytes ṭaqafites. On pourra consulter à leur sujet la note 3 de cette page. Ce sont généralement des inconnus, aux dénominations, aux généalogies incertaines. Ces inconsistantes figures servent à masquer les vides, à dissimuler la résistance prolongée, opposée à l'islam par la *Mecque du Sarāt* (3). Il en fut de la sorte jusqu'au

---

(1) Il serait intéressant de découvrir le moḥaddiṯ dausite ou azdite (peut-être à l'époque de la prodigieuse fortune des Mohallabides : A. Horaira est partisan des Marwānides !) qui a créé l'originale figure d'Aboù Horaira et de son parrain dans la foi, Al-Ḥāriṯ ibn aṭ-Ṭofail ; cf. Aġ., XII, 53—57. Aboù Ḍarr, le Ġifārite, est une création de la Ši'a. Sur la douteuse réputation des B. Ġifar, cf. nos Aḥādīṯ, 428.

(2) D'après Waḥidī, *Asbāb*, 32, Qoran, 2, 163 regarderait Ṯaqīf.

(3) Compagnous ṭaqafites *anonymes* ; Waḥidī, *Asbāb*, 91, 1, ou *légendaires*, comme Rāfi' ibn Yazīd ; *Osd*, II, 160; Hanbal, *Mosnad*, IV, 170→174 l'insignifiant *mosnad* du Ṭaqafite Ya'li ibn Morra (dédoublé dans *Osd*, V, 129), collection de légendes fantastiques; cf. Ibn Ḥaġar, *Iṣāba* E., III, 660, n° 9361. Aḥnas ibn Šariq adversaire du Prophète à la Mecque (Ya'qoūbi. *Hist.*, II, 23) ḥalif très influent ﷲ chez les Banoū Zohra (voir plus loin), du nombre des مرّة بن كلاب ; sa conversion est contestée. Ibn Haġar, *Iṣāba* E., I, 25—26, n° 61. Le Ṭaqafite Sa'īd ibn 'Obaid accompagne Mahomet au siège de Ṭaif : discussion pour ses droits au titre de Ṣaḥābī ; Ṭab., *Annales*, I, 1674, 2—3; Ibn Ḥaġar, *Iṣāba* E.,

meurtre du sympathique 'Orwa ibn Mas'oûd. Aussi a-t-on essayé de transformer en martyr de la cause islamique ce personnage, victime de rancunes locales, des rivalités politiques, divisant Guelfes et Gibelins de
Ṭaif (1). Cette cité ne pouvait décemment accepter d'être représentée exclusivement dans les ménologes primitifs par le compromettant Moġîra.
Elle chargera ses *moḥaddiṯ*, traditionnistes, de lui découvrir des acolytes
plus décoratifs, sinon plus authentiques.

Les Ṭaifites figurent donc les *ouvriers de la onzième heure* et leur influence sur les premiers débuts de l'islam paraît négligeable. Lorsque, à
la suite de laborieuses négociations, où l'on constate l'absence de toute
spontanéité, ils se décidèrent à l'accepter, la faculté d'inspiration créatri-
ce du Prophète se trouvait épuisée. Retiré à Médine, il se contenta d'y recevoir les députations des Arabes, « de noter la réalisation du triomphe
promis par Allah, de compter les foules s'empressant d'embrasser le *dîn*
d'Allah, اذا جاء نصر الله والفتح ورأيت الناس يدخلون في دين الله افواجاً (2). L'adhésion
des Ṭaifites lui parut d'un heureux augure. A ces néophytes, il manqua
la souplesse, j'allais dire, la crédulité des naïfs Anṣârs. Encore moins pu-
rent-ils se prévaloir de l'avantage — si adroitement exploité par les Qoraiš — d'avoir vu grandir parmi eux l'auteur du Qoran. Par bonheur l'intelligence politique leur permettra de suppléer à l'infériorité où devait les
placer leur tardive adhésion, si âprement marchandée (3). Dans la tâche
d'organiser, de façonner les Bédouins, en la qualité d'entraîneurs d'hom-

---

II, 49-50, n° 3273. 'Oṯmān ibn Rabī'a, Ṣaḥābī ṯaqafite obscur; Ibn Ḥaǵar, *op. cit.*, E., II,
459 ; autre (inconnu au même auteur) Ḥanbal, IV, 8—10, il s'agit de Aus ibn Abi Aus
(forme suspecte de filiation !) ou Aus ibn Ḥoḏaifa ; ḥadīṯ de 'Oṯmān ibn Abi'l-'Aṣi ; *ibid.*,
IV, 21—22. Ibn Ḥaǵar (*s-v.*) connaît seulement un Ṣaḥābī qoraišite de ce nom ; Ibn Ḥanbal n'indique pas sa généalogie. Autres Ṣaḥābīs de Ṭaif, chez Ibn Ḥanbal, *op. cit.*, III, 416,
417. Sur Sofiān ibn 'Abdallah cf. Ḥanbal, *op. cit.*, III, 413; Ibn Ḥaǵar, *op. cit.*, E., II, 54,
n° 3315. Pour Abou'l-Baṣīr, cf. Ibn Hišām, *Sīra*, 750—752; 753,2.

(1) Voir plus loin ; on le compare au Christ; Tirmiḏī, *Ṣaḥīḥ* D., II, 206. On en fera autant — à défaut du sayyd Ġailān — pour les fils de ce dernier ; *Aǵ.*, XII, 45 ; *Osd.*
IV, 43.

(2) Qoran, sourate 110.

(3) Voir plus bas, chap. VI : *La religion à Ṭāif.*

mes, ils se sont avancés au tout premier rang. Il suffit de nommer ici Moġīra, Ziād, Ḥaġġāġ (1), les nombreux collaborateurs ṯaqafites de ces hommes d'Etat, enfin l'extraordinaire Moḫtār, la figure la plus originale du premier siècle de l'hégire, dont l'influence sur les Bédouins laisse dans l'ombre celle exercée par Mahomet et les hommes du Triumvirat.

Ces personnages ont plus contribué à la diffusion, au raffermissement de l'islam que des centaines de Ṣaḥābīs incolores, leurs contemporains, largement exaltés par les *Ṭabaqāt*. Jusque dans les *Manāqib*, un observateur attentif peut découvrir des essais de synthèse historique, condensés dans un ḥadīṯ, et généralement attribués à Mahomet. Au siège de Ṭāif, invité à maudire la tribu rebelle, le Prophète aurait prié Allah « de convertir Ṭa-qīf et *par leur entremise* de *raffermir* les autres musulmans, اللّهم اهد ثقيفاً وأثبت هم »(2). Ces *autres* représentaient la masse des nomades, dont l'éducation islamique restait à faire. En cette rude tâche, les Ṭāifites dépassèrent de bien loin les Médinois, placés dans des conditions par ailleurs si favorables. De bonne heure, les Ṭaqafites — ainsi appelés du nom de la principale tribu de Ṭāif — comprirent la nécessité de se joindre au groupe des Qoraišites, maîtres du califat, de se déclarer leurs auxiliaires, au lieu de s'engager, comme les Anṣārs imprévoyants et boudeurs dans une opposition sans issue. En agissant de la sorte ils ne faisaient que continuer — nous le verrons — les traditions politiques de leur cité natale. Leur habileté, leurs talents de gouvernement ont contribué, pour une part notable, à assurer la prospérité de la brillante période omayyade, le siècle de la grande expansion islamite.

A la suite des auteurs musulmans, les orientalistes (3) s'obstinent à reconnaître dans le calife 'Omar le fondateur de l'empire arabe. Cette conception a achevé d'embrouiller l'écheveau, extraordinairement compliqué

---

(1) Comp. notre *Ziād ibn Abīhi, vice-roi de l'Iraq, lieutenant de Moʻāwia I*, extrait de *Rivista degli studi orientali*, vol. IV.

(2) 'Oġaimī, *op. cit.*, 12 a.

(3) Voir p. ex. D. B. Macdonald, *Development of muslim theology, jurisprudence and constitutional theory*, 14 etc.

de la primitive histoire de l'islam. Dans la réalité des faits, 'Omar ne se montra pas meilleur souverain que 'Oṯmân. S'il gouverna, ce fut au milieu de l'anarchie ; il en mourut victime et, après lui, ses deux successeurs. Les Arabes refusaient de comprendre que, pour continuer l'œuvre politique de Mahomet, une autorité centrale s'imposait et que cette autorité ne pouvait être assumée que par la tribu de Qoraiś. Dans cette lutte contre l'indiscipline de leurs sujets, s'était usé le prestige des «justes califes, الراشدون », impuissants à dompter l'individualisme des nomades (1). Avec l'avènement des Omayyades, tout change de face : à eux revient la constitution définitive du califat, l'instauration d'un pouvoir souverain. Mo'âwia, Yazîd, 'Abdalmalik, Walîd, ces noms fameux résument cette période. Or, à côté de ces souverains qoraiśites, on peut être sûr de rencontrer invariablement des lieutenants ṯaqafites. Seuls parmi les Arabes, les Qoraiśites possédaient le sens gouvernemental. Leur hégémonie devenait une nécessité politique. L'éloquence plus désintéressée des Ziâd et des Ḥaǵǵâǵ, leur dévouement sans bornes, reussiront à faire admettre le primat de la tribu privilègiée et leur fermeté achèvera de l'imposer à l'individualisme bédouin.

Depuis le règne de Mo'âwia, Ṭâif conserva donc le privilège de fournir les Richelieu arabes, dont l'objectif sera d'établir, de consolider la ǵamâ'a, l'unité de l'islam. Sous Walîd I, au moment où l'empire arabe atteignit son apogée, le plus grand homme du règne, ce n'est pas le monarque qoraiśite, mais le ṯaqafite Ḥaǵǵâǵ. A la collaboration des Omayyades et de leurs ministres de Ṭâif est due, en majeure partie, la fondation du califat arabe, organisme politique dont la ruine aurait pu compromettre, au premier siècle, l'avenir de l'islam. Cette constatation nous amène à deviner, dès maintenant, l'influence exercée par les habitants de Ṭâif sur les destinées de la religion musulmane.

-----

(1) Ibn al-Aṯîr, *Kâmil*, E. III. 57—60. Ṭab., *Annales*, I, 2907—2914.

I

LA RÉGION DE ṬĀIF

La chaîne du Sarāt. — La distance, les routes entre la Mecque et Ṭāif. — Site de la
ville. Les environs. Extension du territoire. — Le mont Ġazwān. — Pâturages et
forêts. — Hameaux et centres de culture. — Propriétés qoraišites. — Al-'Arġ, Lyya,
Rokba, Al-Wahṭ; Al-Waġġ et son sanctuaire. — Le creusement des puits.

A maintes reprises, nous avons eu l'occasion de mentionner le Sarāt,
la chaîne montagneuse, s'allongeant parallèlement à la Mer Rouge.
Cette massive épine dorsale, frontière naturelle entre le Naġd et le
Ḥiġāz (1), s'incline, du côté de l'occident, vers les steppes grises du Tihāma, vers les terres chaudes et encaissées du Ġaur. La façade orientale du
Sarāt domine les plateaux ventilés de l'Arabie centrale. L'érosion sécu-
laire y a pratiqué d'innombrables brèches, creusé des cirques, percé des
défilés. Ces trouées facilitent les communications entre les tribus de
l'intérieur et les cités commerçantes du Ḥiġāz (2). L'activité sismique a

---

(1) Ibn al-Kalbī rattachait Ṭāif au Naġd ; Bakrī, *Mo'ġam*, 8, l. 14. On place Ṭāif
dans la mouvance des Laḥmides de Ḥīra ; Ṭab., *Annales*, I, 958,15. L'origine de cette
attribution provient sans doute des vers (apocryphes ?? من مصنوعات ابن الكلبي), *Aġ.*, XVIII,
161, 4 d. l., cités *ibid*., p. 161, 4, 15, par ex.

كانت ثاورةُ لورمو لحرّى   زمنًا وصارت بعدُ للنعمان

De là, l'extension du pouvoir des Laḥmides الى الطائف وسائر الحجاز ومّن فيها من العرب (Ṭab.,
loc., cit.) comme a l'époque de l'inscription de Namāra, où elle représente une réalité.

(2) On appelle *manāqib* ces trouées, الطائل الفلاح بين نجد وتهامة ; Bakrī, *Mo'ġam*, 544.
Sur la façade orientale et occidentale du Sarāt, voir Hamdānī, *Ġazīra*, 127, bas.

secondé ce travail de démolition, produit un entassement d'arêtes, de sommets, d'aiguilles et de tables, qui semblent monter à l'assaut du ciel. Entre les tronçons de la chaîne confuse, de larges wādis, se frayant passage, ont accumulé le dépôt de leurs sédiments, avant d'aller porter à l'Erythrée le tribut problématique de leur cours intermittent.

Peu avant d'atteindre la latitude de la Mecque, vers le point où, par dessus la dépression de 'Arafa, la verte vallée de Na'mān (1) étale ses bouquets d'acacias-arāk (2), le Sarāt gagne en hauteur et aussi en régularité. La chaîne se redresse brusquement pour former une véritable muraille rocheuse. Son sommet ou *dos* — tel serait le sens de *sarāt* (3) — atteint une altitude moyenne de 2000 mètres (?), comme le Liban syrien, dans lequel les géographes arabes croient reconnaître le prolongement septentrional de la chaîne arabique. Son hypsométrie croît à mesure que le Sarāt se raccorde aux massifs tourmentés, déployés en éventail, du Yémen. Il prend alors le nom des tribus locales. Ainsi on cite le Sarāt de Daus, de Baǧīla, des Azd (4); modestes confédérations bédouines, qui occupent les plateaux et chaînons secondaires.

Dans la partie nord de cette section du Sarāt, une des cimes les plus élevées—on l'évalue à environ 3000 mètres(?)—serait le mont Gazwān(5). Pour l'Arabie, c'est presque la nature des Alpes, puisqu'on y observe la congélation de l'eau (6). Avec sa ceinture de jardins, situés à trois ou

---

(1) Appartenant au territoire de Ţaif et située dans le Sarāt ; *Aǧ.*, VI, 25 ; *Chroniken* (Wüst.) III, 336.

(2) Mentionnés encore par Burckhardt, *Voyages*, I, 81 ; cf. *Berceau*, I, 69 ; Hamdānī, *Gazīra*, 153, 4. Dans *Aǧ.*, II, 80, 6, lire *Sarāt* au lieu de *Šarāt* (dans le pays d'Edom). Cette dernière confusion est fréquente dans nos textes.

(3) Comp. Yāqoût, E. V, 59 : on dit سَرَ‌اة القَرَس et سَرَ‌اة الطريق, expliqué par مَتْن, dos.

(4) Yāqoût, E. V, 59, 60 ; Hamdānī, *Gazīra*, 121.

(5) Il domine la ville ; L. Roches, *Dix ans à travers l'Islam*, (1834 - 1844), p. 329. Ce nom englobe tout le massif montagneux de la région ţaqafite ; Yāqoût, *Mo'ǧam*, W., III, 798 ; Iṣṭaḫrī, *Géogr.* (éd. de Goeje), 19. Hamdānī, *Gazīra*, 49, 2, l'appelle جبل عرزب الاسل , « la haute montagne dominant 'Arafa ». Bakrī, *Mo'ǧam*, l'a omis ; son attention se borne aux toponymes mentionnés dans la poésie et le ḥadīt.

(6) Iṣṭaḫrī, *loc. cit.* ; Maqdisī, *Géogr.*, 79, 9 ; Tamisier, *Voyage*, 1, 291, 292.

quatre kilomètres de l'enceinte urbaine, la ville de Ṭāif se développe dans une plaine sablonneuse que limitent en fer à cheval des contreforts détachés du Gazwān et s'ouvrant dans la direction de la Mecque (1).

Entre cette ville et Ṭāif, la distance se trouve diversement évaluée. Les auteurs arabes parlent de deux ou trois *marḥala* (2)—*marḥala* formait l'étape ordinaire du voyageur ou du chamelier (3) ; halte journalière, souvent déterminée par la présence de l'eau. Heureusement, dans le Sarāt, les points d'eau et de pacage se rencontraient plus rapprochés que dans les steppes brûlées du Tihāma (4). Pour les communications entre les deux principales agglomérations du Ḥiġāz méridional, la longueur de l'étape dépendait de la route choisie. Or, de la Mecque à Ṭāif, conduisait une coursière طريق مختصرة (5), vraisemblablement celle passant par Kodā, grimpade rude et rocailleuse. Le topographe mecquois, Qoṭbaddīn en parle avec effroi. Le poète ʿOmar ibn Abi Rabīʿa l'utilisait, quand une aventure amoureuse réclamait le trop galant Maḫzoūmite au pays de Ṭaqīf (6). Maqdisī, le géographe, amateur de l'autopsie et des

---

(1) Cf. Burckhardt, *Voyages*, I, 110 ; Tamisier, *op. cit.*, I, 271 - 272.

(2) Maqdisī *op. cit.*, 212 ; Ibn Baṭṭoūṭa, *Voyages*, I, 359 ; Yaʿqoūbī, *Géogr.*, 316, 9. (Iṣṭaḫrī, *op. cit.*, 19, 9 manque de précision) ; Ibn Rosteh, *Geogr.*, 184 ; Ibn Ġobair, *Travels*² (de Goeje), 122, 3. Burckhardt parle de trois journées (ou de 72 milles), comme Ibn Ġobair, *loc. cit.* lequel ajoute على الرفق والتؤدة, donc trois petites journées. Cf. Snouck Hurgronje, I, 27.

(3) Comp. remarques de *Chroniken der Stadt Mekka*, Wüst. III, 79, 15-20. Pour l'appréciation très variable de la *marḥala*, voir Maqdisī, *op. cit.*, 106, 11. Le *Handbook of Arabia*, (Londres, 1920), I, 126 évalue à 75 milles la distance entre la Mecque et Ṭāif et « à environ 5.000 pieds » l'élévation de cette dernière ville.

(4) Burckhardt, *Voyages*, I, 84, 85, 87 ; Bakrī, *Moʿğam*, 636, d. l.

(5) Hamdānī, *Ġazīra*, 121, 7 ; Bakrī, *op. cit.*, 544. Pour la double route, cf. Burckhardt, *op. cit.*, I, 85, 91, 115 ; Wāqidī, *Mağāzi* (Well.), 251 ; Hamdānī, *loc. cit.*, Maqdisī, *Géogr.*, 112, 3-4.

(6) *Aġ.*, I, 85, 18. Pour les deux routes, L. Roches, 316, ne parle que de deux journées ; Tamisier, I, 352 compte un maximum de 25 heures. Dans ma précédente notice, consacrée à Ṭāif, je me suis donc trompé, en ne parlant que d'une « forte journée » pour la distance entre Ṭāif et la Mecque.

mensurations exactes, a noté les deux itinéraires, nécessitant alternativement deux ou trois étapes.

Dans ses récits si vivants, il arrive souvent à l'auteur de l'*Aǧāni*
de sacrifier au pittoresque des détails la précision topographique. Par
endroits aussi, cette imprécision provient de l'incorrection du texte qui
nous a été transmis. Nous aurons à utiliser la notice consacrée par l'*Aǧāni*
à Al-'Arǧī, un Omayyade poète, lequel, condamné à la détention perpétuelle, plagiera, sans s'en douter, l'exclamation de Néron : *Qualis artifex
pereo*, اضاعوني واي فق اضاعوا (1). Al-'Arǧī doit son nom au village d'Al-'Arǧ,
dans la région de Ṭāif. Al-'Arǧ devait se trouver à une faible distance
de cette ville, puisqu'on le signale toujours dans les alentours et parmi
les « dépendances » immédiates de Ṭāif. De 'Arǧ, on se rendait en cette
ville pour y assister à la prière du Vendredi (2). Par ailleurs l'*Aǧāni*,
dans un passage fort contourné, semble indiquer Al-'Arǧ, comme dominant la Mecque (3). Ce renseignement doit s'interpréter comme celui à
propos du Ǧazwān, quand on l'appelle « la haute montagne de 'Arafa ».
Ǧazwān désigne ici le massif montagneux, voisin de Ṭāif, sans doute le
« Djebel Kora » de Burckhardt, d'où ce voyageur a « discerné Ouadi
Muña ». 'Arǧ aurait donc occupé, pensons-nous, le rebord extrême d'un
palier surélevé, sorte de belvédère dominant le *ḥaram* mecquois (4), mais

---

(1)   *Aǧ.*, I, 165.

(2)   *Aǧ.*, I, 156, d. 1. Toujours appelé عرب الطائل ou جبل الطائل ; *Aǧ.*, I, 154 ; Qotaiba,
Poesis, 365, 3. 'Oǧaimī ne la connaît plus. Serait-ce le *Ras el Kora* de Burckhardt, I,
86 ? 'Orwa ibn Mas'oūd met seulement cinq jours entre Médine et Ṭāif. C'est un *record* ;
il doit attester le zèle du néophyte, désireux d'amener ses compatriotes à l'islam.

(3) *Aǧ.* I, 155, 2—3. Il faut lire فقر et non فق et remplacer le chiffre «trois» ثلاث par
«trente-trois». Sur Fotoq, cf. Yāqoūt, *Mo'ǧam* (Wüst.) III, 850—851, une رزج dans les
«dépendances de Ṭāif», Hamdānī, *op. cit.*, 187, 11. Un autre Al-'Arǧ se trouve entre Médine et la Mecque. I. S. *Ṭabaq.* I¹, 157, 20. Hamdānī, 187, 18 place Ṭāif, Fotoq et la
Mecque sur la même latitude.

(4) Yāqoūt, E. VI, 141 proclame 'Arǧ اول بلاد تهامة ; affirmation difficilement conci-
liable avec son élévation et sa proximité de Ṭāif. Comprenez : entrée du Tihāma ? Comp.
Burckhardt, *Voyages*, I, 85, 91, 115. De la Mecque, on se rend à âne à Ṭāif ; Ibn Hišām,
Sīra, 272, bas ; cf. Burckhardt, *op. cit.*, I, 100.

qu'on ne pouvait atteindre qu'en suivant les interminables lacets des pis-
tes, serpentant à travers la montagne et qui formaient, « les deux étapes
montagneuses », مرحلتين في الجبل de Maqdisī (112, 4).

.•.

Dans l'Arabie occidentale, on eût difficilement imaginé une région
plus pittoresquement variée que les environs de Ṭāif : succession de vallées fertiles et bien irriguées, de pentes verdoyantes, où la culture des
céréales alternait avec celle des arbres fruitiers et les bocages forestiers.
Les montagnes voisines offraient des pâturages estimés (1). Leurs forêts
étaient fréquentées par les bûcherons, les charbonniers et aussi par les
goudronniers et les résiniers. Ceux-ci recueillaient le suc des arbres à
gomme ; ils extrayaient des conifères, couvrant les versants du Sarāt, le
goudron (2), remède employé avec succès contre la gale du chameau (3).

Ces manœuvres s'y rencontraient avec des bandes de chasseurs,
arrivés de Ṭāif et parfois de la Mecque, en compagnie de leurs meutes, de
leurs faucons et de leurs guépards (4). La vie, le mouvement régnant
partout, et jusqu'au sein des forêts, contrastait agréablement avec le

---

(1) Hamdānī, *Ǧasīra*, 120—21 ; *Chroniken*, Wüst., II, 75—76. Pour les environs de
Ṭāif, voir Tamisier; *Voyage*, I, 295—355 et Burckhard, *Voyages*, I, 84—89. Comp. Périer,
Al-Ḥadjdjādj, 1—2 ; Ibn al-Faqīh, *Géogr.*, 22; 'Oǧaimī, *Aḫbār Ṭāif*, 20 a., etc.

(2) قطران peut également désigner une substance odorante pour les fumigations si
appréciées des Arabes. Cf. Van Hoonacker, *Introduction de l'encens dans le culte de Jahveh*
dans *Rev. bibl.*, 1914, 173—174. Pâturages ; *Aǧ.*, XVIII, 159, 3.

(3) Comp. *Naqā'iḍ Ǧarīr*, 183 ; يسقون ل تحلق الصيد كما تفت تجرّب الجمال بها الكحيل السلتن ;
scolion : الطران الكحيل (cf. 'Amir ibn aṭ-Ṭofail, *Divan*, XXII, 1, مرعر et ناب dans le Sarḥ).
La comparaison est familière aux poètes ; Ḥoṭai'a, *Divan*, XXIII, 13 (notes de Goldziher);
Qais ibn al-Ḥaṭīm, *Divan*, VII, 8; autres citations dans Salhani-Haffner, *Aḍdād*, 17, bas;
18, haut ; 137, bas ; Aḫṭal, *Divan*, 24, 1. Comp. Balāḍorī, *Aŝrāf* (Ahlwardt) 9, 4 d. l. ;
autres allusions, *Aǧ.* XII, 14, l. 14, XIII, 136, 8. Conifères dans le Sarāt ; Tamisier,
Voyage, II, 88, 96, 113.

(4) قرود, notice d'al-'Arǧi ; *Aǧ.*, I et VIII, 145 ; pour la chasse au guépard, cf. *Aǧ.*,
IX, 82.

silence, planant sur les mornes solitudes du Tihâma et de la région mecquoise.

En sortant de Ṭâif, du côté sud-ouest, par le Bâb as-salâma, on rencontre de nos jours le hameau de Salâma, un ancien faubourg distant
d'une dizaine de minutes, auquel cette porte doit son nom. La mère du
calife 'abbâside Moqtadir y posséda une propriété, ḥâ'iṭ. Les descendants
d'Ibn 'Abbâs s'étaient fixés à Salâma, dans les environs presque immédiats du sanctuaire élevé à leur ancêtre (1).

Quelle était l'extension du territoire relevant de Ṭâif ? D'après une
donnée du Qâmoûs, « le premier village rencontré s'appelait Loqaim (2)
et le dernier Al-Waḥṭ, » (3). Loqaim se trouvait, nous le savons, sur la
route de Syrie et Al-Waḥṭ, au sud-est de Ṭâif. C'était un grand village,
mais d'origine moderne, avec des puits, des jardins et des champs de céréales (4). Ces précisions ne nous avancent guère, la distance exacte de ces
localités, par rapport à Ṭâif, n'étant nulle part indiquée d'une façon bien
nette. Je propose d'identifier Al-Waḥṭ (5) avec le toponyme « Ouahad »,
mentionné par Maurice Tamisier (Voyage, I, 330). « C'est, assure-t-il, le
dernier des environs de Taïffa ». D'après les indications assez vagues de
ce voyageur, il faudrait le placer à une heure et demie de cette ville.

Au pied du mont Ġazwân, après des vergers et des champs où « chaque feuille, chaque brin d'herbe se couvraient d'une rosée balsamique »
(Burckhardt), sur les plateaux, rafraîchis par les brises du Naġd, par les
émanations résineuses des conifères, dans le creux des vallons, s'élevaient
des hameaux (6), modestes agglomérations de fermes et centres de cultu-

---

(1) Hamdânî, *op. cit.* 121, 5 ; Yâqoût, *Mo'ǧam*, Wüst III, 113 ; Tamisier, *Voyage*,
I, 272, 320.

(2) وقى على وزن زاد , 'Oġaimî, *man. cité*, 20, a. Pas dans Yâqoût ni dans les anciens
géographes. 'Oġaimî n'est intéressant que pour la topographie moderne de Ṭâif. Pour
l'antiquité, il puise dans les sources littéraires, comme nous.

(3) Cité dans 'Oġaimî, *op. cit.*, 8, a.

(4) 'Oġaimî, *op. cit.*, 20 a.

(5) 'Oġaimî, *op. cit.* 20, a le place « a trois milles au sud de Waġġ » qu'il identifie
vraisemblablement avec Ṭâif.

(6) Cf. Burckhardt, *Voyage*, I, 86, 87.

re : Al-'Arǵ, Al-Baqī', Al-Waḥṭ, Ǵildān ou Ǵildān (1) ; cette dernière un *ḥimā*, une plaine fertile et « unie comme la paume de la main » (2). 'Arǵ était un vrai village, قرية جامعة . Il faut en dire autant de Waḥṭ (3), lequel surveillait les vastes vignobles du voisinage. C'était également le rôle d'Al-Lyya (4), fortin appartenant au chef hawāzinite, Mālik ibn 'Auf (5). Ces agglomérations paraissent avoir eu une existence fort éphémère. C'est à peine si certains toponymes (6) ont survécu. Ainsi Burckhardt (II, 221)

---

(1) *Aǧ.* I, 157, 158, et la notice d'Al-'Arǵī, *passim*. Bakrī, *Mo'ǧam*, 241 : Hamdānī, 187, 15. Dans *Aǧ.*, XVIII, 159, 3—4 lire جلدان au lieu de خلدان ; Yāqoūt W., I, 489, 625, 823 ; II, 81, 99 situe Ǵildān entre « Al-Lyya et Basal » (et non *Sabal*, comme *ibid*, II,99). Burckhardt, *Voyages*, II, 221 place « Bisel, à peu près deux heures au sud de Lié (Lyya)» Lire جلدان non حلدان dans Ibn al-Aṯir, *Kāmil* E. I, 289. Comp. Yāqoūt, W., II, 81 et les vers de Mālik ibn 'Auf : من بطن لية رجلدان (d'ici l'on aura déduit l'existence du fortin de Mālik) ; *Aǧ.*, XIII, 3. l. 13.

(2) Contesté entre nomades et citadins ; Ibn al-Aṯir, *Kāmil*, E. I, 289, 8.

(3) *Aǧ.*, XVIII, 211, Yāqoūt, *Mo'ǧam*, E. VI, 141.

(4) Comp. Ibn Sikkīt, *Tahḏīb*, 599 d. à vocaliser *Lyya* au lieu de *Layya* (comme a l'édition). Sur la carte jointe au 2ᵉ vol. de Tamisier, « Lyeh » est placée au sud-est de Ṭaif : la première station de l'itinéraire suivi par l'auteur, (II. p. 5) au midi de cette ville, à « quatre heures de marche », d'après Burckhardt, *Voyages*, II, 221. Hamdānī *op. cit* 121, 1, 4 place Lyya et Ǵildān « à l'est de Ṭaif », mais Ǵildān « dans la direction du Naǵd ». La « station » de Fotoq est encore plus vers l'est ; Hamdānī, 187, 12—15. Entre Lyya et Basal, (*Bessel* chez Tamisier). ce voyageur a mis six heures ; *Voyage*, II. 9. Sur ces deux toponymes, voir la carte jointe à Jomard, *Études géogr. et histor. sur l'Arabie*, Paris, 1839.

(5) On y vénère un souvenir du Prophète الثر في حجر يقال انه الثر الذ النبي صلم ; 'Oǵaimī, *op. cit*. 14, a. Vers de Ḥafaf ibn Nadba; Yāqoūt, E. III, 122 : IV. W. 376—77, *Chroniken* W. II, 47. Ṭab. *Annales*, I. 1670—71, I. S. *Ṭabaq.*, III¹, 110, 4, Ibn Hišām, *Sīra*,851, 2 (à ajouter à l'*index* s. v. *Lyya*).

(6) I. S. *Ṭabaq.*, V, 376,23 : ليأ من ارض الطائف, avec les graphies لبارة et نبأ ; Ḥanbal *Mosnad*, III, 416 ; Bakrī, *Mo'ǧam*, 573. Autres toponymes de la région sans indication de distance; Yāqoūt, W, I, 164, 170, 370 , « Baḥra entre Ḥonain et Ṭaif ». *ibid.*, I, 506, toponymes placés « entre la Mecque et Ṭaif ». Bakrī, *Mo'ǧam*, 827, 1 a d. l, D'après Yāqoūt, E. III, 116, *Ǵafn* serait ناحية بالطائف (c. à. d. dans la région de Ṭaif), parce que ce toponyme figure dans le vers du ṯaqafite Nomairī. Bakrī abuse également de ce critère ; voir son *Mo'ǧam*, 523, s. v. مركوب . *Daǵnā'*, environs de Ṭaif ; Fākihī, *Chroniken* W., II, 48, bas.

connaît Lyya — il orthographie *Lié* et *Laïa* — « un ouadi avec un ruis-
seau, de beaux jardins et beaucoup de maisons ». Tamisier (II, 5) y a noté
« une forteresse flanquée de tours... des jardins pareils à ceux de Taïffa »
et enfin « une grappe (sic) de maisons ». Quant aux autres noms de lieu,
géographes et encyclopédistes — comme Yâqoût et Bakrî — essaient de
les localiser par le procédé empirique qui leur est habituel. Pour qu'ils se
croient le droit de placer, aux environs de Ṭâif, un toponyme, il leur suffit de l'avoir découvert dans un poète ṭaqafite ou de la région ṭaqafite.
An 11ᵉ siècle de l'hégire, le village d'Al-Waḥṭ n'était plus que l'ombre
de ce qu'il fut, au temps où ʿAmrou ibn al-ʿAṣi en avait fait le plus riche
domaine du Sarât (1).

A défaut de centres importants, on rencontrait partout dans la campagne de florissantes exploitations agricoles, cultivées pour le compte des
Ṭaqafites, ou propriétés des riches banquiers de Qoraiš. Les grandes
familles de la Mecque tenaient toutes à posséder un lopin de terre dans la
région de Ṭâif. On voyait des octogénaires — tel le père de ʿAmrou ibn
al-ʿAṣi — escalader la rude montée du Sarât, moitié à pied, moitié à âne,
pour venir surveiller sa vigne de Waḥṭ (2).

La Tradition répugne à reconnaître la condition modeste des intimes
amis, des principaux auxiliaires de Mahomet. Ainsi elle s'efforce de rattacher le futur calife ʿOmar, sinon à l'aristocratie, du moins à la riche
bourgeoisie de la Mecque. Sa mère aurait été une Maḫzoûmite. Or, devenu calife, ʿOmar exprimera le regret que l'indigence de son père, Al-
Ḥaṭṭâb, n'ait pu lui procurer un pied à terre, près de Ṭâif. De grand cœur
il se dira « disposé à échanger une bicoque, aux environs de Ṭâif contre
dix palais en Syrie ». C'est là un des nombreux ḥadîṭ inventés par le
patriotisme des Ṭâifites, mais attestant une réalité indiscutable, à savoir

---

(1) ʿȮgaimî, *op. cit.*,20, *b*, à propos de Waḥṭ : بهذه القرية مزارع وعيون كبيرة الا انها الآن ضعيفة ر
بستانها المذكور فلم يبق من مقدار ما كان عليو. Au temps de Tamisier, en 1834, modeste exploitation
agricole ; *Voyage*, I, 350. Sans doute « le village El-Wahab », lire « Wahat » que le *Handbook of Arabia* , I, 127 place au N. E. de Ṭâif.

(2) Balâḏorî, *Ansâb*, 84 *b*; Ibn Hišâm, *Sîra*, 272, bas.

le prix attaché par leurs voisins de la Mecque (1) — il n'en va pas autrement de nos jours (2) — aux terres du Sarāt (3). Le même ʿOmar ne tardera pas d'ailleurs à y acquérir le vaste domaine de Rokba qu'il transmit à ses descendants (4). L'orthodoxie en a profité pour lui faire exalter la sainteté de la Mecque. «Un péché à la Mecque, aurait-il affirmé, m'inspire plus de crainte que 70 transgressions à Rokba ; لخطيئة أصيبها بمكة اعزّ عليّ من سبعين خطيئة اصيبها بِرُكْبَة » (5). A Ṭâif, les financiers qoraišites aimaient à venir goûter les plaisirs de la vie champêtre. Parfois même ces arrière-cousins des Bédouins du Tihâma s'y sentaient repris par la nostalgie de la vie nomade. Ainsi nous voyons, au premier siècle de l'hégire, le grand seigneur omayyade, l'excentrique poète Al-ʿArǧī, «conduire en personne ses chameaux à l'aiguade, couvert d'un grossier caban », puis le lendemain, après s'être baigné, accueillir ses amis, vêtu d'un *complet* (6), valant 500 dinârs :

يومًا لاصحابي ويومًا لِلالِ   مدرعة يومًا ويومًا سربال (7)

---

(1) En même temps que Al-ʿArǧī, un autre ʿOṯmânide, mari de Sokaina, possède à ʿArǧ une ضيعة , abritant un harem considérable : cf. *Aǧ.*, XIV, 166, 6 d. l. *Aǧ.*, I, 88, 6 : ضيعة d'un Ǧomâḥite près de Ṭâif. Autres « châteaux » de Qoraiš dans la région de Ṭâif ; *Aǧ.*, I, 155, haut.

(2) Tamisier, *op. cit.*, I, 169—355. On fait affirmer par Moʿâwia que «dix maisons au Ḥiǧâz l'emportent sur vingt en Syrie»; Al-Mottaqî, *Kanz al-ʿommâl*, (Ḥaidarabâd, 1313 H.), VI, 256, n. 4620.

(3) ʿOǧaimî, *op. cit.*, 9 a ; *Montahab Kanz*, V, 351.

(4) On le place parfois près de ʿOkâẓ où les descendants de ʿOmar conservèrent des possessions ; Bakrî, *Moʿǧam*, 408, 2 ; 661, 18 ; autres identifications, Yâqoût W. II, 809 ; ʿOǧaimî, *Ahbâr Ṭâif*, 9 a, lequel écrit بـرمـج , bassin, et se contente de copier ses prédécesseurs ; Azraqî, W., 363, 5 d. l. ; 366. Nahb (ʿOǧaimî, *op. cit.*, 21 a épèle *Nahtb*) près de Ṭâif ; Ṭab., *Annales*, I, 1573 ; *Ǧabâǧib*, autre toponyme ṭaqafite ; ʿOǧaimî, *op. cit.*, 21 a ; dans Yâqoût, W. II, 14, جبال مكّة = montagnes près de Ṭâif.

(5) Azraqî W. *loc. sup. cit.* Sur la sainteté idéale de la Mecque, voir les ḥadîṯ recueillis dans *Kanz al-ʿommâl*, VI, nᵒˢ 4321 etc.

(6) Je traduis ainsi حُلَّة , tunique et manteau, c.-à-d. un habillement complet. Comp. *Aǧ.*, XV, 62, 2 ; XII, 48 ; Baġawî, *Maṣâbîḥ*, II, 84, 4, 14 « deux habits rouges, deux habits verts » ; cf. *Aǧ.*, XI, 83, 10 d. l. ; 146, 5 ; Aboû Daoûd, *Sonan*, II, 111.

(7) *Aǧ.*, I, 157 ; à la p. 158, 10 de l. au lieu de العتين lisez العتين , Al-ʿAqîq, le lieu

*
* *

Dans les environs de Ṭâif, on vantait surtout les charmes de Waġġ.
Aucune localité ne nous devrait être mieux connue ; aucune n'étant plus
fréquemment citée dans les annales de la cité ṯaqafite (1). En dépit de
cette célébrité, nos auteurs n'ont pu se mettre d'accord sur son identité.
Beaucoup y voient simplement un synonyme de Ṭaif (2). L'opinion la plus
vraisemblable veut reconnaître dans Waġġ le nom d'une vallée, voisine
de cette ville. C'était un ensemble de terrains pittoresquement accidentés (3), couverts de bouquets d'acacias (ṭalḥ) et de lotus (sidr). La belle
venue de ces lotus avait, au siège de Ṭaif, excité l'envie des Compagnons
du Prophète. Celui-ci, pour les calmer, dut leur en promettre de plus
beaux au Paradis (4). Certains de ces arbres contemporains, assurent les
chronographes, de l'hégire, atteignaient 46 empans شبر ou même 36 cou-
dées ذراع de tour (5). Dans les environs de Waġġ, Zobaida, femme de
Hâroûn ar-Raśîd, voudra plus tard acquérir «deux propriétés considérables », حائطان عظيمان (6). Du village de Waġġ plusieurs fois détruit, il ne

---

de plaisance près Médine ; 158, 19 lire سروب au lieu de صروب . ʿArġi se vante de tenir
toujours son feu allumé pour l'hospitalité ; Aġ., I, 154.

(1) Et dans ses poètes ; généralement synonyme de Ṭaif ; Ibn Hiśâm, Sīra, 850, 3
d. l. Cette synonymie a accru la confusion dans la toponomastique locale.

(2) ʿOġaimî, op. cit., 8 b, 9 a ; Omayya ibn Abi'ṣ Ṣalt, Dīvan III, 1 ; U. I, 12 ;
apocryphe, mais ancien ; Hamdânî, Ġazīra, 213, 14-15 ; Ibn al-Faqîh, Géogr., 22 ; Bakrî, Moʿġam, 241, 451, 838 ; fréquemment بطن وج . La vallée semble n'avoir eu qu'une
faible étendue ; cf. Aġ., VI, 25, 11. Sur le site de Waġġ, voir encore Chroniken W., II,
75, 76, 133. Dans les poésies de Ġailân, Waġġ semble = Ṭaif ; Aġ., XII, 47, 11. Remar-
quez dans la topographie ṯaqafite la fréquence de l'addition بطن . Ainsi pour Waġġ,
Lyya, Ġildân.

(3) Et de plantureux pâturages ; Hamdânî, Ġazīra, 120, 26 ; 211, 22. Leur abondance est caractéristique de la région.

(4) ʿOġaimî, Aḫbâr Ṭâif, 10 a. Ce sont les نبق . « C'est ici l'arbre qui s'élève le
plus haut » ; Tamisier, Voyage, I, 302.

(5) ʿOġaimî, op. cit., 19 b.

(6) « Dans une vallée, voisine de Ṭâif, appelée Barad... l'endroit s'appelle Waġġ »
(sic); Hamdânî, Ġazīra, 120, 26. L'une doit sans doute être cherchée à Honain. Zobaida
en sacrifia la palmeraie pour amener l'eau à la Mecque ; Chroniken, Wüst., III, 335.

subsistait plus de trace, à l'époque de 'Oġaimī (1). Plus encore que par ses lotus, le val de Waġġ était célèbre par ses sanctuaires (2). Par rapport à Ṭaif, « وجّ ذات الانداد, le Waġġ des fétiches » semble avoir joué un rôle, rappelant celui des *masā'ir* de Minā, de 'Arafa, de Mozdalifa, dans l'histoire de la Mecque.

Plusieurs dictons témoignent de ce passé profane. La Tradition, toujours empressée à effacer les traces, les souvenirs de l'ancienne gentilité bédouine, s'en est offusquée. Elle a voulu en atténuer l'effet, en attribuant ses scrupules à Mahomet. Le sanctuaire collectif de Waġġ, le principal haut-lieu ṭaqafite, consacré aux vieilles divinités, الانداد, du Sarāt, a donc été proclamé par le Prophète « le ḥaram d'Allah, وجّ حرم الله عزّ وجلّ ». Waġġ, étant « un lieu saint, Allah lui avait ordonné de la vénérer et d'en recommander le respect ; ان وجّاً مقدس وان الله امرّني ان اقدّس وجّاً فقدّسوها » (3). Par contre, une autre sentence du Prophète, par son contenu et par l'anthropomorphisme de l'expression, a singulièrement embarrassé les exégètes : « le dernier pas d'Allah sur la terre fut à Waġġ, ان اخر وطئة وطئها الله بوجّ » (4). Dans ces dictons, il nous paraît difficile de méconnaître le souvenir et comme les débris d'une ancienne mythologie ṭaqafite. Cette provenance explique l'intervention, prêtée ici à Mahomet, et aussi les efforts de l'orthodoxie pour identifier Ṭaif et son *haram* avec Waġġ et son val sacré (5). Ainsi, à la Mecque, on exaltera la Ka'ba pour diminuer l'importance des autres sanctuaires de la métropole qoraišite (6), au grand

---

(1) *Aḫbār Ṭāif*, 21 a ; 11ᵉ siècle H. المُلَيْها, Al-Molaiṣa, village de la région de Ṭāif, 'Oġaimī, *op. cit.*, 20 b, n'est pas dans Yāqoût. Je n'ai pu la retrouver dans les auteurs récents, voyageurs etc. Attendons un explorateur moderne, ayant la précision scientifique et l'esprit d'observation du vieux Burckhardt.

(2) Ḥaram de Waġġ ; Ibn Hišām, *Sīra*, 918 ; *Kanz al-'ommāl*, VI p. 256, nᵒ 3622.

(3) 'Oġaimī, *Aḫbār Ṭāif*, 9 b.

(4) 'Oġaimī, *op. cit.*, 10 a.

(5) Essai pour expliquer la nature du ḥaram de Waġġ ; Ibn Daiba', *Taisīr al-woṣoūl ilâ ġāmi' al-oṣoūl*, III, 127, bas.

(6) Waġġ, fréquemment cité comme point de repère pour la région de Ṭāif : ainsi al-Waht est dit « à 3 milles de Waġġ » ; 'Oġaimī, *op. cit.*, 21 a. « Lyya à huit milles de

profit du monothéisme qoranique.

D'autres coins, plus éloignés de la cité, ne se trouvaient pas moins favorisés que Waǵǵ. Telle la vallée de Moṭár où, dans toutes les saisons de l'année, on était assuré de rencontrer des dattes mûres (1). Mais une particularité frappait avant tout l'étranger arrivant pour la première fois dans la région de Ṭâif : c'était la multiplicité des vignobles, l'étendue des vergers (2). Leurs fruits faisaient prime — comme de nos jours encore — sur tous les marchés du Ḥiǵâz.

Des puits, des réservoirs, des canalisations, et aussi des barrages établis, au débouché des vallées, entretenaient la fraîcheur de ces plantations, amoureusement cultivées par les indigènes (3). Creuser un puits constituait un titre de gloire, mis à l'actif des plus fastueux sayyd (4). Ce fut, semble-t-il, une spécialité des ancêtres de Ḥaǵǵâǵ, tendancieusement exploitée contre cet homme d'Etat par l'ancienne annalistique, (5) quand

---

Waǵǵ et au sud de Ṭâif » ; 'Oǵaimi, *loc. cit.* Cet auteur semble lui aussi envisager Waǵǵ et Ṭâif comme des synonymes. Voir plus haut pp. 23 etc. la distance approximative entre Ṭâif d'une part, Lyya et Waht de l'autre.

(1) Bakrî, *Mo'ǵam*, 531, 9-10; cf. 181, 8. Pour la vocalisation Moṭár (avec *ḍamma*) cf. Hamdânî, *op. cit.*, 134, 6. Maqdisî, *Géogr.*, 104, 3.

(2) Omayya ibn Abi'ṣ Ṣalt, *Divan*, U. I. Le poète médinois Ka'b ibn Mâlik menace Ṭâif d'arracher ces vignes (le ḥadiṯ s'en souviendra) ; Yâqoût, E. VII, 400.

(3) Propositions des Taqafites à leurs voisins bédouins ; لبيعها خرثا ولغرسها اعنابًا وثمارًا (Huile du Sarât ; Ibn Baṭṭoûṭa, *Voyages*, 1, 885). والاشجارًا ولكظمها كظائر ونحفرها اطواء ونملأها عمارةً وجنانًا . Ibn al-Aṯîr, *Kâmil*, E. I, 288 ; Bakrî, *Mo'ǵam*, 50. Barrages : cf. Tamisier, *op. cit.*, I, 341.

(4) Vers de Ka'b al-Aśraf ; Nöldeke, *Beitr. zur Poesie der alten Araber.* 80. cf. *'Iqd* III, 17 ; *Berceau*, I, 37. Aǵ., I, 154, 6 ; il s'agit de la région de Ṭâif.

(5) Sans nous autoriser à conclure qu'ils « étaient ouvriers maçons »; Périer, *Hadjdjâdj*, p. 4. Les plus anciennes familles qoraiśites se prévalent d'avoir creusé des puits, absolument comme aux temps des patriarches bibliques ! Comparez le vers cité par le scoliaste de 'Amir ibn aṭ-Ṭofail, *Divan*, ١٢٦, 9 (éd. Lyall :

فان الماء ماء الى وجدّي   وبئري ذو حفرتُ وذو طويتُ

« Cette eau est la propriété de mon père, de mon aïeul ; ce púits, je l'ai creusé, je l'ai maçonné ! »

ذو = الذي . Le puits الهَرِم près de Ṭâif est creusé par 'Abdalmoṭṭalib ; un Taqafite s'en empare ; Balâḏorî, *Ansâb*, 43, b.

elle prétend y reconnaître une marque de leur condition inférieure. Cette activité prouve seulement qu'ils possédaient des propriétés étendues et s'entendaient à les mettre en valeur. A Ṭâif, comme dans le reste de l'Arabie, le creusement d'un puits suppose des capitaux et une entreprise agricole, ماء ومال عليه . On comprend l'attachement des Ṭâifites pour des propriétés, si laborieusement créées. Quand le Prophète, campé sur leur territoire, menaça de tout dévaster, la population demanda grâce pour les domaines les plus éloignés de la cité dont l'entretien nécessitait les plus grands sacrifices. « Que Mahomet, dirent les habitants, les confisque plutôt. S'il en détruit les plantations, personne ne se sentira le courage de les reconstituer ! » (Ibn Hišâm, 873).

Des accords conclus avec les Bédouins du Sarât protégeaient les domaines contre les déprédations des troupeaux et de leurs bergers (1). Accords d'une efficacité souvent illusoire. Vrais chiffons de papier, alors même qu'on avait pris la précaution de les libeller sur le cuir. Il en naissait des conflits, dégénérant parfois en bagarres sanglantes. Les notices d'Al-'Arǧî et de Ǧailân nous en ont conservé des souvenirs. De ses origines familiales, le premier avait conservé la « fougue omayyade », وثبة أموية, et ses séjours prolongés dans les solitudes du Sarât avaient encore exalté son humeur farouche (2). Décidé à se rendre justice à lui-même, il s'amusait à percer de flèches les chameaux, s'oubliant jusqu'à venir marauder sur les réserves de ses terres de culture et de pâcage (3).

---

(1) Bakrî, *loc. cit.* Comp *Aǧ.*, XII, 46.

(2) Avec quelle férocité il venge les affronts ; *Aǧ.*, VII, 145. Dans toutes les agglomérations — telle Médine — les sédentaires doivent être en mesure de repousser les aggressions des اعراب ; cf. Ḥassân ibn Ṯâbit, *Dîvan*, 6, 34. Ceux-ci de leur côté se promettent de les razzier ; *ibid*, 63, 1—2.

(3) *Aǧ*, I, 160 ; XII, 46.

II

FERTILITÉ DE LA RÉGION

Les dattiers. — La culture du froment. — Terrains de chasse. — Les vergers ; « tous les fruits de la Syrie ». — Les vignobles : Aboū Miḥǧan, « l'Horace » des Arabes. Le « zabīb » de Ṭaif. — Les Juifs, marchands de vin. — L'apiculture. Le miel dans le Qoran et chez les Bédouins. — Miel et beurre administrés aux nourrissons.

« Taifa (sic) — ainsi s'exprime une ancienne *Vie de Mahomet* (1)—est l'endroit de l'Arabie, où l'on respire l'air le plus vif et le plus pur. Quoique située au de-là du tropique, l'eau y gèle dans le creux des rochers » (2). Cette fraîcheur de la température, la qualité du terroir, jointes à l'abondance, à l'excellence des eaux, très appréciées comme boisson par les Bédouins, à cause de leur légèreté et de leur pureté (3), tous ces facteurs développaient

---

(1) Turpin, *Hist. de la vie de Mahomet*, I, 36., Pour la réparation des dégâts occasionnés par les bestiaux dans les propriétés, voir Baġawī, *op. cit.*, II, 10. Pour la graphie *Taifa*, voir plus haut p. 6.

(2) Pour la gelée et la neige dans la région, cf. Tamisier, *Voyage*, I, 291, 292.

(3) Burckhardt, *Voyages*, I, 84-89 ; *'Iqd* ¹, III, 342 ; 356 ; Maqdisī, *Géogr.*, 79 ; Mobarrad, *Kāmil* (W.) 115. Le ‏برد‎ est mentionné par 'Amir ibn aṭ-Ṭofail, *Dîvan*, VI, 7, poète de la région de Ṭāif. Les montagnes environnantes, celles du moins voisines du Yémen, bénéficient du régime de la mousson ; cf. Lyall, dans 'Amir ibn aṭ-Ṭofail, *Dîvan*, p. 76. Aussi la région nourrît-elle des vaches, qui ne pourraient subsister dans les steppes brûlées du Tihāma. Omayya ibn Abi'ṣ-Ṣalt les mentionne dans sa description de l'*istisqā'*. Au pélerinage, le Prophète aurait pour ses épouses sacrifié des vaches ; Aboū Daoūd, *Sonan* (I.), I, 178. Les Bédouins, comme les B. Solaim, affirme leur poète 'Abbās ibn Mirdās, ne possèdent pas de vaches ; Ibn Hišām, *Sîra*, 862, 6 d. l. Mais on

partout une végétation variée et que les Arabes devaient trouver luxuriante. Avant tout, des champs de céréales (1). Le froment constituait la base de l'alimentation des Ṭaqafites, au lieu du lait et des dattes, le menu traditionnel, national des Arabes. Dans ce régime frumentaire, on croyait découvrir l'explication de leur *dahā*, de leur intelligence féconde en ressources (2). Au sein des forêts, couvrant les montagnes environnantes le gibier abondait (3). Les indigènes et leurs hôtes de Qorais, établis dans les villas et sur les domaines du Sarāt, se livraient, on l'a vu, avec entrain au plaisir de la chasse (4). Cette distraction se trouvait interdite dans le val de Waǧǧ et aussi aux abords immédiats de Ṭaif. Sa banlieue, transformée en un *ḥaram* (5), jouissait d'un autre privilège des territoires réservés ; il était sévèrement défendu d'y couper les arbres. Comme à Médine, les jardins étaient soigneusement enclos de murs, plus exactement entourés d'une levée de terre, d'où leur nom de *ḥā'iṭ* (6). On appliquait encore cette appellation de *ḥā'iṭ* à des domaines (7) du Sarāt, trop vastes pour pouvoir être délimités par des marques extérieures (8).

---

les rencontre *chez* les ʿAdwān (donc dans le Sárāt) ; *Aǧ.*, III, 5. Le célèbre vice-roi d'Egypte Méhemet-Ali (Moḥammad ʿAlī), habitué aux eaux du Nil, accorde son suffrage à celles de Ṭaif ; Burckhardt, *Voyages*, I, 88. Il est question de la neige dans ʿAbīd ibn al-Abraṣ, *Dīvan*, XIX, 13 ; cf. l'*Introduction* de Lyall p. 45 Pour le خرب = جلد , cf. le *dīvan* de Ḥassān ibn Ṭābit, 71, 2.

(1) Yāqoūt W., III 495. Le froment dans les poésies d'Omayya ibn Abi'ṣ Ṣalt ; voir Power, *MFOB*, V ¹, p. 178 *

(2) *Aǧ.*, XII, 48, 49 ; cf. *Berceau*, I. 83.

(3) *Aǧ.*, VII, 145.

(4) Notice d'Al-ʿArǧī, *Aǧ.*, I, 153 sqq.

(5) Ibn al-Faqīh, *Géogr.*, 22 (Pour la défense de couper les arbres, aux environs des villes, cf. *Deutéron.*, 20, 19 ; *Berceau*, I, 61) : *ʿIqd* ¹, I, 135, Wellhausen, *Reste*, 50 ; *Chroniken* W., II, 48, 75 ; Ibn Hišam, *Sīra*, 918 d. l. Bakrī, *Moʿǧam*, 578 ; *Kanz al-ʿommāl*, VI, p. 256, n° 3622.

(6) Balāḏorī, *Fotoūḥ*, 58 ; Ṭab. *Annales*, I, 1200, 16 ; 1671, 9. Burckhardt, *Voyages*, I, 87 : « *belad*, comme on appelle ici les champs, enclos d'une muraille basse » ; Tamisier, *Voyage*, I, 300. A l'appendice, joint au vol. III, Burckhardt transcrit *belad* par بلد . Son orthographe n'est pas toujours sûre

(7) Ou *ḍaïʿa* ; *Aǧ.*, XIV, 166, 6 d, 1.

(8) Cf. *Aǧ.*, I, 160 : il s'agit des vastes possessions d'Al-ʿArǧī.

On retrouvait dans la région accidentée des Ṭâifites, mais seulement au sein des vallons, creusés dans les flancs du mont Sarât, le palmier, l'arbre des oasis du Ḥiǧâz (1). Ceux de la vallée abritée de Moṭâr jouissaient d'une réputation méritée (2). On y récoltait des dattes juteuses, charnues, « où disparaissait, s'enlisait, يرحل, la mollaire » du gourmet (3).

A côté du dattier, l'unique arbre fruitier des basses régions du Ḥiǧâz (4), la campagne de Ṭâif fournissait les principales productions végétales et jusqu'aux fruits de la Syrie. En la parcourant, le voyageur Burckhardt (5) s'imagine traverser le Liban (6). Parmi ces fruits, signalons avant tout les raisins, puis les olives, les bananes, les figues, les pêches. les coigns, les grenades, les melons (7). Tous ces produits étaient exportés sur les marchés du Ḥiǧâz, principalement à la Mecque. Entre cette ville et la région de Ṭâif, c'était un va-et-vient journalier de caravanes, chargées de fruits (8). C'est sur cette route, à moitié chemin entre les deux cités, à Naḫla, que Mahomet établira ses bandes de pillards, chargés d'inquiéter le commerce de Qoraiš et sans égards pour les mois sacrés. Aucun poste ne pouvait être mieux choisi. C'était rendre impossible le ravitaillement de la Mecque.

En définitive, le raisin formait le plus apprécié, sinon le principal produit de la région. Les premiers ceps auraient été importés de Wâdi'l Qorâ,

---

(1) Rare dans les environs même de Ṭâif ; Tamisier, *Voyage*, I, 302.

(2) Yâqoût, W., III 495.

(3) Qotaiba, *Kitâb al-'Arab*, 287, 5-6 : يرحل فيو الضرس ou encore ; بايب فيو الضرس Wâqidî, 188, 3. Cette description convenait surtout à la variété عجرة

(4) Le dattier (fém., en arabe *naḫla*), « reine des arbres » et « tante des Arabes » ; Maqdisî, *Géogr.*, 105, 14 ; 106 ; *Kanz al-'ommâl*; VI, p. 273 ; cf. *Berceau de l'islam*, I, 82 etc.

(5) *Voyages*, I, 86.

(6) Arbres fruitiers de toutes sortes, grandes quantités de rosiers dont les fleurs sout renommées ; Rochos, *op. cit.*, 320. Un peu au sud de Ṭâif, on cultiverait le café ; *ibid*, 318. Variété des arbres et de la flore ; Tamisier, *op. cit.*, I, 301 etc; *Berceau*, I, 93.

(7) Balâḏorî, *Fotoûḥ*, 56-58 ; Yâqoût, W, III 495 ; Ibn Baṭṭoûṭa, *Voyages*, I, 304-305 ; Omayya, *Dîvan*, U. I, v. 14 ; Burckhardt, *Voyages*, 87-88, 112.

(8) *Aǧ*. I, 85 ; I. S. *Ṭab..y.*, II¹, 5, 1. 15 Ḥâzimî, *Nâsiḫ wa Mansoûḫ*, 218 ; Ṭab., *Annales*, I, 1274.

cadeau d'une femme juive à Aboù Riḡāl (1). Ce renseignement, conservé
par la tradition locale, me semble instructif à plus d'une titre. Il témoigne
de la reconnaissance de-la population pour l'ancêtre légendaire de Ṭaqīf,
si maltraité dans le ḥadīṯ. Il proteste contre la théorie de Winckler, puisqu'il enregistre les triomphes de l'industrie humaine, stimulée au contact
d'une civilisation supérieure, sur le rude climat de l'Arabie. Enfin il nous
ramène en présence d'une initiative israélite, alors qu'il est question d'un
progrès, d'une conquête agricoles. On voit combien le Prophète a été mal
inspiré, en privant ses compatriotes de la salutaire émulation, provoquée
par leur exemple (2). On récoltait le raisin sur des ceps, disposés en treil-
les (3). Mahomet se réfugia dans un de ces vignobles, quand son essai de
propagande monothéiste à Ṭaif menaça de prendre une tournure désagré-
able (4). Plus tard il fera menacer par un de ses poètes médinois, Ka'b ibn
Mālik, de détruire les vignes de Ṭaif (5). Cette bravade poétique, il s'en
souviendra, au siège de cette ville. Il avait commencé à les brûler, lorsque
des Qoraišites le supplièrent d'arrêter l'œuvre de destruction, au nom de
leur parenté رحم avec les Ṭaqafites (6). Je soupçonne ces Mecquois compâ-
tissants d'avoir été propriétaires dans les environs. Mais le motif de la
parenté est à retenir. Nous verrons bientôt combien il se trouvait être
fondé.

*
* *

La récolte vinicole a dû être considérable (7). On disait en manière

---

(1) *Aḡ.*, IV, 75, 10 ; Bakrī, *Mo'ǧam*, 42. 43 ; Ibn Hisām, *Sīra*, 424.

(2) Cf. *Berceau*, I, 142, 154 etc.

(3) Doughty, *Travels*, II, 526. Un million d'échalas pour un vignoble à Ṭaif ; Ibn
Faqīh, *Géogr.* 22. Voir plus bas. Les mêmes méthodes sont conservées de nos jours ; Tamisier, *op. cit.*, I, 308.

(4) Ṭab., *Annales*, I, 1200 ; Wāqidī, Kr., 27 ; Caetani, *Annalt*, I, 310.

(5) Voir précédemment p. 29 n. 2.

(6) I. S. *Ṭabaq.*, III¹, 114 , Ṭab., *Annales*, I, 1672.

(7) Balāḡorī, *Fotoūḥ*, 56. « En Arabie, Taiffa doit être considérée comme la terre
classique des raisins » ; Tamisier, *op. cit* ; I. 308.

de proverbe : « importer du vin chez les Ṭaqafites », au lieu de « porter de l'eau à la rivière», ou comme s'exprimaient encore les Arabes : « porter des dattes à Ḥaibar ou à Haǵar » (1). Dans ces conditions, Ṭaif était prédestinée à donner naissance à l'Horace de la Péninsule, le joyeux Aboû Miḫǵan, (2) l'auteur du distique célèbre :

اذا مُتُّ فادفنوني الى اصل كرْمةٍ   تُوَرِّي عظامي بعد موتي عروقُها

ولا تـدفنوني بالفـلاة فـانني   اخـاف اذا ما مُتُّ الّا اذوقَها (3)

« Quand j'aurai expiré, enterrez-moi au pied d'une vigne, dont les racines rafraîchiront mes os desséchés.

De grâce, ne m'enterrez pas dans la steppe. Je craindrais après ma mort de n'en plus goûter » (4).

Le vœu de l'aimable poète fut exaucé, si nous pouvons en croire la légende. Sur sa tombe poussèrent trois ceps de vigne et leurs grappes encadraient cette simple inscription : « Ci-gît Aboû Miḫǵan le Ṭaqafite ; هذا قبر اﺑﻲ محجَن الثقفي » (5).

Le vinaigre de la région jouissait également d'une réputation méritée. Vin et raisins étaient en majeure partie exportés à la Mecque (6).

Pour ses parties de plaisir, la jeunesse dorée de cette ville (7), les

---

(1) Aǵ., XV, 16, 3 ; Qotaiba, *Poesis*, 416, 6 ; où Aṣma'î blâme un poète parlant de vin, importé de Syrie à Ṭaif ; (Cf. *Berceau*, I, 91) il faut comprendre les vins de choix.

(2) Voir sa notice, Aǵ., XXI, 210 sqq. A Ṭaif, la tradition des parties de vin se conserva après l'islam ; Bakrî, *op. cit.*, 241, 2 d. l. ; Abel, *Abû Miḫǵan Carmina*, passim. 'Anbasa, frère du calife Mo'âwia, flagellé pour avoir bu à Ṭaif ; Qotaiba, *Ma'ârif.* E. 114, 2. En ces occurrences, on choisit de préférence des Omayyades ; ainsi Waḷîd ibn 'Oqba à Koûfa ; Aǵ. S. I, 280.

(3) Comp. le distique agréable du chrétien Nâbiǵa de Šaibân ; Aǵ., VI, 151, 6-7.

(4) Aǵ., XXI, 215 ; Abel, *Abû Miḫǵan Carmina*, p. 15.

(5) Aǵ., XXI, 220, 7.

(6) I. S. *Ṭabaq.*, II¹, 5. Voir précédemment p. 33. Pour le vinaigre cf. Qotaiba, *'Oyoûn al-aḫbâr*, 484, 2.

(7) On buvait aussi, comme à Médine, du vin de palme ; *Berceau*, I, 84 ; Waḥidî, *Asbâb*, 156. Effets désastreux de ce *nabîḏ* fumeux ; Aǵ. S. I, 63, 18 ; لا يشرب احدكم ثلاث قدام حتى يذهب بعقله وحيزه. C'est contre lui qu'a fulminé le Qoran.

riches banquiers qoraiéites préféraient, nous l'avons noté ailleurs (1), recourir aux crus renommés de Syrie : aux vins de Aḏra‘ât, de Baitrâs, de
Baisân et aussi de Beyrouth, lequel n'était autre que « le vin d'or » du
Liban. Aucun ne rappelle mieux l'éclat de « l'œil du coq»; une comparaison
familière aux poètes qui ont chanté le vin. Cette préférence ne les empê-
chait pas de conserver toute leur estime au *zabîb* (2), une spécialité de
raisin ṭaqafîte, célèbre dans toute la Péninsule. ‘Abbâs, l'oncle de Mahomet,
tirait de ses vignobles de Ṭâif une sorte de raisiné, qu'il mêlait au liquide
déplaisant, débité par le puits de Zamzam (3). A la Mecque, la population
utilisait le *zabîb* pour corriger l'âpreté des eaux de la cité (4). Macéré dans
l'eau, il servait à édulcorer la boisson matinale du calife ‘Omar (5). Cet
usage a dû être fort répandu, puisque les *Ṭabaqât* ont éprouvé le besoin
d'y associer le souvenir de l'austère successeur de Mahomet, dans le but de
rassurer les musulmans timorés sur la licéité de ce breuvage (6).

On aurait même, affirment certains textes, porté ce *zabîb* sur les marchés de la Babylonie et de la Syrie, pourtant des pays de vignobles. Du
moins retrouverons-nous le zabîb parmi les articles formant le chargement
ordinaire des caravanes qoraiéites. Plus tard on transplantera jusque dans
le Horâsân les ceps produisant ce raisin spécial. C'était une sorte de raisin
de Corinthe. «Les pépins sont extrêmement petits et on ne les sent pas sous

---

(1) Cf. *Berceau*, I, 92 ; *Mo‘âwia*, 415. Vins de Syrie portés à Ṭâif ; Qotaiba, *Poésis*,
416, 6. Vins du Liban bus à Médine ; *Aǧ.*, II, 86, 20. Pour « le vin de Bairoût » = Liban ; cf. *Aǧ.*, VI, 120, bas.

(2) Burckhardt mangea aussi « à Taïf des raisins très gros et d'une saveur délici-
euse » ; *Voyages*, I, 112. Pour le *zabîb*, voir plus loin.

(3) Azraqî. Wüst., 70, 294, 340 ; Balâḏorî, *Fotoûḥ*, 56 ; Maqdisî, *Géogr.*, 101, 5.
On tente l'impossible pour découvrir des titres de gloire à l'ancêtre des ‘Abbâsides et
établir son privilège de la *siqâta*. Nous aurons à y revenir. Balâḏorî, *Ansâb*, 33, *a*.

(4) *Osd*, III, 332, 12 ; Azraqî, Wüst., 70. On recourait également aux dattes dans
le même but ; Azraqî, Wüst., 70 , Burckhardt, *Voyages*, I, 268.

(5) I. S. *Ṭabaq.*, VI, 105, 18. On faisait fermenter ensemble dattes et zabîb ; opération interdite par le ḥadîṯ ; Tirmiḏî, *Ṣaḥîḥ* (Dehli) II, 10.

(6) Cf. *Berceau de l'islam*, I, 91. Dans le même but, le ḥadîṯ montre Mahomet usant
fréquemment de vinaigre (*Aǧ.*, VIII, 161), malgré sa provenance de l'alcool.

la dent » (1). Le zabîb et aussi l'huile de Ṭâif faisaient l'objet du commerce particulier exercé par Aboû Sofiân à la Mecque et pour lequel il comptait vraisemblablement comme associés ses gendres ṭaqafites (2). Quand les conquérants arabes disposeront des succulents raisins de la Terre-Promise, ils sentiront leur enthousiasme se refroidir pour le zabîb du Sarât.

Tel aurait été du moins le cas de Moʻâwia. Ce calife avait un neveu, fils d'une sœur mariée à Ṭâif. Ce personnage d'une rare médiocrité déçut toutes les espérances de son oncle (3). Or le neveu recherchait la main d'une fille du souverain et la mère (4) intervint pour appuyer la demande. Moʻâwia se permit d'élever des objections ; le parti lui paraissait peu sortable. Dépitée, la mère s'écria : « Pourtant Aboû Sofiân m'a mariée à un Ṭaqafite et notre père te valait assurément ! — Sans doute, répliqua le spirituel Omayyade avec un sourire capable de désarmer les plus revêches. Aboû Sofiân avait ses raisons pour apprécier le *zabîb* de Ṭâif : mais réfléchis donc, ma bonne sœur (خَيَّة) ; pour le moment, nous ne manquons pas de raisins secs, قد كثر الزبيب (5) ». Les étrangers passant par Ṭâif, à la fin des vendanges, s'extasiaient devant les aires ou *bayâdir*, servant à la dessication des raisins. Leur couleur sombre, leur entassement, leur extension rappelaient aux nomades, arrivant du Tihâma, le paysage des noires *ḥarras*, couvertes de débris volcaniques (6).

---

(1) Tamisier, *Voyage*, I, 303 ; Maqdisî, *Géogr.*, 324, 4.

(2) *Aǧ.*, XIII, 34 ; XIV, 25, 3. Baihaqî, *Maḥâsin*, 107, 1 ; Ǧâḥiẓ, *Maḥâsin*, 165, 10. زيت et زبيب forment des variantes fréquentes p. ex., Boḫârî, *Ṣaḥîḥ*, Kr. II, 45 ; comp. Ibn Rosteh, *Géogr.*, 215, 9 (variantes en note) lui fait vendre du cuir ادیم au lieu d'huile. Pour l'huile du Sarât, voir Ibn Baṭṭoûṭa cité plus haut. Les caravanes passant à Naḫla portent زبيب رادم ; Ibn Hišâm, *Sîra*. 424. Ibn Baṭṭoûṭa — un plagiaire éhonté — est une autorité sujette à caution. Les voyageurs modernes ne mentionnent pas l'olivier dans la région de Ṭâif. Pour les Bédouins préhégiriens, la terre classique de l'huile fut la Syrie.

(3) Cf. *Aǧ.*, XIII, 33-48.

(4) Omm al-Ḥakam ; comme Moʻâwia, elle avait pour mère Hind ; Qotaiba, *Maʻârif*, E. 117. Le calife tenait donc à lui être agréable. L'addition اُمّ ou اخت لأبو indique toujours une recrudescence d'intimité dans ces familles polygames.

(5) *Aǧ.*, XIII, 34, bas.

(6) Yâqoût, W, III, 499, 1 ; Ibn Faqîh, *Géogr.* 22, 14 sqq.

Les chrétiens et les juifs monopolisaient la vente du vin, dans les villes du Ḥiǧaz (1). Ce sont « les marchands à la moustache blonde : ils cèdent contre une forte rémunération la précieuse liqueur, qu'ils ont laissé vieillir » :

مِمّا يُغالِي بِها بَيّاعٌ عَنَّها   ذو شارِبٍ اصهَب يُغلَى بِها السِّينَمَ (1)

A ces colporteurs exotiques, (2) les indigènes de Ṭâif auraient fait, semble-t-il, une rude concurrence (3). A la Mecque, à Médine, on continuera à boire du vin, même « après la hausse de prix, après toutes les interdictions, les pénalités stipulées par l'islam » :

ان كانَتْ الخَمرُ قد عَزَّتْ وقد مُنِعَتْ   وحالَ مِن دونِها الاسلامُ والحَرَجُ (4)

Parmi les anciens amateurs, beaucoup proclamaient avec Aboū Miḥǧan : « J'ai supporté avec résignation la mort de mes frères ; mais renoncer au vin, jamais ! pas même un seul jour !

« Le commandeur des croyants a condamné la boisson ; à nous, buveurs, de pleurer, autour des pressoirs (vides) :

واِنّي لَذو صبرٍ وقد ماتَ اخوَتي   ولَستُ عن الصهباء يوماً بِصابِرِ
رَماها امِيرُ المؤمنين بِحَتفِها   فحلاَئُها يكون حول المَعاصِرِ (5)

---

(1) ʿAbīd ibn al-Abraṣ, *Dīvan*, XXI, 8. Comp. *ibīd.*, VIII, 6, matelots juifs *blonds* ; صُهْب . Ethnographiquement la notation est intéressante ; non moins intéressante la profession exercée par ces juifs, commerçants et navigateurs. Parmi ces derniers, la proportion remarquable des blonds avait déjà frappé les Arabes. Un cabaretier juif enivra Aboū Ṣaḥma, le fils de ʿOmar; cf. قصة ابي شحمة بن عُمَر (man. Berlin) p. 190 b. L'épithète de « rouge » (c-a-d. non Arabe) se trouve fréquemment donnée aux marchands de vin ; Aǧ., XVI, 17, l. 19. Pour les juifs marchands de vin, cf. Aǧ., VII, 124, 3 ; II, 120 d. l. Sur les *navicularii* juifs, voir Juster, *Les juifs dans l'empire romain*, II, 264-265. Pour désigner les marchands de vin chez les poètes, fréquente est encore l'épithète de الازرق et son diminutif الازيرق . Elle prétend désigner leur origine non-arabe.

(2) *Poète royal*, 41 ; Ǧaḥiẓ, *Opuscula*, 63 ; Aǧ., VIII, 81, 29 ; XI, 91 ; XII, 152, 155; XIII, 137, 1. Tente du vendeur de vin : Aǧ., XVI, 17, l. 16.

(3) Aǧ., VI, 58, 60.

(4) Aǧ., XXI, 216. قد عزّت peut également se traduire : « le vin s'est fait rare » ; traduction accueillie dans *Moʿāwia*, 412.

(5) Aǧ., XXI, 219, 17.

Pour couper court à cette odieuse industrie, le calife 'Omar n'imagina pas de moyen plus expéditif que de mettre le feu à leurs tavernes de Médine (1). Chez la Tradition, on constate une véritable obsession. Elle ne réussit pas à se représenter le fils d'Al-Ḥaṭṭāb autrement qu'armé d'une cravache, d'un sabre (2) ou d'une torche. Si le second successeur de Mahomet recourut parfois à la manière forte, il ne donna pas moins de preuves d'un opportunisme intelligent (3). Ne pouvant appliquer la manière forte aux « beuveries » organisées par les 'Abbāsides, les *faqīh* de Bagdad voulurent du moins élever une protestation indirecte, en s'abritant prudemment derrière l'autorité de l'austère calife.

*
* *

A Ṭaif, l'apiculture devint également l'objet de soins spéciaux. Cette industrie se trouva favorisée par l'extension des vergers (4) entourant la cité. Grâce aux diverses altitudes, dans les vallons abrités — tel le canton de Moṭār (5) — la floraison sans cesse renouvelée des arbres et des plantes offrait aux abeilles une pâture inépuisable et combien variée. L'apiculture prendra dans la suite des développements assez considérables pour exciter les convoitises du fisc, désireux de lui appliquer la dîme.

La légitimité de cette mesure deviendra une question très controver-

___

(1) I. S. *Ṭabaq.*, III¹, 202 ; V, 40. Cabaretier à Ṭaif ; *Aǧ.*, VI, 58 ; Dīnawarī, *Aḫbār*, 233 ; 344, 20. A la fin du 1ᵉʳ S. H. un poète présente déjà 'Omar comme le type de la sévérité ; *Aǧ.*, XIV, 170, 2 d. l. Le trait n'a pas été perdu !

(2) Dans la *Sīra*, il parle incessamment de massacrer les moindres adversaires de Mahomet ; Waḥidī, *Asbāb*, 283, 316 ; Ibn Hiśām : *Sīra*, 244, 726, 748, 810. Pour la cravache de 'Omar, voir *Mo'āwia*, 318 ; *Aǧ.*, XIII, 72, 112 ; XIV, 31, 40, 41, 137, 147 ; Baǧawī, *Maṣābīḥ*, II, 140 ; comp. *Aǧ.*, IV, 28, 98 ; I. S. *Ṭabaq.*, VII¹, 92, 5-7.

(3) Cf. *Yazīd*, 396-398. Voir Azraqī, W., 170, 3 d. l : « ما ذاك الله, vous ne le ferez pas ! » Voilà comment on parle à 'Omar !

(4) Balāḏorī, *Fotoūḥ*, 57 ; Baihaqī, *Maḥāsin*, 516, 2. Strabon, *Géogr.*, XVI, c. 4 signale l'abondance du miel en Arabie. « Profusion de roses » à Ṭaif ; Burckhardt, *Voyages*, I, 112 ; Tamisier, *op. cit.*, I, 304.

(5) Voir plus haut, p. 33 ; Bakrī, *Mo'ǧam* , 272 ; Aboū Yoūsof, *Harāǧ*, 40.

sée entre les écoles juridiques du monde musulman (1). Le poète ṭaqafite Omayya ibn Abi'ṣ Ṣalt (2) a célébré les gâteaux de froment, apprêtés au miel, le *faloūǧ* ou *faloūḏaǧ*. Le Prophète a vanté comme une panacée, « un remède à tous les maux de l'humanité » :

> *la talbineh* (3), *farine*
> *Et miel dont le parfum caresse la narine.*
> (H. de Bornier, *Mahomet*, I, scène 2).

Le richissime banquier Ibn Ġod'ān leur fut en grande partie redevable de son incontestable popularité à la Mecque (4). L'hydromel, les boissons miellées étaient fort appréciées des Bédouins (5). Plus tard 'Alī, calife de l'Iraq, reconnaîtra au goût un de ces rafraîchissements préparés avec le miel de Ṭaif et n'hésitera pas à en proclamer la qualité supérieure (6). Un autre calife, l'Omayyade Solaimān, commanda au gouverneur de Ṭaif de lui expédier (7) pour sa table du miel des environs. A ce miel, le Qoran (26, 70, 71) a consacré un éloge ému. Si nous pouvions en douter, l'addition du terme *montagnes* ومن الجبال بيوتًا , nous obligerait à penser aux abeilles du Sarāt ou au miel des Bédouins de Hoḏail, voisins de Taqīf.

---

(1) Balāḏorī, *Fotoūḥ*, 57, 2 ; Aboū Yoūsof, *loc. cit.* L'exploitation paraît avoir été considérable. Sur le miel, voir encore Šāfi'ī, *Kitāb al-Omm*, III. 93 ; Mālik, *Mowaṭṭā*, I, 117. Grotte remplie de miel au pays de Hoḏail, donc dans la région de Ṭāif ; Hamdānī, *op. cit.* ; 178, 7-10 ; Aboū Tammām, *Ḥamāsa*, E. I, 41. Dans les districts hodailites du Tihāma, les abeilles se trouvaient réduites au *maǧāfīr* ; voir plus bas.

(2) *Dīvan*, XI, 6 ; XX, 3.

(3) تلبينة , comme l'insinue l'étymologie, le lait, *laban*, y entrait également : *Kans al-'ommāl*, V, 178.

(4) Omayya, *Dīvan*, XI, 5 ; cf. *Aǧ*, VIII, 2-6, surtout p. 4, où Ibn Ġod'ān introduit le *faloūǧ* à la Mecque ; Ġāḥiẓ, *Avares*, 253-54.

(5) *Aǧ.*, IV, 35, 6 d. l. Hydromel au musc et au camphre. Vin au miel ; cf. Ibn Hišām, *Sīra*, 15, 5 ; 16, 5 d. l., 829, 4. Le meilleur hydromel était préparé avec « l'eau du Nil ما يكون ما أكثر النيل ما (Ġāḥiẓ, *Ḥatawān*, V, 129, 2 d. l.) la plus limoneuse qu'on pourra trouver ». Mahomet et l'hydromel ; Baġawī, *Maṣābīḥ*, II. 81, 1. Ibn Daisa', *Taisīr al-woṣoūl*.

(6) Mas'oūdī, *Prairies*, IV, 329, 2.

(7) Bakrī, *Mo'ǧam*, 271, 272. Solaimān représente le type du souverain, gros mangeur, au sein de la dynastie omayyade. Ḥaǧǧāǧ et le miel ; *Aǧ.*, V, 60-61.

Plus loin le même recueil énumère, parmi les délices paradisiaques :

Des jardins toujours verts et des fleuves de miel.

(H. de Bornier, *Mahomet*, II, 3)

Quelle perspective pour les nomades, condamnés au breuvage saumâtre, débité par les puits du désert ! Des fleuves de miel clarifié, raffiné انهارًا من العسل المصفّى (Qoran, **47**, 17) ! Ce miel débordait des grottes, au pays de Ṭâif, et constituait pour les nomades de la région des réserves inépuisables (1). Mieux encore que dans les affirmations de la *Sîra*, je retrouve, dans ces textes qoraniques, la preuve que leur auteur a dû visiter « les colonies d'abeilles dans les montagnes » ṭaqafites, . من الجبال بيوتًا

Ces versets allaient déterminer le développement d'une copieuse littérature apocryphe, du moins pour la grande majorité des noms propres cités. Elle attestait la place occupée par le miel dans l'alimentation des Arabes. Simultanément cette pittoresque documentation devait mettre à l'aise les croyants gourmets, amateurs de matières sucrées (2). Donc, au témoignage unanime des *Ṣaḥîḥ*, des *Mosnad*, des *Sonan*—tous consacrent au moins un paragraphe à notre sujet(3), le Prophète appréciait particulièrement le miel de Ṭâif (4), le plus estimé à la Mecque. En conformité avec le Qoran, il le prescrivait volontiers en qualité de remède, on le verra plus

---

(1) Comp. l'épisode de Taabbaṭaśarran au pays de Hoḏail ; *Aǧ*. XVIII, 215 ; Ǧaḥiẓ, *Ḥaiawân*, V, 129, 4 ; cf. Burckhardt, *Voyages*, I, 87.

(2) Voilà pourquoi le ḥadîṭ montre le Prophète grand amateur de friandises et de pâtisseries. Ici le détail serait infini ; citons seulement Tirmiḏî, *Ṣaḥîḥ*, I, 331, 337 ; Boḫârî, E. IV, 168, 221, 6-11. Aux noces médinoises, (en réalité il s'agit d'usages postérieurs), on distribuait des sucreries, des amandes, des noix... Parmi les invités, on se disputait ces dépouilles. Mahomet prenait part au pillage général ; رأيته يحاذيهم ويجاذبونه Ṭaḥâwî, *Ma'ânî al-âṭâr* (manus. Berlin), 141-43. Le trait prétend souligner son caractère affable et humain.

(3) Tirmiḏî, *Śamâ'il* (ms. B. Kh.) *passim* ; Ḏahabî, *Târîḫ al-islâm* (ms. Paris) 82 b. ; Ǧaḥiẓ, *Ḥaiawân*, V, 129 ; Baǧawî, *Maṣâbîḥ as-sonna*, II, 90.

(4) Les apiculteurs ṭaqafites lui payaient une outre de miel sur dix; Aboû Yoûsof, *Kitâb al-ḫarâǧ*, 40, (106 de la traduction Fagnan).

loin (1). Lui-même en assaisonnait ses aliments, sans en excepter les concombres, ses légumes préférés (2). La *Sīra* a même mêlé le miel à un des épisodes les plus singuliers de sa vie domestique, auquel le Qoran semble faire une discrète allusion.

Sous le climat brûlant du Tihāma, la méridienne devenait presque une nécessité. Aboū'l Qāsim n'y manquait jamais (3). La sieste terminée, il avait l'habitude d'entreprendre la tournée, *ṭawāf*, de son harem. Il s'attarda pour goûter du miel chez l'altière Zainab, femme divorcée d'avec son favori et affranchi Zaid (4), et d'ordinaire en mauvais termes avec les autres « mères des croyants ». Quand le Prophète pénétra chez elles, à tour de rôle, ses femmes lui crièrent : « tu sens le *maġāfīr* » (5). On désignait, sous le nom de *maġāfīr*, une gomme ou résine sucrée, mais non pas inodore, que les abeilles des régions basses du Tihāma suçaient, à défaut d'essences plus raffinées, des roses et des fleurs du Sarāt.

Mahomet avait toujours montré pour les parfums une singulière

-----

(1) Il défend de tuer les abeilles ; Ǧāḥiẓ, *loc. cit.* ; Ibn Daiba‘, *Taisīr al-woṣoūl*, III, 194 ; comp. le paragr. القاوي بالسل , dans Maqrīzī, *Imtā‘* III (manusc. de Kuprulu, Constantinople) ; Wāqidī, Krem., 342, 1 ; I. S. *Ṭabaq.*, VIII, 59 ; Baġawī, *Maṣābīḥ*, II, 90 ; Tirmiḏī, *Ṣaḥīḥ* (éd. de Dehli) II, 29.

(2) Tirmiḏī (D.) II, 6 ; Aġ., XI, 68, 9 d. l. ; كان ياكل الادم بالنُّجاب ; le مجاج est expliqué par السل والبن ; Ḫaṭṭābī, *Ġarīb al-ḥadīṯ* (manuscr. ‘Aṣir effendi, Cple). Pour l'usage « du lait et du miel » à la Mecque, cf. Ya‘qoūbī, *Hist.*, I, 284 ; I. S. *Ṭabaq.*, II¹, 131, 12 ; IV, 16.

(3) Son sommeil sonore ; I. S. *Ṭabaq.*, II², 34, 1 ; Tirmiḏī, *Ṣaḥīḥ*, D. II, 109. La sieste ainsi décrite dans le Qoran, 24, 57 : « quand vous déposez vos habits, l'après-midi ». Raiḥāna est établie في نخل السلية ; le Prophète y va siester ; Balāḏorī, *Ansāb*, man. 296 a ; 356 b.

(4) Comp. Qoran, 33, 17. Ce verset a fasciné les moḥaddiṯ et grossi l'importance de Zaid (cf. *Fāṭma*, 26 etc.).

(5) القافير صمغ حلو كالناطف له رائحة كريهة ; Ḥaiḍarī, *Ḥaṣā'iṣ ar-rasoūl* (man. Bibl. Khédiviale ; section ḥadīṯ, n° 207) ; cf. Ḥassān ibn Ṯābit, *Divan* 125, 8 et le scolion sur ce vers cité p. 86, القافير صمغ الشمام الواحد مغفور . Les « mères des croyants » cédaient parfois à « leur démon » de la jalousie, comme Mahomet le rappelle à ‘Aiša ; *Kanz al-‘ommāl*, VI, 225, n° 3099. Sur *maġāfīr*, voir encore Ṭab, *Annales*, III, 2525, 9.

prédilection (1). Il protesta donc contre l'insinuation des femmes. Le futile incident s'envenima ; il amena une retraite mensuelle que s'imposa le Prophète. Cette scène d'intérieur a été vulgarisée par les recueils de ḥadiṭ en d'innombrables rédactions, où abondent les détails savoureux et les réflexions pittoresques (2).

L'usage aurait également existé, parmi les Arabes, d'administrer aux nourrissons du beurre et du miel (3). Il rappelle le *butyrum et mel comedet* d'Isaïe et pourrait bien avoir été emprunté aux Juifs de Médine. Ce ne serait pas le seul usage que leur devraient les Arabes de l'oasis médinoise, lesquels plaçaient volontiers leurs enfants en nourrice chez les Israélites. Ces derniers employaient également le miel comme remède (4). Le Qoran a dû s'en souvenir, quand il parle «du liquide aux couleurs variées (5), fabriqué par les entrailles des abeilles, remède aux maux de

---

(1) Ḥanbal, *Mosnad*, III, 267. Même son *kohl* devait être parfumé, مُزَرَّج , c-à-d. مطيّب بالمسك ; Aboû ʿObaid, *Ḡarīb*, 73, b. Cf. *Moʿâwia*, 366, 368 ; Ibn ʿAbdalʿazīz, *Ḫalq an-nqbi* (man. Leiden, n° 437), p. 256 ; *Fāṭima*, 65. Il n'accepte que les parfums les plus exquis ; Moslim, *Saḥīḥ²*, I, 447.

(2) I. S. *Ṭabaq.*, VIII, 59 ; Wāḥidī, *Asbāb*, 325-27 ; *Ibid.* 269. ʿAiśa lui dit : « Allah va au devant de tes caprices ; أرى ربّك يُسارع لك في هواك » .

(3) I. S. *Ṭabaq.*, VI, 212, 20. Le trait est mentionné pour l'Iraq sous le califat de ʿAlī. Comp. cet auteur śīʿite, cité par Friedländer (*JAOS*, XXX, 39) : ليتيمن لعليّ في مسجد الكوفة عينان تفيضُ احداهما عسلًا والاخرى سمنًا . Wellhausen, *Reste*, 176-177. *Aǧ.*, VIII, 74, 12. Rapprochez la citation dans notre *Yazīd*, 178 ; Ibn Māǧa, *Sonan*, E. II, 236, 8 : « un nuage qui distille le beurre et le miel ». Pour l'usage du beurre et du miel chez les Bédouins et les musulmans, voir Jaussen, *Moab*, 17, n. 1 ; comp. *Revue de l'Orient latin*, II, 500. Pour les nouveaux baptisés dans l'ancienne église, cf. Knabenbauer, *Comment. in Isaiam* I, 190. Comp. Ibn Sikkīt, *Tahḏīb*, 637 : الطبيبة سَمن ودُبّ يُجعَل في الشكّة يُطعَمه الصبيّ . يقال خَبِروا لصبيّكم وذلك عند الفطام . Il s'agit du sevrage des nourrissons. De ʿAbdalmoṭṭalib Yaʿqoûbī, *Hist.*, I, 284, affirme que اطعم الطعام وسقى اللبن والعسل . Comp. I. S. *Ṭabaq.*, II¹, 131, 12, avec les remarques de l'éditeur Horovitz *ibid.*

(4) Cf. Mainzer, *Jagd... und Bienenzucht bei den Juden in der tannaeis. Zeit*, 71-72. Comp. S. Krauss, *Talmudis. Archaeolog.*, I, 101 ; II, 134 sqq., 523 sqq.

(5) Ṭab., *Tafsīr*, XIV, 86 distingue trois nuances احمر وابيض واشحر principales pour le miel.

l'humanité, « يخرج من بطونها شراب مختلف الوانها فيه شفاء للناس » (1). Un Bédouin souffrait d'une violente diarrhée. Mahomet conseilla l'emploi du miel. Le malade en absorba sans résultat, pendant plusieurs jours. Comme son frère accourt lui exposer cet insuccès, Aboû'l Qâsim répond-impatienté : « Dieu ne se trompe pas ; le tort retombe sur les entrailles rebelles de ton frère, صدق الله وكذب بطن اخيك » (2). La piquante anecdote atteste pour nous l'emploi du miel dans la pharmacopée arabe. Pour les musulmans, elle est destinée à prouver que les moindres incises du Qoran sont la révélation infaillible d'Allah. Finalement la robuste constitution du Bédouin triompha du mal.

---

(1) Qoran, 16, 71 ; cf. Ṭab., *Tafsīr*, XIV, 86 ; Baġawī, *Maṣābīḥ as-sonna*, II, 90 ; Krauss, *op. cit.*, I, 258.

(2) Hanbal, *Mosnad*, III, 92 ; cf. Ṭab., *loc. cit.* ; Ġāḥiẓ, *Ḥaiawān*, V, 128-129; 'Omar use du miel comme remède ; voir sa notice dans I. S. *Ṭabaq.*, III¹. Sur le miel-remède cf. *Kanz al-'ommāl*, V, pp. 174-175, 189.

III

ṬĀIF, VILLÉGIATURE DU ḤIĠĀZ

Ṭaif, « le Spa » de l'Arabie, « un coin de Syrie, transporté au Ḥiġāz ». Exode des Mecquois vers Ṭaif, leur villégiature favorite. — Ṭāif et le Qoran. — La sainteté idéale de la Mecque. — Les dames mecquoises à Ṭāif ; le trio, Torayya, 'Aiśa bint Ṭalḥa, Sokaina. — « La tente de Sobai'a ».

Il faut lire les impressions des voyageurs européens, qui ont pu parcourir la région de Ṭâif. Burckhardt affirme que c'est le plus ravissant paysage qu'il ait « rencontré depuis son départ du Liban en Syrie ». Il décrit les ruisseaux, « le gazon, touffu comme l'herbe des Alpes, que le Nil avec tout le luxe de ses grandes eaux ne peut jamais faire croître en Egypte » (1). Tamisier appelle Ṭâif « le Bade ou le Spa du Hedjaz ». L'ensemble du paysage lui rappelle « les sites des Alpes ou des Pyrénées ». Il affirme que « le voyageur qui a été brûlé par le soleil ardent du Tihama, dont l'œil a été habitué à contempler les torrens desséchés, les plaines de sable de cette contrée, s'épanouira à l'aspect des nombreux jardins... et son corps... savourera avec douceur les délicieuses sensations d'une atmosphère rafraîchie » (2).

Qu'on imagine l'enthousiasme des nomades, arrivant des landes dé-

---

(1) *Voyages*, I, 87, 88.
(2) *Voyage*, I, 260, 298, 299.

solées du Gaur et pénétrant dans les vertes vallées du Sarāt. Ils s'écriaient avec le calife omayyade Solaimān : « Quel homme que Qasī, (l'ancêtre de Ṭaqīf)! Quel nid merveilleux il a découvert pour y abriter sa couvée ! » (1). لله دُرُّ قَسِيّ بِأيّ عُشّ وضع افرُخَهُ

Le Bédouin ne met pas son esprit à la torture pour imaginer l'idéal de la béatitude terrestre, d'une existence heureuse, dégagée de soucis. Il pense au chameau, pâturant en liberté sur le territoire réservé du *ḥimā*. Il suffisait à l'animal de se baisser pour brouter les rudes, mais savoureux fourrages, tapissant le sol. Au dessus de sa tête, les acacias inclinaient les feuilles revêches garnissant leurs branches épineuses. C'est le tableau esquissé par le Qoran, quand il yeut ébaucher le concept de l'abondance ici-bas : « Manger en haut, manger en bas (2) — ainsi s'exprime le livre d'Allah, اكلوا مِن فوقهم. . . ومِن تحت ارجلهم » (3). En haut, les feuilles des arbres, à leurs pieds, les produits de la flore désertique. Cette comparaison devait satisfaire l'intelligence des Bédouins, habitués aux landes arides du Tihā-ma. Mais ce style perdait énormément de sa signification sur les riants plateaux, s'étageant au bas du mont Gazwān, au sein des forêts, des gras pâturages qui couvraient les pentes des collines. Au temps de Tamisier (II, 84-85), les nomades qui ont visité Ṭāif « s'imaginent que le Caire et Stamboul ne sont rien en comparaison » de cette ville.

Leurs ancêtres, contemporains de l'hégire, no se montrèrent pas moins outrés. Pour rendre l'impression produite sur leurs esprits par les paysages ṭaqafites, ils dédaigneront de les comparer aux oasis fiévreuses de Médine et de Ḥaibar. Recourant à leurs souvenirs de voyage, ils proclameront la région de Ṭāif un coin du Yémen. Plus souvent encore ils

---

(1) Ibn al-Faqīh, *Géogr.* (éd. de Goeje), 22.

(2) Cf. *Berceau*, I, 60 etc. D'après Ṭab., *Tafsīr*, VI, 175, مِن فوقهم = la pluie, مِن تحت ارجلهم = les productions du sol.

(3) Qoran, 5, 70. Salmān al-Fārisī l'utilise pour montrer le bonheur dont aurait joui l'islam, si, après la mort du Prophète, on avait assuré la succession à 'Alī ; Balā-dorī, *Ansāb*, 387 b. Ce Salmān est un des favoris de la tradition śī'ite.

voudront y reconnaître un canton de la Syrie, transporté sous le ciel inclément du Ḥiǧāz. La fraîcheur des eaux, la douceur de la température leur rappelleront, comme au voyageur Burckhardt, douze siècles plus tard, les brises, les sources du Liban, les montagnes dominant la Damascène ; ils déclareront Ṭaif, شامِيّة الهواء باردة الماء (1) « La similitude des productions et du climat achèvera de les fortifier dans cette conviction : deux pays aussi semblables devaient avoir une commune origine » , ويوضح صحّة نقلِها مِن الشام مشابهةُ الموافقة في بردها وفاكِهتها وقلها (ʿOǧaimī, 8, a).

Depuis que le Qoran les avait initiés à la légende d'Abraham, fondateur de la Kaʿba, ils pensèrent devoir attribuer ce prodige (2) à la puissante intercession du patriarche biblique, en faveur de la Mecque, cette « vallée stérile, وادٍ غير ذي زرعٍ » (Qoran, 14, 4), où le père d'Ismaël aurait eu la malencontreuse idée d'établir la postérité d'Agar. (3)

On concevra donc l'attraction exercée par ce site privilégié sur les riches marchands de Qoraiš. Chacun tenait à y posséder une propriété, (4) à tout le moins un pied-à-terre, pour s'y refaire des rigueurs du climat débilitant de la Mecque. La reddition de cette ville au Prophète dépeuplera l'ancienne métropole qoraišite, au profit de Médine, devenue la capitale du nouvel Etat islamique. Il était donc naturel que la Mecque commençât à s'inquiéter des proportions inquiétantes de l'émigration vers les montagnes de Ṭaif. Aussi le ḥadīṯ croit-il devoir recourir à l'appât des faveurs spirituelles, promises aux bourgeois, assez courageux pour affronter les ardeurs de l'été du Tihāma (5). Ils étaient surtout assurés de les gagner,

---

(1) Nombreuses autorités citées dans ʿOǧaimī, *op. cit.* p. 8, *a-b*. Ibn Faqīh, *Géogr.*, 17, 1 ; Maqdisī, 79, 8; *Chroniken*, Wüst., I, 41 ; II, 76.

(2) Comp. Snouck Hurgronje, *Mekka*, II, 2. Ṭab., *Tafsīr*, XIII, 140.

(3) D'après Azraqī, Wüst., 22, 1, à l'époque d'Abraham, le val de la Mecque était occupé par des bouquets de ʿiḍāh ; pourquoi elle ne produit pas de زرع , céréales ; *ibid.*, 25, 8 d. l.

(4) Le « Mobaššar » Ṭalḥa ibn ʿObaid, le grand ami de Mahomet, retire, en revenus, environ 10.000 dīnārs de ces terres du Sarāt ; Sprenger, *Moḥammad*, I, 385.

(5) Voir les principaux ḥadīṯ dans le *Kanz al-ʿommāl*, VI, p. 232, nᵒˢ 4328 etc. Comp. Snouck Hurgronje, *Mekka*, II, 2, 50-51; *Chroniken*, Wüst,, III, 22.

lorsque la perturbation, introduite dans le calendrier musulman par l'imprévoyante suppression du *nasi*, mois intercalaire, ramenait la coïncidence du carême de Ramadan avec la période de la canicule (1).

L'expédient demeura impuissant : la nécessité seule pouvait empêcher alors la population de gagner les hauteurs du mont Sarât. Ainsi se conduisait le pieux calife 'Omar II, quand, il gouverna le Ḥiǵâz (2) et le non moins orthodoxe philologue Aṣmaʻî, pendant son séjour dans l'Arabie occidentale. En reconnaissance il décernera à la cité des Ṯaqafites l'épithète de *bénie* (3). C'était la qualification accordée par le Prophète à la vallée du 'Aqîq, le Daphné de Médine, devenue plus tard la retraite des *Mobaśśara* et des riches amis d'Aboû'l Qâsim. Ṭâif, coin du Yémen ou de la Syrie ? De cètte fantaisie géographique, les panégyristes de Ṭâif ont tiré une conclusion assez inattendue. Tous les privilèges, فضائل (4), tous les éloges, décernés dans le ḥadît aux deux premiers pays, sont retenus comme revenant de plein droit à Ṭâif. Ceci sans préjudice des prérogatives, qui lui sont strictement particulières et où elle ne partage avec personne ('Oǵaimî, *op. cit.*, 9 *a*).

Rien d'étonnant si Ṭâif était devenue (5), et est demeurée depuis, la villégiature favorite, la *Riviera* d'été des Mecquois fortunés (6). Au dire d'Ibn 'Abbâs, ou des exégètes complaisants qui s'autorisent de son

-----

(1) Ibn Faqîh, *Géogr.*, 17, 15 ; Azraqî, Wüst, 267, 1 ; *Chroniken*, Wüst., II, 267 ; Snouck Hurgronje, *loc. cit.*; *Kanz al-'ommâl*, VI, n° 4333.

(2) Azraqî, *op. cit.*, 364. 'Omar agit ainsi par crainte de mal faire, de commettre l'*ilḥâd* à la Mecque. L'anecdote doit confirmer la sainteté idéale de la Mecque; cf. *ibid.* 361 sqq.

(3) Mobarrad, *Kâmil*, 115, 10. Pour le '*Aqîq* cf. l'index de *Moʻâwia s. v.* La région de Ṭâif possédait aussi une localité du nom de 'Aqîq ; 'Oǵaimî, *Aḫbâr Ṭâif*, 20 *b*.

(4) Chaque pays, chaque ville de l'islam a ses فضائل , annoncés par le Prophète. Voir la collection dans *Kanz al-'ommâl*, VI, 256 etc.

(5) Maqdisî, *Géogr.*, 79, 10 ; Ṭab., *Tafsîr*, XXX, 171, 3 d. l.

(6) Les chérifs de la Mecque y ont leur campagne et aussi les riches marchands de cette ville ; Burckhardt, *Voyages*, I, 112-113, 272. Ṭâif venait alors d'être ruinée par les Wahhâbites. Les dieux eux-mêmes avaient choisi leur villégiature à Ṭâif (Azraqî, W., 79.) aux temps préislamites.

nom (1), le livre d'Allah ne pouvait avoir oublié cette alternative, si caractéristique dans la vie mecquoise. Sans broncher, ils y retrouvaient une allusion dans le verset du Qoran (**166, 2**) : رحلة الشتاء والصيف ; « le voyage d'hiver et celui de l'été ». Texte précieux, mais non moins énigmatique ! Il rappelle, pense-t-on, l'existence chez les Qoraišites d'une caravane commerciale, partant deux fois, chaque année. D'après Ibn 'Abbās, « le voyage d'été » ne peut viser que les départs annuels des riches bourgeois de la Mecque pour leur campagne de Ṭaif (2). Dans cette interposition de l'autorité d'Ibn 'Abbās, très vénéré dans cette cité possédant son tombeau (3), il n'est pas interdit de soupçonner le zèle intempestif d'un faqīh ṭaqafite. Son patriotisme ingénieux a dû se sentir heureux de retrouver dans la « révélation » le souvenir de sa ville natale (4). Ibn 'Abbās est un de ces innombrables prête-noms, fourmillant dans le *Tafsīr*, aux premiers temps islamiques, à l'aurore de l'exégèse qoranique. Cette dernière s'est montrée accueillante à ces fantaisies d'interprétation. C'est tout au plus si elle s'inquiète d'une certaine vraisemblance de temps et de lieu. Or nous verrons bientôt les relations étroites, ayant rattaché Ṭaif au fils de 'Abbās. Que pouvait-on désirer de plus ?

Parmi les fantaisies pseudo-érudites qui déparent « Das Leben und die Lehre des Moḥammad » de Sprenger (5), notons la suivante qui se rapporte à notre sujet. L'auteur discute le séjour du Prophète sur le mont Hirā', près de la Mecque. « Je crois, écrit-il, que c'était un lieu de villégiature pour les citadins, trop peu fortunés pour visiter la fraîche Ṭaif ou la plantureuse Qorā ». Sprenger détaille ensuite par le menu les

---

(1) Ṭab., *Tafsīr*, XXX, 171-72 ne cite pas cette interprétation. N'était-elle pas encore en circulation ou s'est-il refusé à la prendre au sérieux ?

(2) Maqdisī, *Géogr.*, 95. 'Oǧaimī, *Aḫbār Ṭāif*, a enregistré d'autres spécimens de cette exégèse ṭaqafite. Sur la science exégétique d'Ibn 'Abbās, cf. *Kanz al-'ommāl*, VI, 186.

(3) Cf. la p. 4 de الايناس القدسية في بمن الخاطب الحضرة التاسيّة par 'Abdallah ibn Ibrahīm Mīrǧanī مرجى ; (mac. *Bib. Khéd.*)

(4) Parallèlement à Qoraiš, mentionné une seule fois : Qoran 106, 1. Médine y figure sous le nom de *Madīna* et de Yaṯrib (une fois).

(5) Voir vol. I, 296-297.

agréments du paysage environnant : « absence presque (?) complète de
végétation, roches dénudées, versants à pic, précipices béants et gouffres
effrayants... Les gorges sont obstruées d'énormes galets et de quartiers
de roche qui réfléchissent l'aveuglante réverbération solaire... Endroit à
souhait pour se procurer des visions ».

Avant comme après l'hégire, l'idéal d'une vie heureuse (1), au Ḥiǵāz,
consistait à passer l'hiver à la Mecque ou à Ǵodda (2), le printemps à Médine (3) et l'été à Ṭaif (4). *Beatus ille qui procul negotïis...* ! Dans ses
heures d'accablement moral, le calife Moʻāwia, au fond de la Ḥaḍrāʼ de
Damas, songea parfois à aller réaliser ce rêve de jeunesse dans les Alpes
du Ḥiǵāz (5). Au premier siècle de l'hégire, beaucoup de notables, de
hauts fonctionnaires viendront achever dans les villes saintes leur carrière
orageuse. Tous possèdent un palais à Médine ou à la Mecque. Mais, dès
les premières chaleurs, on les verra émigrer dans leurs villas du mont
Sarāt. Ce fut le cas d'Ibn ʻAbbās. Dans son gouvernement de Baṣra, ce
personnage avait affiché une rare absence de scrupules, de probité administrative. Ṛetiré à la Mecque, sa conscience se serait réveillée. « Prends
garde, mon fils, disait un vieux fragment poétique d'une authenticité suspecte (6), prends garde de commettre à la Mecque un péché grand ou
petit ».

---

(1) Pendant la période de la Ḥarra sous Yazīd I, les harems de l'Omayyade Marwān et de ʻAlī fils de Ḥosain se réfugient dans leurs villas de Ṭaif ; *Aǵ.*, I, 18 ; *Ṭab.*, II,
Annales, 409 ; Ibn al-Aṯīr, *Kāmil*, E. IV, 19 ; *Yazīd*, 223-224. Domaine et tombe d'Aboū
Oḥaiḥa, près de Ṭaif ; Ibn Hiśām, *Sīra*, 782, 6-9. D'après les saisons, les nobles dames
résident à la Mecque ou à Ṭaif ; témoignage d'un poète de Ṭaif ; *Aǵ.*, VI, 31, 8.

(2) Azraqī, Wüst., 79 d. 1. Ǵodda ne devint le port de mer de la Mecque que postérieurement à l'hégire.

(3) C-à-d. dans la verte vallée du ʻAqīq (Cf. *Moʻāwia*, 228 etc.), transformée en
lieu de plaisance sous les califes omayyades.

(4) ʻOǵaimī, *man. cit.* 12, *b* : Azraqī, Wüst., 79, d. 1. Yāqoūt, W. III, 500, 16 ;
Ǵaḥiẓ, *Opuscula*, 62, 21 ; Maqdisī, 95, 17 ; Ṭab., *Tafsīr*, XXX, 171, bas. Le vers de Nomairī ; *Aǵ.*, VI, 31, 8.

(5) Qotaiba, *ʻOyoūn*, 257, bas ; *Aǵ.*, XV, 3 l. 8. *Moʻāwia*, 248. Ce calife possédait
dans la région d'importants domaines qu'il ne cessera d'arrondir.

(6) Ibn Hiśām, *Sīra*, 17, 1, l'appelle رجز . Cette absence de correction me paraît un

أُ بُنَيَّ لا تظلم بمكة لا الصغير ولا الكبير (1)

Ce sentiment aurait, à partir du *fath*, empêché les Compagnons du Prophète de s'établir à la Mecque ou d'y retourner (2). « Pour les nécessités corporelles, ils préféraient sortir des limites du ḥaram », territoire sacré. Ibn 'Abbâs aurait obéi à un scrupule analogue, lorsqu'il vint se fixer à Ṭâif (3). En réalité, cette détermination ne fut, nous le verrons, rien moins que spontanée. 'Alî fils de Ḥosain possédait, lui aussi, une villa dans le Sarât, où il abritera son harem pendant les révolutions du Ḥiġâz (4).

*
* *

Les femmes montraient à peine moins d'enthousiasme pour le séjour de Ṭaif. Nous aurions à citer ici les noms les plus illustres de la société musulmane, au premier siècle de l'hégire : Ṭorayya, Sokaina, 'Aiśa bint Ṭalḥa. La première appartenait à la vieille aristocratie de Qoraiś, à la famille des Omayyades (5). Les deux autres, Sokaina, petite-fille de 'Alî (6), 'Aiśa, nièce de la favorite homonyme de Mahomet (7), rappellent la récente noblesse islamite. Toutes trois représentent un type à la veille de

---

disparaître sous la poussée des mœurs nouvelles : celui de la fière Bédouine, refusant d'être traitée en esclave et succombant devant la coalition
de l'égoïsme masculin et de la nouvelle législation matrimoniale (1). Ces
trois figures de mondaines arabes (2), la tradition littéraire les a ornées
de *toutes* les grâces physiques (3), de tous les charmes de l'esprit (4). Elle
les fait vivre dans la société des poètes et des musiciens, choisir comme
arbitres du mérite artistique. Les sympathies 'alides de l'auteur de l'*Ağā-
ni* (5) se manifestent d'une façon anormale en faveur de Sokaina. Il se montre tout heureux de retrouver en cette petite-fille de 'Alī quelque chose
de cette grâce frivole, de cet intellectualisme surtout qui a souvent manqué aux descendants de Fāṭima.

Ce trio féminin rappelle le groupe classique des trois déesses, posant
pour la beauté devant le Troyen Pâris. Au premier siècle H., le Pâris
arabe avait nom 'Omar ibn Abi Rabī'a. Poète d'un incontestable talent,
mais d'une licence non moins indéniable, il fut appelé à trancher entre
les trois dames de Qoraiś un débat analogue (6). Femmes de tête, en dépit
de leur frivolité (7), elles regimbent contre le joug humiliant, qu'on veut
imposer à leur sexe. 'Aiśa refusa toujours de se voiler. « Allah lui ayant

-----

(1) Antérieurement à la révélation du حجاب , les femmes de Mahomet se trouvaient
à table avec les invités du Prophète ; Wāḥidī, *Asbāb*, 271, 8.

(2) Sokaina régit la mode ; *Ağ.*, XIV, 165 ; elle est برزة : *Ağ.*, XIV, 173, 174.

(3) *Ağ.*, X, 54, 55, 58,, 59 ; XIV, 165.

(4) *Ağ.*, X, 60, bas. Elles se proclament « plus belles que le feu pendant la
nuit glacée » ; صبح من القبس ou احسن من النار في عين المرور , ou أحسن من النار الموقدة في الليلة القرّاء ,
avec d'autres variantes : cf. *Berceau*, I, 79 ; ajoutez *Ağ.*, X, 62 ; XI, 57 ; XIV,
165 ; 168, 8 d. l. ; XVI, 120, 5 ; 124, 7 d. l. ; XX, 141, 7 ; XXI, 263, 17.

(5) *Ağ.*, I, 99, 100 ; II, 127,128, 130-32, 136-37, XIV, 165, bas; ركان على أمرتو متحتّها
وهذا من. الصمب , note à son sujet Ibn al-Aṯīr. M. Nöldeke (lettre particulière) hésite
à accepter ce jugement. Les plus grandes folies des 'Alides trouvent en Aboū'lfarağ
un narrateur complaisant. Comp. par ex. *Ağ.*, S. I, 294-296. Comment Sokaina se
venge d'une plaisanterie de son bouffon Aś'aṭ ; *Ağ.*, XV, 131. L'auteur insiste sur la
justesse des sobriquets décernés par son héroïne ; *Ağ.*, XIII, 114.

(6) *Ağ.*, II, 137 ; XIV, 168-69.

(7) *Safīha*, c'est la qualification de Sokaina parmi ses proches ; *Ağ.*, XIV, 169.

octroyé le don de la beauté, elle ne voyait aucune raison de cacher les
cadeaux du ciel » (*Aĝ.*, X, 45).

Nous n'avons à rappeler ici que leurs rapports avec Ṭaif. Toutes trois
y possédèrent des châteaux et des domaines. Ces immeubles constituaient
leur propriété personnelle. Car nous les trouvons fréquemment divorcées
ou séparées de leurs maris. Ṭorayya y reçut les visites de 'Omar ibn Abi
Rabï'a (1). Dans « son vaste domaine » de Ṭaif, مال لها عظيم (2), 'Aiśa prési-
da des joutes, des jeux militaires, rappelant les tournois du moyen-âge. Le
carrousel terminé, elle accueille les hommages et écoute les plus récentes
compositions des poètes, tous avides de mériter ses suffrages et ses gratifi-
cations (3). Pendant les intervalles de ses nombreux divorces, nous voyons
la futile Sokaina traîner l'ennui de son désœuvrement (4), entre le 'Aqïq
de Médine, son hôtel de la Mecque et ses villas de Ṭaif (5). De nos jours,
on dirait : Paris, la plage, la Côte d'Azur ! Sokaina y vivait, entourée de
musiciens, de poètes et aussi de bouffons. Elle se félicitait de n'avoir pas
hérité du caractère mélancolique de son aïeule, Fāṭima, la fille du
Prophète.

Finissons par une figure infiniment plus sympathique, celle de Sobai'a. C'était une grande dame omayyade, mariée et établie à Ṭaif et presque contemporaine du Prophète. Dès la fin du 6ᵉ siècle, on rencontre partout les Omayyades au Ḥiĝâz. A Ṭaif, à la Mecque, hommes et femmes
— que celles-ci s'appellent Hind ou Sobai'a — leur énergie leur assure
un rang à part et prélude aux glorieuses destinées de cette famille. Après
le coup de force, فلتة, du Triumvirat, les Omayyades ne rencontreront
personne capable de leur disputer sérieusement l'accès du pouvoir. Le

---

(1) *Aĝ.*, I, 85. Enumération des maris de Sokaina ; *Aĝ.*, XIV, 168, 169 ; Comp.
Aĝ., X, 54 sqq.

(2) Le nom n'est pas mentionné.

(3) *Aĝ.*, VII, 30 ; XIII, 3 ; comp. XIV, 165 bas.

(4) Comment elle essaie de le combattre ; *Aĝ.*, XV, 131 etc. Dans les âventures les
plus burlesques, ce recueil ne lui ménage jamais l'*eulogie*, qu'il refuse à Mo'âwia ;
cf. *Aĝ.*, XV, 181 ; XVII, 94 ete.

(5) *Aĝ.*, XIV, 170 ; XVII, 93.

mari de Sobai'a, Mas'oūd, le père du futur Ṣaḥābī - martyr, 'Orwa, se trouva commander les troupes de sa cité natale, pendant la guerre fratricide d'Al-Fiǧār contre les Mecquois. Avant la bataille, il dressa un pavillon pour sa femme : « tout fugitif qoraišite, proclama-t-il, qui y pénètrera, aura la vie sauve ! ». La tente représentait-elle la *qobba* - tabernacle, servant à abriter le fétiche principal, le palladium de la cité ? Etait-elle une sorte de *ḥaram* improvisé, participant à l'inviolabilité, à la sainteté de la demeure familiale ? J'ai discuté ces hypothèses dans *Le culte des bétyles et les processions religieuses chez les Arabes préislamiques* (1). Je dois me contenter ici d'y renvoyer le lecteur.

Ce geste allait permettre à Mas'oūd de manifester ses sentiments d'humanité et aussi les sympathies mecquoises des *Aḥlāf* de Ṭāif, dont il était le chef (2). Aussitôt Sobai'a se mit à étendre, à allonger au moyen de ficelles, de bouts d'étoffe les cordes soutenant les poteaux de la tente. Sa pitié, son ingéniosité féminines, son patriotisme qoraišite (3) lui avaient suggéré ce stratagème ; il devait augmenter la surface de protection, en ce terrain neutre, destiné à servir de lieu d'asile. Au lieu du triomphe, escompté pour Ṭāif et ses alliés de Qais, ce fut la défaite. Bientôt le flot des fugitifs qaisites se précipita vers la tente de Sobai'a. Son cœur compâtissant n'avait songé qu'à ses compatriotes de Qoraiš. Elle s'empresse maintenant d'accueillir leurs ennemis, d'envoyer dans toutes les directions ses jeunes fils pour indiquer à ces infortunés la direction du refuge improvisé. C'était, ajoute le narrateur, « mettre ces garçons en évidence, afin de leur assurer pour l'avénir la dignité de *sayyd* », فَيَسُودُوا بِذٰلك . Cette réflexion trahit l'impuissance de l'Arabe à supposer l'inspiration désintéressée d'une action généreuse. Les environs de l'asile ne tardèrent pas à être encombrés de fuyards. Après la bataille, le généralissime mecquois — Sobai'a était sa parente — honora sa victoire, en reconnaissant officiellement

---

(1) *Bulletin de l'Institut français d'archéologie orientale* (Caire), XVII, 39-101.

(2) Sur Aḥlāfites et Mālikites, voir le chap. suivant.

(3) Comp. Aǧ.,XIX, 79, 5 d. l. La femme arabe prend le parti de son clan d'origine contre la tribu de son mari ; Aǧ., S. I, 176, 190 ; II, 23.

la protection accordée par cette courageuse Omayyade. A partir de ce jour, le nom et la tente de Sobai'a passèrent en proverbe parmi les Bédouins (1).

N'a-t-on pas le droit de regretter (2) qu'on ait laissé gaspiller les trésors d'énergie et de dévouement intelligent que le cœur de la femme arabe gardait en réserve ? « L'islamisme a fait du harem ou gynécée, d'ailleurs plus anciens que lui, une prison, et, sequestrées là, les qualités intellectuelles de la femme furent en interdiction perpétuelle » (Dʳ Perron).

---

(1) *Aǧ.*, XIX, 79, 80 ; comp. VII, 171, bas. Vers de Sobai'a ; Balâdorî, *Fotoûh*, 49.

(2) Sans mériter le reproche de « Feindseligkeit gegen den Islam » que m'a adressé feu M. Hartmann, *OLZ*, 1914, c. 436.

IV

LA POPULATION DE ṬĀIF ; DISCUSSIONS GÉNÉALOGIQUES.

Faisceau de rancunes accumulées contre Ṭāif. — Le théophore ʿAbdṭaqīf et Ḥaǧǧāǧ. — Ancêtres de Ṭaqīf : Yād et l'aïeul éponyme Ṭaqīf. — Raisons pratiques qui décident en faveur de Hawāzin. — Puissance de cette tribu. — Les « Aḥlāf », partisans de Yād. — La poésie apocryphe. — La tombe d'Aboū Riǧāl et la « lapidation » des tombes. — Tableau généalogique des principales familles ṭaqafites.

La poésie préhégirienne ne s'est pas montrée hostile à Ṭāif et à sa population. Elle leur a du moins épargné les accusations de couardise et de cupidité que les rimeurs bédouins ont prodiguées aux Qoraiśites (1). Tous rendaient hommage à l'intelligence, à l'activité des Ṭaqafites. Cette neutralité cesse avec le raffermissement de la dynastie marwānide. Principalement à partir du califat de Walīd I, la littérature ne cherche plus à dissimuler l'expression de sa malveillance pour « la Mecque du Sarāt ».

Les satiriques avaient trouvé le temps, depuis l'hégire, de se familiariser avec la légende qoranique de Ṯamoūd. Ils voulurent exploiter la défaveur attachée désormais aux noms théophores, legs abhorré de la *ǧāhilyya*, gentilité. Tard venus à l'islam, les Ṭaqafites semblent bien n'avoir pas, sans résistance, sacrifié aux scrupules du monothéisme islamique le souvenir et le nom de leur ancêtre éponyme. Dans les anciennes familles,

____

(1) Cf. Lammens, *Les Aḥābīś et l'organisation militaire de la Mecque, au siècle de l'hégire*, dans *Jour. Asiat.*, Nov. Déc. 1916.

de préférence chez les *Aḫlāf*, les noms imposés aux enfants continuèrent à rappeler Ṯaqīf. Autant d'armes que va utiliser l'opposition antidynastique. علج من ثُود, barbare de Ṯamoüd (1) ! عبد ثَنِيف. Ce théophore national prendra le sens péjoratif d'*esclave de Ṯaqïf* (2). Ces invectives retentiront incessamment à travers la copieuse production. satirique de cette époque. Elles ranimeront la lutte des partis qui s'attachent à saper le régime omayyade.

Pour alimenter ce courant d'animosité persistante, il a fallu que, aux rancunes des 'Alides, des 'Abbāsides et des Médinois, l'Iraq vint joindre les récriminations de ses *latifondistes*, l'exposé passionné de ses griefs, l'âpre revendication de ses droits foulés aux pieds, de son autonomie sacrifiée, affirmait-il, à la Syrie, sa rivale. L'Iraq, pendant plus d'un demi-siècle, comprimé sous la poigne de fer des vice-rois ṯaqafites, des Ziâd, des Ḥaǧǧaǧ et de leurs élèves, les Ḫâlid al-Qasrī ! Les chefs arabes de l'Iraq,

---

(1) *Aǧ.*, XX, 13, 1. 21.

(2) On l'applique généralement à Ḥaǧǧaǧ ; *Naqā'iḍ Ġarīr*, 497, 18. Comp. Balāḏorī, *Ansâb*, 14 *b*. On fait de son aïeul l'esclave d'Aboū Riǧâl : ان عبد الي الصحاب كان يخدمة فقيل . للحجاج عبد الي رجال . C'est une glose inepte sur le théophore *'Abdṯaqīf*. Je crois retrouver la même exégèse inintelligente dans le vers satirique, où Yâd se trouve substitué à Ṯaqīf, (sur les autres allusions voir plus loin) pour les besoins de la rime :

فلو لا بَكو مروان كان ابن يوسُف   .   كما كان عبدًا مِن عبيد إياد

'Abdṯaqīf aurait été le nom primitif de Ḥaǧǧaǧ (Cfr. plus bas). Il a donné prise, on le voit, aux attaques de la satire et l'on comprend que l'habile vice-roi ait évité de l'afficher. Comp. *Aǧ.*, VII, 171. 8 d. l. La variante de *Naqā'iḍ Ġarīr*, 497, 18 supprime le بن entre 'Abdṯaqīf et Ḥaǧǧaǧ ; suppression maladroite ou intentionnelle ! Je me demande si le vrai nom d'Aboū Bakra, le célèbre frère du non moins fameux Ziâd ibn Abīhi, ne fut pas 'Abdṯaqīf. Comp. *Aǧ.*, XVII, 9, l. 15 où je lis [non عبدال] كان ابو بكرة عبد ثبد . Le spirituel Ǧâḥiẓ (*loc. cit.*) a accepté l'absurde donnée traditionnelle — qu'Aboū Bakra fut esclave—pour le seul plaisir d'allonger sa liste (voir *loc. cit.*), sa progression d'antithèses : par ex. مولى مولى مولى , *maulā* à la troisième puissance, هو ذعيّ مولى ذعيّ etc. (*Aǧ.*, *loc. cit.*). On voit, au moyen de quels procédés, le théophore 'Abdṯaqīf a disparu de la nomenclature onomastique de l'Arabie avec la complicité tacite des Ṯaqafites, gênés par ces perfides déductions. Si Aboū Bakra avait été d'origine servile (voir le tableau généalogique de Ṯaqīf), il n'aurait pu jouer à Baṣra un rôle aussi prédominant ni les siens occuper les premières charges de l'Etat. Aboū Barza, un des Benjamins de la tradition 'alide, est ami d'Aboū Bakra ; I. S. *Ṭabaq.*, VII¹, 4.

grands seigneurs, ne leur pardonnaient pas les réformes agraires, la réorganisation de l'impôt foncier, avantageant contre leurs empiètements le trésor public et les populations rurales.

Avec raison, toute la province les rendit responsables de n'avoir pu réaliser le rêve du nationalisme local, relever le « *minbar aš-šarqī*, le trône oriental », l'éphémère et anarchique califat de 'Alī. Or, c'est dans l'Iraq que s'est surtout développée la primitive annalistique de l'islam. Comment s'étonner qu'elle ait partagé les préventions de son milieu, épousé les rancunes des personnages dont elle avait entrepris la glorification ? Habituée à se documenter dans les *divans* poétiques, l'ancienne historiographie arabe devait donner dans le piège. Au demeurant, aveuglée par ses préjugés, par son étroit chauvinisme, elle demandait seulement à enregistrer, sans contrôle, les calomnies propagées par les satiriques de Koûfa contre les Omayyades et leurs suppôts, les ministres ṭaqafites.

L'esprit de dénigrement s'est surtout attaqué aux origines généalogiques des Ṭaqīf. Une légende hostile prétendait les rattacher aux antiques races de 'Ad et de Ṭamoûd, anéanties pour leur impiété (1). Cette prétention révolte le bon sens du sceptique Ǵāḥiẓ. Il se demande comment un musulman peut s'y arrêter, après les affirmations du Qorân, racontant leur extermination totale par Allah (2). De son côté, Ḥaǵǵāǵ pensait y découvrir un titre de gloire pour ses ancêtres, puisque seuls les disciples du prophète Ṣāliḥ avaient échappé au désastre de leurs concitoyens (3). Ṭaqīf perpétuerait donc la postérité bénie de ces croyants (4). Dans toutes

---

(1) Mobarrad, *Kāmil*, W. 266 ; *Aǵ.*, IV, 74 : pour 'Ad et Ṭamoûd voir ces mots dans une concordance du Qoran. Ces préjugés ont pu être inspirés par le vers dirigé, après Karbalā, contre les descendants de Ziād ibn Abīhi (Mas'oûdī, *Prairies.*, V, 159) :

وأبعَدَكُمُ بِما غدروا وخانزا   كما بعَدَّتْ ثمود وقومُ عاد

Ce vers a été calqué sur Qoran, 11, 98.

(2) Ǵāḥiẓ, *Bayān,,* I, 78, 1. Ǵāḥiẓ se montre heureux de décocher un trait contre la crédulité de ses contemporains.

(3) *Aǵ.*, IV, 74. Sur فما أبقَى Qoran 53, 52; finesse exégétique, le ما est-il relatif ou négatif ? *Aǵ.*, loc. cit. Ṭab. *Tafsīr*, XXVII, 41-42 ne connaît que le sens négatif de *mā*.

(4) Ibn 'Asākir (éd. Badrān), IV, 71.

ces discussions, ni l'histoire ni la science généalogique n'entraient pour rien. Les traditionnistes au service des 'Abbâsides tenaient uniquement à jeter le discrédit sur de loyaux serviteurs de la dynastie rivale, sur les compatriotes d'un Ziâd et d'un Ḥaǧǧâǧ.

Il serait oiseux de les suivre sur ce terrain. Trop souvent les recherches généalogiques se sont asservies à de basses rancunes politiques, en Arabie (1). Sur les plateaux du Sarât, les Ṭaqîf n'étaient pas des autochtones (2). Nous estimons dangereux (3) d'aller au-delà de cette assertion générale, et il est permis de douter que les *nassâba*, généalogistes, du 2ᵉ siècle, fussent mieux renseignés. Pendant la période, immédiatement antérieure à l'hégire—seule elle doit nous intéresser ici—on gardait encore vivant à Ṭâif le souvenir de la tribu de Yâd. Depuis quand, et à la suite de quelles révolutions, avait-elle quitté ses premiers cantonnements du Sarât, il devient malaisé de le déterminer. Mais le plus illustre des poètes de la cité, Omayya ibn Abi'ṣ-Ṣalt était fier de se rattacher à la tribu, partie pour la Mésopotamie et devenue chrétienne (4).

*
* *

Au commencement du 7ᵉ siècle de notre ère, Ṭâif formait le centre urbain de la tribu de Ṭaqîf et la totalité des Ṭâifites (5) se réclamait de Ṭaqîf, leur ancêtre éponyme (6). C'est seulement, quand on voulait

----

(1) Blau ne s'en est pas douté, à propos de cette discussion ; *ZDMG*, XXII, 662.

(2) Cf. Bakrî, *Mo'ǧam*, 12, 9.

(3) Dans beaucoup de tribus, on hésite entre le Nord et le Sud ; ainsi chez les 'Add, une partie se réclame du Yémen, une autre de 'Adnân ; Bakrî, *Mo'ǧam*, 36, 10. Pour les Ǧoḏâm de Syrie, cf. *Yazîd*, 273 etc.

(4) Bakrî, *Mo'ǧam*, 49 sqq. ; *Aǧ.*, IV, 74. Omayya ibn Abi'ṣ-Ṣalt, *Dîvan*, I, 1-4. En réalité, la seule poésie nous a conservé les relations généalogiques entre Yâd et Ṭaqîf. C'est partout le même procédé, nous ramenant invariablement à une source poétique !

(5) Comme Omayya ibn Abi'ṣ-Ṣalt, *Dîvan*, II; XIV, 1.

(6) Comment on a traité l'histoire préislamique de Ṭâif ; voir *Chroniken*, Wüst., II, 133, où كوّز و حطى, deux groupes de lettres de l'alphabet, ont été transformés en rois de Ṭâif, كان ملكين بلاد وَجّ و هي ارض الطائف. Pour Waǧǧ = Ṭâif. voir précédemment p. 27. Primitivement les Ṭaqîf se seraient rattachés à Yâd,...إنّ قيس ثقلك انتسبوا ; protestations de Ḥaǧǧâǧ (Balâḏorî, *Ansâb*, 14 a) contre l'appellation بجيلة نبرد.

remonter plus haut, que commençaient les divergences.

<pre>
        Yad   Hawâzin
         | |
        Do‘mî   Bakr
         | |
        Afṣâ   Monabbih
         | |
        Monabbih   Ṭaqîf
         |
        Nabît
         |
        Ṭaqîf (1)
</pre>

Entre ces deux schémas généalogiques, l'érudition hésitait encore, au second siècle de l'hégire. Nous en trouvons la preuve dans la plus ancienne rédaction de la *Sîra* parvenue jusqu'à nous. Ibn Isḥâq (2) s'y prononce pour la descendance d'Yad, tandis que son éditeur et abbréviateur Ibn Hiśâm préfère remonter à Hawâzin (3). Cette préférence me semble avoir été partagée alors par la majorité des Ṭaqafites. C'est du moins l'impression toute personnelle que je pense pouvoir dégager de la comparaison des documents, relatifs à la période omaɪyade, époque décisive pour le groupement des tribus arabes. Alors s'opère l'aggrégation des molécules, des poussières de familles, de clans, répandues sur la surface de la Péninsule et dans les provinces conquises.

---

(1) Pour cette généalogie voir *Aǧ.*, XIV, 141, bas, les vers ambigus, mis sur les lèvres de Ḥassân ibn Ṯâbit. Ils ont dû contribuer à augmenter les hésitations des *nassâba*. Sont-ils de lui ? Rien ne le prouve. Son dîvan (éd. Hirschfeld) ne les a pas conservés. Pour ses satires contre Ṭaqîf, voir ibid., 27, 1 ; 198, 1, 4 ; 199, 1. La pièce 198, 3 sqq. conteste à Ṭaqîf une généalogie qaisite.

(2) Voir la remarque de celui-ci ; Ibn Hiśâm, *Sîra*, 875, haut.

(3) Ibn Hiśâm, *Sîra*, 32 ; Bakrî, *Mo‘ǧam*, 49, 51. D'après une tradition légendaire, pendant la ǧâhilyya, les Ṭaqîf eux-mêmes hésitaient entre les deux généalogies ; Mas‘oûdî, *Prairies*, V, 64-65.

En se déclarant pour l'ancêtre Hawāzin, les Ṭaqafites se solidarisaient simultanément avec le groupe homonyme, formant lui-même une subdivision dans la masse confuse de tribus, rattachées à Qais ou Qais-'Ailān (1). Evidemment cette question de fait ne saurait en rien préjuger la question de droit, de la filiation historique. Yād représentait l'histoire, le passé, passé déjà lointain pour la courte mémoire des Arabes(2). Hawāzin et Qais, c'était le présent ; l'avenir peut-être, si l'on pouvait se fier à un pressentiment prêté à Mahomet : les Hawāzin disputeraient la prééminence politique à Qoraiś, زاحموا قريشًا على منابرهم (3). Leur descendance de Yād, une tribu désormais éteinte, les Ṭaqafites la connaissaient surtout par la poésie. En faveur d'un rapprochement plus intime avec les Qaisites, voisins remuants, militaient de puissantes considérations. En oubliant Yād, ils ne sacrifiaient qu'un souvenir. Ils avaient tout à gagner, en se rattachant à leurs voisins du Sarāt. Quand donc ils se déterminèrent pour ce dernier parti, la majorité des Ṭaïfites adopta une solution opportuniste, inspirée par leurs intérêts matériels (4). Cette considération l'a toujours emporté chez les Arabes réalistes. Or ces intérêts, leur position géographique conseillaient aux Ṭaqīf de se déclarer pour une descendance qaisite dans une région peuplée de Banoū Hawāzin (5) et où l'influence de ces derniers demeurait prépondérante (6). Elle leur permit de régler avec ces

---

(1) Voir Wüstenfeld, *Genealog. Tabellen* ; sous la lettre *G*.

(2) Qotaiba, *Ma'ārīf*, E. 21-22, 29.

(3) *Aǧ.*, XV, 138, 4 d. l.

(4) Voir plus bas. Ils vivaient au milieu des Hawāzin. L'histoire de Ḥaǧǧāǧ présente toujours cet homme d'Etat comme d'origine qaisite. On le soupçonnait facilement de partialité envers les Qais, d'animosité contre les Yéménites. Comp. *Aǧ.*, XI, 61, 1. انت سيّد هوازن , lui dit un Solaimite (donc un Qaisite) venant le sólliciter (cf. *ibid.*, 60, 4 d. l.), donc désireux de le compromettre d'avance !

(5) Placés par Blau dans le voisinage de Médine ; *ZDMG*, XXIII, 586 ; même erreur, sur la carte jointe à ce travail. Voir les précisions topographiques indiquées par Bakrī, *Mo'ǧam*, 57, 5 : Sarāt, Ṭāif etc, pour l'habitat des Banoū Hawāzin.

(6) Mālik ibn 'Auf (voir plus haut) possédait un fortin sur le territoire de Ṭāif. Pour la campagne de Ḥonain, les Ṭaqīf devront se mettre à sa suite ; Ṭab., *Annales*, I, 1654-55.

nomades de délicates questions de propriété, les droits de pacage, de délimitation ; de stipuler d'après quelles mesures s'opèrerait le partage des récoltes. Comme il arrive, partout où sédentaires et nomades voisinent, ces négociations se terminèrent par un compromis. Les premiers devront céder aux Bédouins, censés leurs parents, une part dans les moissons, les produits du sol, s'ils prétendent jouir de leur protection (1). En retour, ceux-ci renonçaient à leurs droits de propriété sur les champs fertiles, s'étageant au pied du mont Ġazwān (2). Nous avons constaté en Syrie une situation analogue pour les Banoū Ǧoḍām (3). L'organisation de la société bédouine se trouve partout déterminée par les mêmes nécessités et par les mêmes convoitises.

Plus on se familiarise avec l'histoire préislamique de la Péninsule et moins on trouve recevable la théorie de Winckler sur l'ensablement *fatal*, l'appauvrissement progressif, inéluctable de l'Arabie. Les annales de Hawāzin lui apportent le plus solennel démenti. Au début du 6ᵉ siècle, les clans formant cette subdivision du groupe qaisite comptaient parmi les plus misérables, les moins considérés : « réunion de pastouraux, parcourant à la suite de leurs brebis les montagnes du Sarāt », forcés de payer tribut au sayyd Zohair ibn Ġaḍīma » وهوازن يومئذٍ لا خير فيها . . . أغنام رعاء الشاء في الجبال (*Aġ.*, X, 12). Cette faiblesse facilita l'établissement des Ṯaqafites et leur main-mise sur les meilleurs terrains, sur les plus riches domaines du district. Moins d'un siècle plus tard, la confédération des Hawāzin est devenue une des plus importantes de la région. Aux brebis, des chameaux sont venus se substituer et leurs immenses troupeaux envahissent les steppes du Naǵd et le double versant du Sarāt. Du Yémen, de la cité de Naǵrān, on vient chez eux se fournir de chevaux, indice incontesté de prospérité et de richesse (*Aġ.*, XIV, 138, 1-2). Vers le même temps, on les voit opposer la force aux empiètements ultérieurs des Ṯaqafites (Ibn

---

(1) Comp. Ṭab., *Annales*, I, 1556, bas. Ibn al-Aṯīr, *Kāmil*, E. I, 288-289.

(2) Bakrī, *Moʿǧam*, 50. Les Bédouins exigent qu'on leur paie jusqu'au droit de ne pas nuire : Waḥidī, *Asbāb*, 296, bas.

(3) Cf. *Yazīd*, 279 etc.

al-Aṭîr, *Kâmil*, E. I, 289 ; *Aǧ.*, XII, 46). De tels voisins méritaient, on le
comprend, d'être ménagés. On préféra s'en faire des alliés et intéresser un
de leurs clans, les Banoû Naṣr ibn Mo'âwia, à la défense militaire de la
cité (*Aǧ.*, XII, 46) et du territoire urbain.

Mais au sein de plusieurs familles de Ṭaqîf, la voix du sang paraît
l'avoir emporté sur des considérations plus positives. Là, le souvenir de
l'ancêtre Yâd (1) avait conservé des partisans fidèles et des hérauts retentissants (2). Nous avons déjà nommé Omayya ibn Abi'ṣ-Ṣalt. Nous aurons à en énumérer d'autres, principalement parmi les *Aḥlâf*. On retrouve
des traces de ce dualisme généalogique dans l'attitude des Banoû Naṣr
ibn Mo'âwia ou du moins de leurs chefs principaux. Des contestations, au
sujet de domaines dans le Sarât, avaient mis ces *ḥalîf* bédouins de Ṭaif en
conflit avec les Aḥlâf (3). Un des leurs, le futur généralissime, Mâlik ibn
'Auf, plus vraisemblablement 'Ofaif ibn 'Auf, composa le distique suivant,
où il repousse toute communauté d'origine avec les Ṭaqîf et surtout avec
Yâd :

*Or donc, fais savoir à Ṭaqîf, partout où tu le rencontres que, ma vie
durant, je lui demeure hostile.*

*Tu n'as rien de commun avec nous, ô Ṭaqîf, et nous rien avec toi. Tu
peux choisir une place (4) chez Oḥâza ou Yâd ;*

----

(1) « Bereits im 6 Jahrhundert untergegangene Stamm » ; Blau, *ZDMG*, XXIII,
567 ; Nöldeke, *Perser-Araber*, 337-338.

(2) Bakrî, *Mo'ǧam*, 51 : لبثت طالبا منهم على نتبهر الى لياد. D'après cet auteur, la généalogie Ṭaqîf-Hawâzin est de date plus récente ; *ibid.* : أنّ التسبروا بعد . On aura remarqué
plus haut, comment dans la satire 'Abdṭaqîf et 'Abdyâd *s'interchangent* et semblent s'appeler l'un l'autre. Cette correspondance ne peut être accidentelle et insinuerait des relations anciennes entre Yâd et Ṭaqîf. Le vers satirique dirigé contre Ḥaǧǧâǧ (voir plus
loin) فلولا بنو مروان ... signifie peut-être : « Sans les Marwânides, il n'aurait été qu'un
descendant des misérables Yâd ». Le trait serait alors d'origine qaisite et viserait également la généalogie yâdite, présentée comme une déchéance pour Ḥaǧǧâǧ et ses contribules.

(3) Ibn al-Aṭîr, *Kâmil*, E. I, 289.

(4) خلي , choisir une descendance, des ancêtres. Pour la généalogie des B. Naṣr ibn
Mo'âwia, cf. Wüstenfeld, *Genealog. Tabellen*, F.

ألا أَبْلِـغْ ثقيفاً حيث كانَتْ   بأَني ما حَيِينْتُ كُم مُعـادِ

فأَني لسْتُ مِنكِ ولسْتِ مَني   فَحُلْتي في أُحاظَـةَ او إيادِ

Mas'oûd ibn Mo'attib (1), le père du célèbre Compagnon ṯaqafite 'Orwa ibn Mas'oûd, releva le défi posé sur ce terrain :

Votre Qais n'a rien à faire avec nous, ni nous avec vous ; nous sommes les descendants de Nabt ibn Yaqdom (2).

Si jamais je pousse le cri de Oḥāẓa (3), aussitôt accourront des escadrons décidés ; avec eux, la défaite n'est pas à craindre.

لا قَيْسُكم مِنّا ولا نحن منكم   وَلكِنّا اولادُ نَبْتِ بن يَقْدُمَا (4)

وإن ادعُ يوماً في أُحاظَة تَأتِني   كتائب خُرْسٌ لا أَخافُ الهَمَضْا (5)

Dans cette discussion, on a tenu à faire intervenir également le vieux chef· ṯaqafite Ḡailān. Mais, tout en se rattachant à l'ancêtre Yād, il ne refusa pas pourtant d'appeler «les Qaisites ses gendres et ses alliés (ḡār)»,

---

(1) Cf. *Aḡ.*, XIX, 77, 79, 82. Voir plus bas le tableau généalogique.

(2) Ancêtres intermédiaires entre Ṯaqīf et Yād ; cf. Wüstenfeld, *Genealog. Tabellen*, C ; Ibn Doraid, *Ištiqāq*, 105, 3, lequel ajoute (1. 10), à propos de Yād : جهل الناس السابِهن En d'autres termes, on ne connaissait que les souvenirs, sauvés par la poésie.

(3) Le cri de guerre, la *da'wa* : يا آل حاظة . Sur Oḥāẓa, cf. Nöldeke *Beitr. sur Kenntnis der Poesie*, 220. Vocable peu connu des Arabes ; une localité ou une tribu ? se demande Bakrī, *op. cit.*, 76, haut. La forme رحاظة est plus fréquente ; c'est une tribu Yéménite ; cf. Maqdisī, *Geogr.*, 91, 3, et surtout Yāqoût, *Mo'ǧam*, W., IV, 907. La nisba Woḥāẓī dans I. S. *Ṭabaq.*, VII², 174, 4.

(4) Sur Ṯaqīf et Yaqdom cf. Ḥassān ibn Ṯābit, cité dans *Aḡ.*, IV, 11, 6.

(5) Bakrī, *Mo'ǧam*, 51. Selon toute vraissemblance les vers attribués ici à Mālik ibn 'Auf ont pour auteur 'Ofaif ibn 'Auf. Cf. Ibn al-Aṯīr, *Kāmil*, I, 289, 7 etc. On y trouvera les circonstances, au milieu desquelles ils ont été composés. A l'époque de Honain, Mālik était encore un jeune homme. A fortiori, n'a-t-on pu songer à l'opposer comme capitaine à Mas'oûd ibn Mo'attib ; cf. Ibn al-Aṯīr, *loc. cit.* Au jour de Honain, Mālik aurait compté 30 ans ; I. S. *Ṭabaq..* II¹, 108, 7. Vers prononcés à l'occasion de ce combat par 'Aṭyya ibn 'Ofaif an-Naṣrī (un fils du précédent 'Ofaif ?) ; Ibn Hišām, *Sīra*, 858, bas.

à reconnaître une situation de fait :

هم والِدي واليهم انتَمِي صُمُدّا   والحي قَينٌ هم صِهري وجيراني (1)

Le poète Omayya, Mas'oûd et Ġailān appartenaient à la fraction ṭaqafite des Aḥlāf (2). Cette circonstance semble indiquer que dans ce clan la généalogie yâdite a trouvé ses plus chauds partisans (3). Elle a pu déterminer leurs adversaires politiques, les Banoū Mālik, à se déclarer en faveur de Qais. Discussions trop souvent platoniques! Elles suffisaient pour alimenter la satire. Avec cet opportunisme, qui les a toujours distingués, les Ṭaqafites savaient à l'occasion sacrifier leurs théories généalogiques. Quand Bosr ibn Arṭaa(4) vint au Ḥiġaz don er la chasse aux partisans de 'Alī, toute la population, désireuse d'échapper aux sévices du terrible lieutenant de Mo'āwia, n'hésita pas à se proclamer qaisite (5). Les vers cités précédemment, quel qu'en soit l'auteur—Mālik ou 'Ofaif fils de 'Auf—comportent vraisemblablement une explication analogue. Il s'agissait de la fertile *ḥimā* de Ġildān, âprement disputée entre les Aḥlāfites de Ṭaif et leurs alliés hawāzinites, les Banoū Naṣr ibn Mo'āwia. Pour être plus assuré d'évincer les adversaires, chacun des deux partis se réclama d'ancêtres différents. En dehors de ces compétitions d'intérêts, on traitait sans

---

(1) Bakrī, *op. cit.*, 51. Je me demande si cet essai de conciliation n'a pas été *prêté* à Ġailān.

(2) Pour leur position spéciale à Ṭaif, voir plus loin.

(3) Mas'oūdī, *Prairies*, V, 64, amène Moġīra ibn So'ba — un Aḥlāfī ! —à se déclarer pour Hawāzin. L'insipide anecdote—il y demande la main d'une *moniale* nonagénaire !—ne semble pas viser d'autre but ! Comp. Aġ., XIV, 141. On pourrait en dire autant de certains traits attribués à un autre grand *Aḥlāfī*, Ḥaġġāġ. Il faut surtout se défler des flèches égarées طرب décochées par nos *rāwias* ! Les différends de Ḥaġġāġ avec Mohallab ont été expliqués par ses préférences qaisites. Cette exégèse paraît insuffisante.

(4) Cf. *Mo'āwia*, 42 etc. Le calife lui avait interdit de toucher aux tribus qaisites, pendant son *raid* à travers l'Arabie ; Aġ., IV, 132.

(5) Aġ., IV, 132, 5. D'après Balāḏorī, *Ansāb*, 569 - 70 (cité par Levi Della Vida, *Califfato di Alī*, 47-48), c'est l'adroit Moġīra ibn So'ba, qui alors aurait sauvé ses concitoyens. Sa présence à Ṭaif est attestée vers cette époque. Il y préparait sa future rentrée sur la scène politique.

doute cette matière d'une façon plus positive (1); les factions se réservaient la liberté d'en appeler alternativement à Yād ou à Hawāzin.C'est, croyons-nous, le sens d'un distique attribué à Rabī'a, fils du poète Omayya ibn Abi'ṣ-Ṣalt (2).

Nous jugeons superflu de pousser plus loin l'examen de ce problème. Ici encore la poésie a fourni les moyens d'entretenir une discussion,où l'on pouvait opposer l'autorité d'Omayya ibn Abi'ṣ-Ṣalt à celle de Ḥassān ibn Ṯābit. Privée de cette ressource, l'érudition arabe se trouve bientôt tarie, à court d'arguments. Parmi les données réunies ici, plusieurs ne laissent pas de paraître suspectes. On y découvre des préoccupations, contemporaines au plus de l'avènement des Marwānides, lorsque éclatera la guerre civile entre les Arabes du Nord et du Sud, ou, comme on disait couramment, entre Qais et Yaman. Cette lutte fut reprise par des littérateurs trop ingénieux, habiles à manier l'apocryphe, à sophistiquer les documents poétiques. Nous l'avons constaté à propos de Ǧoḏām. Il n'importait pas moins aux partis adverses d'attirer à eux l'intelligente et entreprenante tribu, ادهى العرب, si bien en cour auprès des Omayyades !

Cette ingéniosité s'est principalement exercée aux dépens de l'ancêtre éponyme des Ṭāifites, de Qasī, surnommé Ṯaqīf. Sur la route menant de Ṭāif à la Mecque un amoncellement de pierres marquait la tombe d'A-boū Riǧāl. Le passant ne manquait pas d'y déposer une branche d'arbre, d'ajouter, à tout le moins, une pierre à celles qui recouvraient la dépouille de l'ancêtre ṯaqafite. Ainsi le voulait la coutume (3). Profitant des épaisses ténèbres qui enveloppent la préhistoire islamite, la légende hostile a transformé Aboū Riǧāl en traître, celui-là même qui aurait guidé l'armée abyssine, en marche vers la Mecque. Il ne restait plus qu'à l'identifier

---

(1) Ibn Al-Aṯīr, *Kāmil*, E. I, 289.

(2) *Aǧ.*, III, 187, 8-9.

(3) Transformée plus tard en lapidation ; Mas'oūdī, *Prairies*, III, 161 ; Ibn Ǧobair, *Travels*², 111 ; Ibn Baṭṭoūṭa, *Voyages*, I, 333.

avec Qasī-Ṭaqīf (1). On n'y a pas manqué. A partir de ce jour, la déposi-
tion d'une pierre sur la tombe—primitivement un hommage à la mémoire
de l'ancêtre—devait, elle aussi, se transformer. Elle devint une *lapidation*,
un acte de réprobation contre la traîtrise d'Aboū Riǧāl (2). J'ai étudié
ailleurs (3) le sens de cette cérémonie et montré la lumière qu'elle projette
sur la religion préhégirienne (4) de l'Arabie. L'instinct conservateur des
Bédouins ne s'y est pas trompé. Jusqu'en plein islam, il faudra surveiller
les nomades pour les empêcher d'accomplir le *ṭawāf*, la ronde rituelle, autour du tombeau de l'ancêtre, comme ils sont tentés encore de le faire
près du sanctuaire d'Ibn 'Abbās, à Ṭāif (5). Un ḥadīṯ, tendancieusement
déformé par la Tradition (6), témoigne du culte rendu par les Ṭaqafites
préhégiriens au monument d'Aboū Riǧāl (7).

Le tableau suivant permettra de s'orienter à travers la généalogie
des Ṭaqafites, les plus fréquemment cités dans cette monographie de

---

(1) D'après une variante de la légende—variante d'origine ṭaqafite—c'est Ṭaqīf qui
tue Aboū Riǧāl. A l'appui, on cite des vers d'Omayya ibn Aʾbi'ṣ-Ṣalt, ni plus ni moins
authentiques que ceux du *Divan*, U. I, 26. Je ne connais pas pour Aboū Riǧāl de mention
plus ancienne que l'apocryphe, attribué à Omayya. Sur les prétendues relations des ancêtres de Ḥaǧǧāǧ avec A. Riǧāl, voir plus haut p.57; Balāḏorī, *Ansāb*,, 14 *b*. Le ṭaqafite
Mas'oūd accompagne pourtant 'Abdalmoṭṭalib sur le Ḥirā' pour maudire les Abyssins ;
I. S. *Ṭabaq.*, I¹, 56, 8. Que devient alors la félonie des Ṭaqafites ?

(2) Bakrī, *op. cit.*, 49 ; *Aǧ.*, IV, 74. Comp. Yāqoūt, E. IV. 263-64 ; Ḥassān ibn
Ṭabit, *Divan*, 62, 1.

(3) *Le culte des bétyles*, p. 96 etc.

(4) Branches d'arbres déposées sur la tombe ; cf. *Culte des bétyles*, 96 ; Ibn 'Asākir,
(éd. Badrān) V, 360. Comp. I. S. *Ṭabaq.*, VII¹, 84, bas. Tombe d'un fonctionnaire pré-
varicateur lapidée en Arabie ; Moḥibbī, *Ḫalāṣat al-aṯar*, II, 362.

(5) 'Oǧaimī, *msc. cité*, 16 *a*.

(6) *Kanz al-'ommāl*, VI, 212, n° 3705.

(7) Au Maroc, « l'on forme des amas de cailloux devant lesquels chaque passant
doit prononcer une invocation, en ajoutant un caillou aux autres, aux endroits où un
meurtre a été commis » ; *Rev. du monde musulman*, vol. XLIV, p. 23. J'ai observé le
même usage dans la Transjordanie. Mes guides ajoutaient leur pierre au *raǧm*, amas
de cailloux, recouvrant la dépouille des victimes d'un assassinat. Leur geste n'avait
rien de commun avec une lapidation. Comp. *Der Islam*, X, 171 etc.

Ṭaif. Nous renonçons à remonter au delà de Ṭaqī', l'ancêtre éponyme, reconnu par tous les clans de la tribu : les Aḥlāf et les Banoū Mālik.

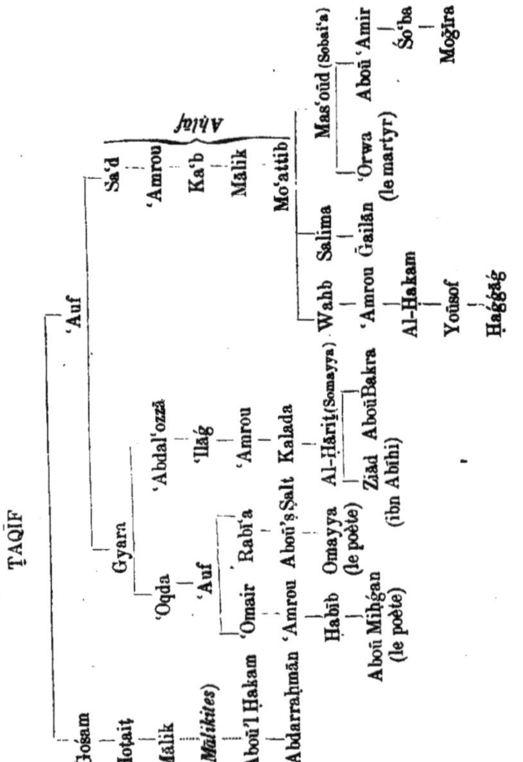

V

LA VILLE DE ṬĀIF

A la veille de l'hégire, Ṭaif passait, sans contredit, pour la première ville dans le nord-ouest de l'Arabie, après la Mecque. Elle l'emportait sur cette dernière par la possession d'un territoire fertile. Les vallées environnantes fournissaient à son commerce d'exportation une abondante matière d'échange et d'un placement particulièrement avantageux dans une région, aussi déshéritée que le Ḥiǧaz : le vin, le blé, le bois ; trois articles devenus depuis indispensables. Cette monnaie d'échange, étant donné l'absence ou la rareté de numéraire, permit aux Taqafites de se procurer à bon compte les alliances, le crédit et les capitaux dont leur cité et leur commerce ne pouvaient se passer.

J'ai montré ailleurs (1) quelles relations tendues existaient entre la Mecque et les faméliques tribus du Tihāma, où cette ville recrutait les cadres de ses « Aḥābīs ». Malgré leurs rapports d'affaires et de parenté, les adroits Taqafites ne semblent pas avoir vécu en meilleure intelligence

____

(1) *Les Aḥābīs et l'organisation militaire de la Mecque, au siècle de l'hégire,* dans *Jour. Asiat.,* Nov. 1916.

avec les groupes de la tribu de Hawāzin (1). Cette situation est commune à toutes les agglomérations urbaines en Arabie, vis-a-vis des voisins nomades. Les Bédouins turbulents (2) du Sarāt surent pourtant apprécier l'avantage de pouvoir écouler, sur le marché de la cité, les produits variés de leur industrie pastorale. Couverts d'immenses troupeaux, les vastes plateaux du Naǵd offraient à Ṭāif un *hinterland*, riche en ressources. On voit si les citadins avaient intérêt à souligner, à exagérer même leur communauté d'origine avec ces voisins, ensuite avec les remuants Qaisites, dont tous, en Arabie, redoutaient l'hostilité. Nous comprenons pourquoi ils aiment à se proclamer اوسط قيس (3). Géographiquement ce ne pouvait être qu'un non-sens. Les Ṭaqafites se trouvaient a la périphérie et non au centre du groupe compact, formé par les tribus qaisites. Il faut donc interpréter le complexe, اوسط قيس, d'après l'ancienne langue poétique et d'après celle du Qoran. Pour avoir négligé cette comparaison, la *Sira* et le *Tafsir* ont fait fausse route. Dans le Qoran, par exemple, اوسط et وسط n'ont rien à démêler avec la topographie : امّة وَسَط désigne « un peuple d'élite » ; le comparatif اوسط signifie ce qu'il y a « de meilleur, de plus exquis » ; اوسطهم (68, 28) est « le plus noble », le chef d'un groupe ; enfin الصلاة الوُسطى (2, 239),

---

(1) Et de Hoḏail. Comp. Burckhardt, *Voyages*, I, 90 ; Tamisier. *op. cit.*, I. 349.

(2) Voir Ibn al-Aṯīr, *loc. cit.*, Bakrī, *Mo'ǵam*, 107. 5-6, bataille des *Aḥlāf* contre leurs alliés de Hawāzin. La situation change après le siége de Ṭāif ; Mahomet déchaîne alors les Hawāzin ; Ṭab., *Annales*, I, 1678.

(3) *Naǵā'iḏ Ǵarīr*, 717, 3 ; Ṭab., *Annales*, I, 1657, 11, سيّدهم واوسطهم : Qoran, 5, 91 من اوسَط ما تُطعمون ; comp. *ibid.*, 2, 137 ; 68, 28. Ibn Ǵauzī, *Wafa'* (msc. Leiden) 25, a : Mahomet est راسط قريش, « parce que tous les clans de Qoraiś, lui étant apparentés, ont eu part à sa naissance » ! !. Voir encore Aǵ., IX, 39, 12. Aboū Tammām, *Ḥamāsa*, E. I, 161, 2. رسيط = noble ; Aǵ., I, 165, 5. Kasimirski traduit Qoran, 2, 137 : جعلناكم امّة وَسَطا ; « nous avons fait de vous une nation *intermédiaire* ». Il annote : « selon les commentateurs, cela veut dire que les Arabes ne donnent dans aucun excès et que chez eux les vices des autres peuples sont mitigés par une modération innée. Cette explication est loin d'être satisfaisante ». Nous le croyons sans peine. I. S., وايسط النسَب في قريش, *Ṭabaq.*, I¹, 4, bas ; même explication que dans Ibn Ǵauzī, lequel aura puisé dans les anciennes *Sira*. Ḥadīǵa est شرف واعظمهم نسبا واوسط قريش ; *ibid.*, I¹, 84, 6 ; Comp. 54,14 ; 100, 6. Ibn Hišām, *Sira*, 1016, 5.

c'est « la prière par excellence » que le Prophète s'est dispensé de décrire d'une façon plus précise.

L'expression, déjà citée, *Al-Qariatān*, conservée par le Qorạn (1), insinue un rapport de grandeur, d'importance entre les deux métropoles du Ḥiḡāz méridional. Dans le lexique du Qoran, le vocable *qaria* désigne un groupe de « sédentaires », grand ou petit. La Mecque y figure اُمّ القُرَى, « la métropole » par antonomase. Ṭâif n'est pas désignée nommément par ce recueil. Mais la Tradition doit avoir raison, quand, pour la locution qoranique, « les deux cités », elle interdit de penser à Médine, plus éloignée et en rapports beaucoup moins suivis avec la Mecque. A la veille de l'hégire, Ṭâif aurait donc été la seconde ville du Ḥiḡāz, la seconde métropole de cette région.

*
* *

Les plus riches banquiers de Qoraiś paraissent avoir été assez pauvrement logés, du moins pendant la période préislamite. Il arrive aux poètes bédouins de mesurer, chez les Mécènes mecquois, la capacité, la hauteur des chaudières (2) ; mais on ne les surprend jamais à décrire le luxe de leurs demeures. Moins encore y est-il question de leur apparence monumentale. Jamais ils ne prononcent le mot de *qaṣr*, château. Il n'existait pas d'architecture à la Mecque. Quand périodiquement il faudra restaurer, relever l'édicule de la Ka'ba, les indigènes devront recourir à la main d'œuvre étrangère. Les grandes familles habitaient le centre de la cité, la cuvette étroite et allongée du *Baṭḥā'*, où l'espace se trouvait forcément mesuré (3).

Telle n'était pas la situation à Ṭâif, où l'architecture avait réalisé de

---

(1) Qoran, 42, 30 ; Mobarrad, *Kāmil*, Wr. 291; Balāḏori, *Fotoūḥ*, 34, 37. La Tradition hésite pour décider si l'expression طعيم القريش désignait un Qoraiśite ou un Ṭaqafite : Walid ibn al-Moḡira ou 'Orwa ibn Mas'oūd ? (sur ce dernier voir plus bas) ; 'Oḡaimi, *op. cit.* p. 9, *b.* ; Ibn Hiśām, *Sīra*, 288.

(2) Cf. *Berceau*, I, 241.

(3) *Aḡ.*, XV, 118 d. 1.

notables progrès. On y admirait de hautes demeures (1), massives à l'égal
de forteresses, et à ce titre qualifiées de *ḥoṣn*, de *qaṣr*, de *oṭom* (2). Ce dernier vocable rappellera au lecteur de la *Sīra* et de l'*Aġāni* l'oasis de Médine, où ce genre de construction était fort en faveur. La même affirmation
vaudrait sans doute à propos de Ṭaif, si nous possédions, pour cette dernière ville, l'analogue de la prolixe documentation, consacrée à Médine par
les annalistes de l'islam primitif. L'*oṭom* reproduisait en réalité le plan du
dār, adopté dans les agglomérations urbaines du Ḥiġāz : une cour carrée
que fermait une enceinte de pierres, retenues par du mortier. Un haut
donjon également carré, parfois crénelé, dominait un des angles de cette
enceinte et en complétait la défense. La Tradition ne se trouve pas d'accord sur l'origine des *oṭom* de Ṭaif. Chaque chroniqueur a apporté son
anecdote. Comme à Médine, ils semblent devoir leur origine aux discordes
civiles. Les *sayyd* — aḥlāfites et mālikites — éprouvèrent le besoin de
posséder chacun leur réduit sommairement fortifié.

Des explications données, il ressortirait donc que les derniers « oṭom »,
construits à Ṭaif, le furent par des *Aḥlāf*. Celui de Ġailān serait l'œuvre
de maçons amenés de Perse. Mas'oūd ibn Mo'attib devrait le sien à des
ouvriers de Médine (3). Selon toute vraisemblance, le modèle des *oṭom* a
été emprunté au Yémen, où il est fort répandu. On le retrouve ensuite,
en remontant vers le Nord, « à Ṭaif, Yaṯrib, Ḥaibar, Fadak (4), et Taimā',
à savoir, dans les établissements, échelonnés sur l'ancienne voie commerciale, reliant l'Arabie du Sud à la côte méditerranéenne et destinés à protéger, à surveiller cette route contre les attaques des Bédouins pillards » (5).

---

(1) Pour l'époque moderne, voir Burckhardt, *Voyages*, I, 111 ; Tamisier, *op. cit.*
I, 283.

(2) *Aġ.*, III, 192 ; XII, 45, 49 ; *Chroniken*, Wüs., II, 76.

(3) *Aġ.*, XII, 45, 49 ; Ibn al-Aṯīr, *Kāmil*, E. I, 289.

(4) Je ne me rappelle pas de textes pour cette dernière oasis, toujours si peu connue ; je laisse la responsabilité à l'auteur de la citation. Le *qaṣr* de Ġailān possède des
مرج : *Aġ.*, III, 192.

(5) Kowalski, *Der Dīwān des Qais ibn al-Ḥaṭīm*, p. XVII.

La gloire de Ṭâif, c'était sa ceinture de murailles — elle a pu valoir son nom à la localité. Ces murailles ont, d'après Tamisier (I, 273), « vingt pieds de hauteur au-dessus du fond du fossé. Elles sont bâties en pierres jusqu'à fleur de terre ; ce qui s'élève, au-dessus du sol, est construit en briques crues ». Qu'en était-il au temps d'Omayya ibn Abi'ṣ-Ṣalt ? « Nous avons, chante ce poète, édifié une solide enceinte, où nous bravons les adversaires et défendons nos fils » :

نحن بنَّينا طائفًا حصينًا   نقارع الابطال من بنينا (1)

Cette enceinte urbaine — l'unique dans les villes du Ḥiǧâz — était disposée pour recevoir des machines de guerre. Les habitants savaient les manœuvrer à l'heure du danger. Les Compagnons du Prophète l'apprendront à leurs dépens, après la journée de Ḥonain (2), comme l'avaient fait, avant eux, les Bédouins du Sarât. Tamisier (3) termine sa description de Ṭâif par cette exclamation : «Voilà donc cette ville, que les auteurs arabes ont tant vantée ! » — « Jamais, assure l'encyclopédiste Bakrī, les Arabes n'occupèrent un établissement comparable à Ṭâif », (4) لم تنزل العرب مثل دارًا. Nous croyons devoir étendre aux sédentaires notre jugement sur le courage des Bédouins (5).

Leur passage par le service de l'Empire byzantin avait discipliné les tribus de Syrie. Ce sont les Arabes syriens qui ont formé, encadré, ensuite conduit à la conquête de l'Orient leurs anarchiques cousins du désert que l'attrait de la razzia avait poussés hors de leurs solitudes, après la mort du Prophète. L'Arabe de la Péninsule forme un soldat médiocre, les nomades surtout. Aux belliqueuses invitations de Mahomet, ces derniers se conten-

---

(1) *Dîwân.* (éd. Schulthess), IVᵉ poésie, p. 16 ; comp. le divan d'Aboù Miḥǧan (éd. Abel) XII, 1-2.

(2) Ṭab., *Annales*, I, 1672, 6 ; Caetani, *Annali*, II, 169, 170.

(3) *Op. cit.*, I, 297.

(4) *Moʿǧam*, 50 ; cf. Burckhardt, *Voyages*, I, 110-111. Effets insignifiants de l'artillerie égyptienne contre l'enceinte en briques des fortins du Yémen; Tamisier, *op. cit.*, II, 284.

(5) Cf. *Berceau*, I, 192 etc.

taient de répondre : « Si nous savions combattre, nous vous suivrions »,
لو نعلم قتالاً لأتبعناكم (Qoran, **3**, 160).

Les Alliés ont eu l'occasion de s'en convaincre, aussi bien que leurs
adversaires, les Germano-Turcs, pendant la grande Guerre (1). De mon
côté, j'ai abouti à la même constatation, en étudiant l'organisation militaire de la Mecque (2). « Nous sommes plus entendus à soigner nos palmeraies qu'à parader sur un cheval à l'aube » — c'est à l'aurore, à la dernière heure de la nuit que les Bédouins essaient d'emporter par surprise le
campement ennemi. — Ainsi s'exprime un poète originaire des oasis
arabes :

نحن بغَرس الوَديّ اعلمُنا   مِنّا بر كْض الجياد في السَدَفِ (3)

Les Ṯaqafites ne faisaient pas exception à cette règle. Leur réputation d'habileté, دهاء et non moins l'enceinte fortifiée de Ṭāif, leur permit de
maintenir leur primatie sur les voisins nomades avec lesquels ils deman-
daient seulement à vivre en paix. A ces derniers — l'expérience l'avait
appris(4)—, la population n'hésitait pas à imposer par la force le respect de
ses droits (5). On mentionne également des ḥoṣn, fortins élevés sur le territoire de Ṭāif. Rappelons celui de Lyya (6), appartenant à Mālik ibn 'Auf,
le sayyd des Banoū Naṣr ibn Mo'āwia. Ce ḥoṣn représentait vraisemblablement une sorte de *dār,* enclos de murailles et dominé par un *oṭom* ou

---

(1) Cf. Lammens, *La Syrie, précis historique*, II, 242 etc.

(2) Cf. Aḥābīš, 437 etc.

(3) Kowalski, *op. cit.*, pp. ٤٤ et 88.

(4) Quand Ṭāif aura conclu sa paix avec Mahomet, les Bédouins du Naǵd ne se
réputeront plus en sûreté ; Aǵ., XV, 57, bas.

(5) Comp. Aboū Miḥǵan, *Carmina*, XXI, 1 : هابَتْنا الاعداء جابَتْنا . Ibn al-Aṭīr, *Kāmil*,
E. I, 289; Aǵ,, XII, 46, bas ; 47, 8 sqq.; Bakrī, *op. cit.*, 50. 7 d. l.; Ṭab., *Annales*, I,
1678, 15 sqq.; guerres avec les Hawāzin, mentionnées plus haut. Comp. poëte ṭāifite,
cité par Ibn Hišām, *Sīra*, 871, 8 sqq.

(6) Voir plus haut, p. 24. La destruction de ce fort a été déduite du vers de
'Abbās ibn Mirdās ; Ibn Hišām, *Sīra*, 851, 3. Nous voici toujours ramenés à la poésie,
comme source historique.

donjon (1). Travaux de défense médiocrement redoutables, s'il est prouvé
que l'armée du Prophète, au cours de ses opérations contre Ṭâif, les détrui-
sit, pour ainsi dire comme en se jouant (2). Cette bicoque de Lyya, quelle
qu'en fût la solidité, barrait — nous l'apprenons par Tamisier (II, 5) — la
route du Yémen. On comprend que Mahomet ait tenu à la renverser avant
d'entreprendre le siège de Ṭâif. Ce qui demeure vrai, c'est que l'imagina-
tion du Bédouin a tout grossi. Elle transforme des buissons en forêt, en
fleuve un mince filet d'eau. Ce grossissement reparaît dans le vocabulaire
monumental de cette race de scénites, où la moindre enceinte fermée usur-
pe le nom de château-fort.

*
* *

Toutes ces influences trahissent une civilisation plus avancée; elles expli-
quent pourquoi, parmi les géographes arabes, certains hésitent à rattacher
au Ḥiǧâz la cité des Ṭaqafites. C'est seulement à l'époque du califat omayyade, nous l'avons observé (3), et après la constitution du gouvernement
du Ḥiǧâz, que cette circonscription, primitivement limitée à la région de
Médine, de Ḥaibar et de Wâdi'l-Qorâ (4), s'est étendue au midi de Médine,

------

(1) Voir pourtant le texte de Tamisier, cité plus haut, p. 25.

(2) Ṭab., *Annales*, I, 1671. 3-4 ; Caetani, *Annali*, II, 169 ; Ibn Hiśâm, *Sïra*, 872.
Les murs devaient être « en briques crues », comme l'enceinte moderne de Ṭâif ; voir
plus haut, p. 73, cf. Maqdisï, *op. cit.*, 79, 16 ; 84, 14 (fortins en briques crues).

(3) Cf. *Berceau*, I, 14 sqq. Sous les Omayyades, on s'habitua à joindre aux gouvernements de Médine et de la Mecque celui de Ṭâif : ainsi se forma le concept administratif d'une province du Ḥiǧâz. 'Abbâs ibn Mirdâs (Ibn Hiśâm, *Sïra*, 858, 9) semble
rattacher Ṭâif au Naǧd (voir plus haut, p. 18). Le frère de la poétesse Ḫansâ' était
enterré près de Lyya ; Mobarrad, *Kâmil* (Wright), 109, note *a*.

(4) Cf. Ṭab., *Annales*, I, 1288, 12. Médine, Ḥaibar, la région des Banoû 'Oḏra
sont dans le Ḥiǧâz proprement dit ; Ṭab., *Annales*, I, 1375, 14-17 ; 1586, 11; Qotaiba,
Ma'ârif, E. 192, 5 sqq. *Raǧas* du poète Ǧamïl ; *Aǧ.*, XIX, 118, 9 ; *Aǧ.*, XI, 138, 17 ;
Ḥassân ibn Ṭâbit, *Dïvan*, 84, 2 ; 123, 4 ; Ibn Hiśâm, *Sïra*, 727, 11 (le Prophète remonte, vers le nord, de Qodaid); 770, Ḥaibar est جرف السبل . Le « roi du Ḥiǧâz » (période
préislamite) réside entre Taimâ' et Fadak ; *Aǧ.*, XIX, 94. Sous les Marwânides
(début du 2e siècle), on distingue le « Ḥiǧâz syrien » ; *Aǧ.*, II, 109, 5 d. l.
Précédemment, et en *poésie*, on mentionne les « deux Ḥiǧâz » ; *Aǧ.*, X, 58, 1 d. l.

jusqu'à englober la Mecque, laquelle formait, à proprement parler, la métropole du Tihāma (1). Il ne pouvait venir à l'esprit de personne de rattacher géographiquement, à cette région de steppes basses et brûlées, le district montagneux de Ṭaqīf. Assurément les relations d'affaires ramenaient fréquemment les Ṭaqafites à la Mecque. Mais les mêmes raisons les entraînaient non moins souvent sur les routes du Yémen. On surprend chez eux, à des signes difficiles à méconnaître, l'influence d'une civilisation plus avancée, celle du Midi. Cette supériorité du Yémen était reconnue dans le reste du Ḥiǵāz. Dans ses invectives contre l'incrédulité des Mecquois, Mahomet s'écrie : « Valent-ils donc mieux que les sujets des Tobba' » ? اَهُم خير اَم قوم تُبَّع (2). Les Tobba' étaient les anciens souverains du Yémen. Pour complimenter leurs Mécènes, les poètes n'imaginaient rien de mieux que de les comparer aux Banoū 'Abdalmadān, les fastueux *sayyd* de Naǵrān, la république chrétienne du Yémen :

كَأَنَّك اِمَّا اِلْمُصْطَفَى تِيَانًا   وجِسْنًا مِن بني عبد المَدانِ (3)

La cilivisation du Yémen pénétrait à Ṭāif avec les caravanes, avec les produits de l'Arabie méridionale. L'orientation des vallées du Sarāt, s'ouvrant dans la direction des oasis et des cités yéménites : Ǵoraś, Tabāla, Naǵrān, devait faciliter cette infiltration (4). La colonie yéméni-

---

(Comp, *Berceau*, I, 16, n. 3). Le vocable Ḥiǵāz prend une extension énorme chez l'imām Śāfi'ī ; cf. *Chroniken*, W., II, 73, bas. Pour l'emploi en poésie du duel des noms de lieu, voir précédemment, p.12. Ajoutez *Al-Abṭaḥān* pour *Al-Abṭaḥ*, le quartier central de la Mecque. On trouve aussi le plur. pour le sing. : *Al-Abāṭiḥ* ; comp. *Aś-Śamāt = Aś-Śam*, la Syrie ; *'Arafāt = 'Arafa* ; *'Oranāt = 'Orana*.

(1) Ibn Hiśām, *Sīra*, 870, 3 ; Balāḍorī, *Fotoūḥ*, 10, 7, 13 ; Ṭab., *Annules*, II, 845 ; nombreuses citations dans Yāqoūt, W. *Mo'ǵam*, I, 902, 2, 11 ; II, 205, 12. Farazdaq (*Aǵ.*, VIII, 188, 3) l'attribue au Ǵaur, districts encaissés du Tihāma.

(2) Qoran, 44, 36.

(3) Ḥassān ibn Ṭābit, *Dīvan*, 104, 1-2.

(4) Comp. le 2ᵈ vol. de Tamisier et les itinéraires notés par Burckhardt, *Voyages*, II, 216 etc ; Hamdānī, *Ǵasīra*, 121: 4 ; Yāqoūt, *Mo'ǵam*, W., III, 496. 1. A Ǵoraś, Ṭāif va apprendre la manœuvre des machines de guerre ; Ibn Hiśām, *Sīra*, 869. De Naǵrān, on vient acheter des chevaux chez les Hawāzin ; *Śo'arā'* (Cheikho), 776, 10. Alternative de relations pacifiques et guerrières (*Aǵ.*, IX, 16-18) entre les deux régions ; cf. *Aǵ.*, XVIII, 160, 9 d. l.

te paraît avoir été, à Ṭâif, encore plus nombreuse que la qoraiśite (1). La civilisation n'était pas seule à profiter de cette configuration géographique. C'est la région de Ṭâif, qui servira de base aux armées de Mehemet-Ali pour envahir la province yéménite du ʻAsîr (2).

Au fond des larges failles, des combes, creusées dans les façades orientale et méridionale du Sarât, c'est un grouillement de tribus, le passage presque ininterrompu de razzias, qui descendent ou escaladent les pentes de la montagne (3). Les clans nomades de Hawâzin, incommodes voisins de Ṭâif, se précipitent des hauteurs pour piller les terres et les cités du Sud, de préférence, les riches campagnes de Naǵrân (4). Le territoire de cette florissante république chrétienne exerce sur ces Bédouins l'attraction que produisent sur les Gaṭafân, les Qais du Ḥiǵâz et du Naǵd les palmeraies de Ḥaibar et de Médine. Par bonheur, Naǵrân possédait, dans le Sarât, des alliés. Les Saloûl se chargent, à l'occasion, de prévenir leurs amis Yéménites de l'orage qui les menace (5). Sans attendre ces avertissements, les tribus du Sud prennent parfois les devants et viennent châtier chez eux ces incorrigibles pillards (6). ʻAmir ibn aṭ-Ṭofail s'est constitué l'aède retentissant de ces raids peu glorieux. On y retrouve une

---

(1) *Oṭom* de Naǵrân ; Yâqoût, *Moʻǵam*, E. 1, 287, 13. Sur l'architecture du Yémen, cf. Azraqî, W. 89, 90. Comme il appert de la notice de ʻAmir ibn aṭ-Ṭofail, les relations demeurent incessantes entre le Yémen et les Hawâzin. La même conclusion se dégage de la légende d'Omayya ibn Abi'ṣ-Ṣalt. Voir Yâqoût, *Moʻǵam*, Wüst., III, 496, pour l'importance de la colonie yéménite.

(2) Cf. le *Voyage* de Tamisier, 2ᵉ vol.

(3) Dans Ṭab., *Annales*, I, 1229, les vers 11-14 font allusion à une incursion des Yéménites sur le territoire de Ṭâif. On les a ajoutés pour allonger la pièce (suspecte à mon avis) débitée par Aboû Sofiân ibn al-Ḥariṭ, devant le Prophète. Cf. ʻAmir ibn aṭ-Ṭofail, *Dîvan*, XII, 9 : نحن صبّحنا خيْ نمران طارق... , « notre razzia a surpris la population de Naǵrân ».

(4) ʻAmir ibn aṭ-Ṭofail, *Dîvan*, la pièce III ; XII, 9 ; XXI, 1 ; cf. Aǵ., S. I, 282-283.

(5) ʻAmir ibn aṭ-Ṭofail, *Dîvan*, ١٠٠, 7 ; XXV, 2. Aussi les B. ʻAmir affectent de les mépriser : Aǵ., XV. 137.

(6) Razzia des B. Ḥâriṭ contre Hawâzin ; Aǵ., X, 150 ; des B. Haṭʻam contre Ṭâif ; (Aǵ., XII, 47) tribus yéménites.

preuve nouvelle des relations tendues, ayant régné de toute antiquité entre les deux principales fractions de la race arabe (1). *Manus omnium contra omnes.*

La pièce II du divan de 'Amir donne une idée du genre emphatique, cultivé par ce poète : sa tribu a guerroyé contre toute l'Arabie et avec quel succès ! Les collectionneurs de *nawâdir,* anecdotes, les rédacteurs des *ayyâm,* des soi-disant *journées* épiques des Bédouins préislamites, se sont chargés de débiter en prose les rodomontades rimées de ce Tartarin qaisite (2). Au lit de mort, terrassé par la peste, dans la tente d'une Saloūlite, il aurait repris le geste, attribué à Julien l'Apostat : جمل يَنِب وينزو في السماء, « il fit effort pour se soulever, menacer le ciel, en criant : ô mort, en garde, je t'attends de pied ferme » ! C'est à se demander si un *So'oūbî,* poussé à bout par l'orgueil des Bédouins (3), n'a pas forcé les couleurs du tableau, pour mieux ridiculiser l'impérialisme arabe (4). La légende de 'Amir (5) montre du moins, comment, au 2ᵉ siècle H., les citadins se représentaient leurs cousins du désert.

---

(1) 'Amir ibn aṭ-Ṭofail, *Dîvan,* II, 6 etc. ; VI, 4 ; XXII, 1 ; XXXV, 1.

(2) Voir p. ex. *Aǧ.,* XV, 137, 138.

(3) Un autre Tartarin poète, contemporain de 'Amir, mais appartenant aux Bédouins du Yémen, est 'Amrou ibn Ma'dikarib ; *Aǧ.,* XIV, 86 etc.

(4) Comp. *Berceau,* I, 171.

(5) Nöldeke, *Der Islam,* V, 209, n. 3, le qualifie comme nous « ein gewaltiger Prahler ».

VI

LA RELIGION A ṬĀIF.

Absence de l'idée religieuse et réalisme de la poésie préislamite. — Un poète religieux, Omayya ibn Abi'ṣ-Ṣalt et les « ḥanīf » arabes. Valeur, authenticité de son recueil. A quelle religion appartenait-il ? — Indifférence d. Taqafites. — Les chrétiens à Ṭaif, à 'Okāẓ. — Les Juifs de Ṭaif. — Conversion de Ṭaif à l'islam. — Marchandages, absence de conviction. — Moḡīra ibn Šo'ba, représentant de la mentalité taqafite. — La liquidation du sanctuaire d'Al-Lāt.

Un phénomène signalé par tous les orientalistes, c'est le caractère profondément réaliste, l'absence de l'idée, de préoccupations religieuses dans la poésie préhégirienne. Pour l'incroyance, le Qoran accorde, il est vrai, le premier rang aux Bédouins ; il les proclame أشدّ كفراً « les plus mécréants des hommes ». L'auteur ne s'en élève pas avec moins de vigueur contre l'indifférence et le matérialisme de ses concitoyens de la Mecque. Il aurait pu leur associer la population de Ṭaif ; nous aurons occasion de nous en convaincre bientôt.

Cette ville a pourtant donné naissance au seul poète religieux de l'ancienne Arabie, Omayya ibn Abi'ṣ-Ṣalt. Il circule, sous son nom, un recueil de poésies, témoignant d'un vif intérêt pour les questions religieuses et morales. Ces compositions tranchent violemment sur le ton et le style platement réalistes des rimeurs, ses contemporains ou ses prédécesseurs. On est en droit de se demander comment Omayya a réussi à se soustraire à la loi, laquelle, dès cette époque, limitait tyranniquement la matière, l'idéal poétiques, les sources d'inspiration, où pouvaient aller puiser les Parnassiens arabes. Nous nous expliquons mal pourquoi la conservation, l'intégrité de ces textes précieux se trouvaient déjà très compromises, moins d'un siècle après la mort d'Omayya, dès le temps de Ḥaǵǵāǵ (1). Cet illustre enfant de Ṭaif le déplore amèrement ; et nous devinons malaisément dans quelle intention on lui aurait gratuitement prêté l'expression de ce regret. Serait-ce, chez les anciens critiques arabes, une façon indirecte de justifier la transmission incertaine du divan d'Omayya ? Une telle négligence explique l'état lamentable où nous sont parvenus ces fragments que feu le Prof. Schulthess (2) a pris la peine de réunir. Cette laborieuse publication (3), conduite avec toute la minutie de l'érudition germanique, n'a pas apporté à l'histoire de Ṭaif et de son vieux poète les lumières qu'elle aurait pu en attendre. Elle laisse dans l'ombre l'origine des rapsodies religieuses que la tradition littéraire prétend abriter sous le patronage du plus célèbre, sinon du mieux connu, parmi les poètes de Ṭaif.

« Sur Omayya, dit M. Schulthess, nous possédons une documentation plutôt abondante, mais sans valeur à plus d'un titre » (4). Tout est vague, estompé chez ce poète : sa personne, son rôle historique, ses croyances religieuses, jusqu'au style flottant de ses vers, se distinguant parfois à

---

(1) Aǵ., III, 187 , d. 1.

(2) *Umajja ibn Abı'ṣ-Ṣalt. Die unter einem Namen überlieferten Gedichtfragmente*, dans les *Bettr. zur Assyriol.*, VIII. Pour les derniers travaux relatifs à Omayya, voir le *Bollettino* de Mich. Guidi, dans *Riv. Stud. Orientali*, VI, 813-815. J'ignore si, depuis 1914, l'orientalisme est revenu à notre Omayya. Comp. L. Massignon, *Al-Hallag, martyr mystique de l'islam*, 170, n. 2.

(3) Son auteur s'est montré plus philologue qu'historien. Même remarque pour son édition de Nöldeke, *Geschichte des Qorāns*. Il ignore les curieux commentaires sur le Qoran du šaiḫ Moḥammad 'Abdoû, publiés dans la revue *Al-Manār*, depuis sa fondation. Certaines explications méritaient d'être mentionnées ; elles représentent le dernier mot de l'exégèse moderniste dans l'islam.

(4) *Umajja b. Abı'ṣ-Ṣalt*, dans *Festschrift Noeldeke*, I, 72. Pièces jugées authentiques; cf. Power, *MFOB*, V², 147*-152*. Pour plusieurs j'inclinerais à me montrer plus sceptique sur la question d'authenticité.

peine de la prose rythmée. Encore si l'on s'accordait pour les lui attribuer !
Mais les critiques arabes hésitent d'ordinaire entre lui, son père Aboù'ṣ-
Ṣalt, un autre Omayya ibn aṣ-Ṣalt et enfin les *ḥanif*, ses contemporains (1).
Ces déplorables conditions désignaient d'avance l'œuvre d'Omayya aux
entreprises des collectionneurs sans scrupules. Ils avaient à cœur de transformer le poète de Ṭâif en un précurseur de Mahomet, de l'affilier a l'éva-
nescente confrérie des *ḥanif*, dont ils croyaient avoir découvert l'existence
dans le Qoran. A côté des Mecquois Zaid ibn 'Amrou, Waraqa ibn Naufal,
la ville-sœur ne devait-elle pas posséder également son *ḥanif* ? Aux élucubrations poétiques d'Omayya on demandait en outre d'attester que la
terminologie qoranique appartient à une langue existante et purement
arabe (2).

On pouvait d'autant plus sûrement escompter le succès de ces manœuvres que ces poésies (3) témoignaient des préoccupations religieuses
de l'auteur ; quand pour les autres ḥanif (4), figures inconsistantes, histo-
riquement insaisissables, on se trouvait réduit à collectionner des fragments poétiques d'une si contestable authenticité. Ces débris trahissent le
موضوع et le مصنوع , l'industrie de l'*apocryphe*, comme on la pratiqua avec
entrain, à l'époque d'Ibn Isḥâq, au point de provoquer les réserves d'Ibn
Hiśâm. Après la Mecque et Ṭâif, Médine a également prétendu posséder
un rapsode religieux, antérieur à l'hégire, le légendaire Ṣorma Aboù Qais,

---

(1) Comp. Schulthess, *op. sup. cit.*, 78, 79 ; Ibn Hiśâm, *Sira*, 145, 149.

(2) Omayya constamment allégué dans le *Tafsir*. Fut-il musulman ? Intéressante discussion dans Power, *op. cit.*, 133* sqq. Relations entre le Qoran et ses poésies : *ibid*.

(3) Comp. Schulthess, *op. sup. cit.*, p. 78, 86 et p. 3 de l'Introduction au *Divan*. L'auteur s'y montre plus conservateur que dans son premier essai, dont je préfère la critique moins complaisante. Cette indulgence lui a permis de sauver toutes ses fiches, en vue de la publication du *Divan*.

(4) Cf. notre *Yazid*, 290-291. Efforts pour leur attribuer la paternité de vers anciens anonymes ou mal identifiés ; *Aǧ.*, III, 12, bas ; Nöldeke, *Beitr. zur Poesie der alten Araber*, 81. Même des poésies peu édifiantes ; cf. Nöldeke, *op. cit.*, 83, n. 1. Sur les vers apocryphes dans Ibn Isḥâq, cf. *Fihrist*, 92.

le pendant anṣārien du ṯaqafite Omayya (1). Pour y réussir, on n'a pas hésité à piller le divan du Médinois Qais ibn al-Ḥaṭīm. Tous ces ḥanīf-poètes sont censés soupirer après l'avènement du Prophète ou en pré-dire l'imminence. Ils jouent le rôle de précurseurs, de Jean-Baptistes arabes.

L'élégie très authentique, consacrée par notre Omayya à des mécré-ants, aux morts qoraiśites de la bataille de Badr (2), ne permettait pas de lui prêter ce rôle de soupirant. On a pensé tourner la difficulté, en décla-rant Omayya, « croyant de cœur, infidèle des lèvres ». Si cette assertion conserve un sens, elle insinue, pensons-nous, que ce Ṭaifite mourut mo-nothéiste, mais dédaigna de devenir musulman. Pour nous avancer plus loin, pour le transformer en chrétien, la conviction nous fait défaut ; du moins, si nous nous en tenons aux rares pièces, inspirant confiance. D'autre part, ces compositions trahissent chez Omayya une mentalité sans antécé-dent, sans aucun autre analogue dans la poésie du désert. Ce citadin paraît avoir senti le vide, l'insuffisance de l'idéal bédouin, régissant traditionel-lement le Parnasse contemporain. Le calife Mo'awia souhaitait voir les poètes borner leurs efforts à développer le patriotisme, les passions géné-reuses, s'interdire l'érotisme brutal, la satire surtout. Omayya, avant lui, aura éprouvé le dégoût de cette exaltation hystérique, assoiffée de sang, de ces hymnes fanfaronnes à la gloire de l'anarchie, de la vengeance et du talion, érigés en institutions sociales. Rien d'étonnant, si on a demandé au christianisme d'expliquer ce phénomène. Sur nous Omayya produit plutôt l'effet d'un dilettante littéraire et, en cette qualité, il ne démentirait pas

---

(1) Ibn Hiśām, *Sīra*, 349 etc. Sur Ṣorma, voir notre *Chrolonogie de la Sīra*, (dans *Journ. Asiat.*, Mars-Avril 1911) p. 228 etc. Sur ḥanīf, voir J. Pedersen dans *A volume of Orient. studies presented to Edw. G. Browne*, Cambridge, 1922, pp. 390-391.

(2) Rien de plus naturel pour Omayya, parent des Omayyades. Voir plus loin. Mr Schulthess émet des réserves ; cf. *Einleitung* au *Divan*, p. 4. On a voulu attribuer cette pièce à l'hypothétique Ṭalib, fils d'Aboū Ṭalib ; Balāḏorī, *Ansāb*, 101 b. L'*Aġānī*, XVI, 6, refuse de citer des vers consacrés aux morts qoraiśites de Badr, parce que « infidèles ».

son origine ṭaqafite (1). Il a exploité les matières religieuses, les vieilles légendes, à la façon de nos romantiques du siècle passé. Grand voyageur— comme ses concitoyens — il a prétendu utiliser les souvenirs recueillis, au cours de ses pérégrinations, de ses conversations avec les juifs, avec les chrétiens. Sa maladresse à combinér ces matériaux exotiques (2) trahit une connaissance superficielle, une familiarité lointaine avec le *credo* des deux grandes religions monothéistes. Je ne puis me persuader que sa description matérialiste des joies du Paradis émane d'un chrétien (3).

Il reste la ressource commode de rattacher Omayya à une secte judéo-chrétienne. Si l'on excepte le christianisme d'Abyssinie, mêlé d'éléments judaïques, la tradition n'a nulle part, à ma connaissance, conservé le souvenir d'une de ces communautés syncrétistes, dans la Péninsule du moins (4). Les groupes juifs du Ḥiǧāz, à Médine, à Ḥaibar et dans les oasis, avaient accepté l'organisation du mosaïsme talmudique et se réclamaient de lui. Pour expliquer leur irréductible hostilité à l'islam, il y a lieu de tenir compte des emprunts évangéliques, accueillis par le Qoran, et de la place éminente qu'il accorde au Christ.

*
* *

Quoi qu'il faille en penser, les idées d'Omayya demeurèrent sans écho dans un milieu aussi indifférent que nous apparaît Ṭaif, à l'aurore de notre 7ᵉ siècle. Toute l'ingéniosité des *moḥaddiṭ*, traditionnistes, a échoué dans ses efforts pour découvrir d'autres âmes, travaillées par l'inquiétude

---

(1) Il cherche des motifs poétiques nouveaux ; *Aǧ.*, III, 187. Il décrit longuement les jardins « avec de l'ail et des oignons »; détaille la cérémonie de l'*istisqā'*, évidemment comme on la pratiquait chez les sédentaires ; voir *Dīvan*, XXXIV, 33 sqq., XLIII ; cf. *Mo'āwia*, 256.

(2) Cf. *Mo'āwia*, 334, 335 ; E. Power, *Umayya ibn Abī'ṣ-Ṣalt* dans *MFOB*, I, 197 sqq ; Qotaiba, *Ma'ārif*, E. 20, bas.

(3) Cf. Lammens, *Les Juifs de la Mecque, à la veille de l'hégire*, extrait des *Recherches de science religieuse*.

(4) Voir les rêveries développées par Sprenger, *Mohammad*, I, 22 etc,

religieuse, un second ḥanîf ṭaqafite, destiné à servir de pendant au *duo* ḥanifite mecquois, Zaid ibn ʿAmrou et Waraqa ibn Naufal. On semble avoir essayé d'abord d'utiliser le personnage de l'esclave ʿAddâs, l'interlocuteur présumé de Mahomet, au cours de sa première visite à Ṭâif (Cf. ʿOgaimî, *op. cit.*, 19 *a*). Cette idée dut être abondonnée : le chrétien ʿAddâs étant étranger, non seulement à Ṭâif mais encore à la Péninsule. Entre la population des villes-sœurs, on remarque sans peine un point d'analogie : c'est leur réalisme, le positivisme de leurs aspirations terrestres, l'absence de tout idéal religieux ; lacune si amèrement déplorée par le Qoran. Une scène légendaire la met vivement en relief. C'était l'année de l'Eléphant. Les Abyssins s'apprêtent à renverser la Kaʿba. A ʿAbdalmoṭṭalib ils ont capturé un lot de 200 chameaux (1). L'ancêtre des Hâśimites s'empresse de venir réclamer auprès du chef africain. « Comment, s'écrie ce dernier, tu m'interpelles au sujet d'un troupeau, et de ton dieu, du sanctuaire de tes aïeux, que je viens détruire, tu n'en souffles mot ? » (2).

A cette indifférence, si générale en Arabie, les Ṭâifites paraissent avoir joint une tournure d'esprit gouailleuse, qu'on ne remarque pas, au même degré, chez les Mecquois (3). A ces derniers le sentiment national, celui de la solidarité inspireront une réserve majeure, sans pourtant les rendre plus désintéressés (4) ni plus convaincus. Moǵîra ibn Śoʿba donne, il est vrai, à ses compatriotes de Ṭâif un magnifique certificat de « ferveur »,

---

(1) Ce chiffre doit préparer la scène, où il sacrifiera *cent* chameaux pour racheter un de ses fils et rendre vraisemblable la légende de ses grandes richesses. Aucun trait ne semble égaré dans la *Sîra*.

(2) Tout le récit a été combiné pour amener la réponse de ʿAbdalmoṭṭalib, اني رب الا ابل وان للبيت ربًّا سيمنعه ; Ibn Hiśâm, *Sîra*. 34. A tout prix on voulait assurer un passé, une histoire à l'ancêtre des ʿAbbâsides, le présenter comme سيّد قريش وصاحب عير مكّة يطعم الناس في السهل والوحوش في رؤوس الجبال ; Ṭab., *Annales*, I, 938.

(3) La persécution à la Mecque contre Mahomet auraʾt été soulevée par des Qoraiśites, fixés à Ṭâif (Ṭab., *Annales*, I, 1180, 15). Essai pour diminuer la responsabilité des Mecquois pervertis au contact des Ṭaqafites !

(4) Cf. Maqdisî, *Géogr.*, 84, 6.

كُنَّا متمسكين بدينا (1). On se demande si ce n'est pas une de ces satires indirectes dans nos collections de *Ṣaḥiḥ* et de *Ṭabaqāt*. On fera bien pour en saisir la saveur piquante de se rappeler que Moġīra était un des desservants d'Al-Lât, مِن سَدَنَة اللات (2). Nous verrons comment cet étrange desservant et ses confrères du collège *clérical* (3) de Ṭâif défendront les intérêts du sanctuaire national.

Rien d'étonnant si la semence évangélique n'a pu germer dans un sol aussi ingrat. Le christianisme se trouvait assez mal représenté à Ṭâif, peut-être par des cabaretiers, comme cet Aboû Mariam, mentionné dans l'histoire d'Aboû Sofiân(4), mais il a pu être juif; ensuite par des étrangers de passage ou en séjour temporaire, enfin par des esclaves. Tels, le mystérieux 'Addâs, rencontré par Mahomet (5), au cours de sa première excursion dans le Sarât ; cet autre, ramassé parmi les morts ṭaqafites à la bataille de Ḥonain. Comme il n'était pas circoncis, la découverte produisit une profonde sensation. Ce détail pourrait attester tout au plus son origine étrangère (6) ; qualité commune sans doute aux rares chrétiens, dispersés sur le territoire de la cité (7).

---

(1) I. S. *Ṭabaq.*, IV², 25, 4 : « nous étions fort attachés à notre religion ». Une réponse indirecte aux attaques des Šoʻoūbyya sur la grossièreté, le matérialisme des Arabes préislamîtes.

(2) I. S. *Ṭabaq.*, *loc. cit.* D'après le contexte, l'éloge s'applique d'ailleurs aux Arabes en général.

(3) Nommons les fils du Ṣaḥābī-martyr, 'Orwa ibn Masʻoûd, mettant leurs dettes à la charge du trésor sacré.

(4) Ibn 'Asâkir (éd. Badrân), V, 409: I. S. *Ṭabaq.*, VII¹, 37.

(5) Yaʻoûbî, *Hist.*, II, 36. Encore était-il attaché au service de deux Omayyades, donc seulement de passage à Ṭâif. Il accompagne ses maîtres à Badr ; Wâqidî, Well., 42 ; éd. Kremer, 27. Ibn al-Aṯīr, *Osd*, III, 389-390, où il est énuméré parmi les Ṣaḥâbîs. 'Oġaimî, *loc. sup. cit.*, lui accorde également la *tarḍia*.

(6) Ibn Hišâm, *Sīra*. 850, 8. Comme les Mecquois, les Ṭâifites utilisaient leurs esclaves à la guerre. Mais chez eux, on ne trouve pas l'analogue de l'organisation des *Aḥâbîš*. Les alliés des B. Naṣr ibn Moʻâwia les substituaient dans une certaine mesure ; seul Moṭahhar Maqdisî, *op. cit.*, III, 235, mentionne des « Aḥâbīš » à Ṭâif.

(7) 'Abdyalîl ibn 'Amrou aurait pu être chrétien, d'après les détails enregistrés dans Ibn Hišâm, *Sīra*, 412, 8 sqq.

Un document de date très récente signale, pour le milieu de notre 13e siècle, l'existence d'un évêché dans « la ville de 'Okāẓ. Il comprenait 8 prêtres, 30 diacres, une église dédiée aux S. S. Apôtres Pierre et Paul, avec 1000 familles, tous Nestoriens » (1) ! Ce serait accorder trop d'honneur à ce renseignement que de nous arrêter pour le réfuter, pour en montrer le caractère maladroitement apocryphe.

'Okāẓ ne forma jamais une cité, pas même un hameau. C'était, comme Minā, 'Arafāt dans le voisinage de la Mecque, une plaine déserte. La solitude s'animait, à l'époque du marché annuel. Les marchands venaient dresser leurs tentes, les poètes bédouins débiter leurs plus récentes compositions, à l'ombre des palmiers, cultivés pour le compte des Ṭaqafites. La foire annuelle ne survécut guère au triomphe de l'islam (2). Le faussaire, auteur du document, paraît avoir eu connaissance de certains et très vagues ḥadīt, mentionnant la présence de Qoss ibn Sā'ida (3) — parfois transformé en évêque — le passage de moines chrétiens à 'Okāẓ. Un d'eux y aurait même guéri le petit Mahomet d'une maladie d'yeux (4). Les moines étaient les médecins du désert (5). Ces circonstances suffisent-elles pour affirmer l'existence d'un monastère dans les environs ? D'autres l'ont pensé avant nous. Nous ne nous sentons pas le courage de les suivre en cette voie.

---

(1) Boutros 'Azīz, تاريخ قديم للكنيسة الكلدانية, p. 8 ; Beyrouth, 1909; avec traduction française. Publication sans aucune valeur.

(2) Cf. Bakri, *Mo'ǧam*, 660-61.

(3) Pendant la tenue de la foire ; *Aǧ*., XIV, 41-42.

(4) Cf. la سيرة البكري , msc. arabe n° 9626 de Berlin.Sprenger, *Moḥammad*, I, 43, fait de Qoss un Rakoūsien.

(5) *Aǧ*., XI, 63, religieux médecin ; *'Iqd*, I, 367, 2. Prêtre exerçant la médecine ; *Aǧ*., XI, 43, 8. Aliénés soignés dans les couvents ; Ǵāḥiẓ, *Bayān*, II, 12,4. *Aǧ*., XIX, 12, 8 d. l., mentionne un Ṭaqafite Zakaryya ibn Ṯabāt, contemporain de Farazdaq. D'origine juive ou chrétienne ? Ou même musulman ; à la fin du 1er s. de l'hégire les noms bibliques commençaient à se répandre parmi les mahométans. Cf. *Fāṭima*, 8. Sur un prétendu Zakaryya, Ṣaḥābī, voir Ibu al-Aṯīr, *Osd*, II, 205. Le Hāroūn ibn an-No'mān ibn al-Aslat est vraisemblablement un Arabe de Médine judaïsé ; *Aǧ*., XV, 161, 6.

On aimerait à retrouver l'existence d'une colonie de Naǵrânites chrétiens à Ṭâif, située sur la route de Naǵrân et en relations constantes d'affaires avec elle (1). Il nous est resté un tercet d'Omayya ibn Abi'ṣ-Ṣalt en l'honneur des Banoū'd-Dayyân, les généreux *sayyd* de Naǵrân (2). Le silence des documents ne permet pas de nous montrer plus affirmatif. A quelle confession chrétienne appartenaient les esclaves « roūmī », vraisemblablement des Syro-mésopotamiens, de Ṭâif, nommés dans la légende musulmane, comme Al-Azraq (3) et 'Obaid, le père putatif de Ziâd ibn Abīhi (4) ? Nous l'ignorons. Ils finirent vraisemblablement par embrasser l'islam. A tort ou à raison, plusieurs seront inscrits au catalogue des *Compagnons.*

Sur le compte des Juifs, nos renseignements se trouvent être moins fragmentaires. Au Ḥiǵâz, leur rôle — on n'a pu manquer de s'en apercevoir — fut beaucoup plus important que celui des chrétiens. En face des oasis occupées par les Juifs, le Ḥiǵâz ne comptait aucune tribu chrétienne, si l'on excepte toutefois les confins syro-arabes. Quoiqu'ils s'y soient principalement adonnés à l'agriculture (5), ensuite au petit commerce, négligeant les affaires de banque (6), il paraîtrait étonnant qu'ils aient pu se désintéresser d'une place aussi considérable que la métropole ṭaqafite. La légende a même tenté de mettre les Juifs de Ṭâif en relation

---

(1) Iṣṭaḫrī, *Géographie*, 28, 3-4. Burckhardt, *Voyages*, I, 90. On signale des « gens de l'Ecriture à Ǵoraś et Tabâla », cités voisines de Ṭâif ; Balâḏorī, *Fotoūḥ*, 59, 9.

(2) Voir le dîvan d'Omayya, XX ; 'Amir ibn aṭ-Ṭofail, *Dîvan*, XII, 9, et les autres passages cités précédemment. Poètes du Sarât allant à Naǵrân ; *Aǵ.*, XVIII, 160, 9 d. l.

(3) I. S. *Ṭabaq.*, III¹, 177 ; Balâḏorī, *Fotoūḥ*, 56, 1-2. D'après la *Sīra*, l'esclave 'Addâs, l'interlocuteur de Mahomet à Ṭâif, était de la région de « Ninive ». Donnée fantaisiste : elle devait permettre à Mahomet de déployer ses connaissances historiques au sujet de son « frère », le prophète Jonas. Aboū Mariam transmet un ḥadīṯ au nom du Prophète ; I. S., *Ṭabaq.*, VII¹, 87.

(4) Cf. notre *Ziâd ibn Abīhi*, 20 ; Balâḏorī, *Ansâb*, 320 b, 321.

(5) Ce qu'ils firent pour l'agriculture en cette province, voir plus haut, p. 34.

(6) On trouve leurs banquiers établis, jusqu'au Ḫorâsân (*Aǵ.*, XV, 18, d. l.) après l'hégire. Comp. Lammens, *Les Juifs de la Mecque à la veille de l'hégire*, dans *Recherches de science religieuse*, VIII, 145 etc.

avec l'origine du sanctuaire urbain d'Al-Lât (1). Cette donnée absurde (2)
ne possède d'autre valeur que d'attester, depuis une époque relativement
reculée, leur présence dans la cité.

Le Qoran (3) reproche aux Juifs d'Arabie leurs dissensions, leur
manque d'entente. Ceux de Ṭaif ne semblent pas y être venus de leur
libre choix. Un texte de Balâḏorî (4) nous apprend que leur colonie en
cette ville se composait de fugitifs, de bannis du Yémen (5) et de Yaṯrib.

L'auteur des sourates *médinoises* était supérieurement informé sur ce
qui se passait dans son voisinage. Or, il accuse les Juifs de Médine
(Qoran, 2, 79) « d'avoir expulsé une partie des leurs, de s'être criminelle-
ment concertés pour accabler des frères infortunés ». L'accusation est trop
précise pour pouvoir être écartée. Il est pourtant permis de se demander si
Balâḏorî — ou son informateur — ne s'en est pas souvenu, quand, parmi
la colonie juive de Ṭaif, il signale des bannis médinois. Nous ignorons à
quelle date remontait leur expulsion. Le Qoran semble. y faire allusion,
comme à un incident peu ancien, sinon contemporain. A Ṭaif, ces réfugiés
juifs, yéménites ou médinois, se trouvaient soumis à une capitation , جزية .
C'était la taxe ordinaire, imposée aux trafiquants étrangers, quand le titre de *halif* ne les avait pas associés à une famille du pays. Ce système de
protectionnisme ne manquait pas d'ingéniosité. Le régime de la capitation
— cet exemple le prouve — n'était donc pas inconnu aux Arabes, quand
ils s'établiront dans les provinces conquises par leurs armes. Les Juifs indigènes de Ṭaif possédèrent également des domaines dans la région. Ces

---

(1) Yâqoût, E. VII, 310.

(2) Elle rappelle le rôle que leur prête le ḥadîṯ par rapport à la graisse : ils la
vendent quoique l'usage leur en soit interdit ; Tirmiḏî, *Ṣaḥîḥ*, D. I, 155 ; Qoran, 8,
147.

(3) Cf. Lammens, *Les Juifs de la Mecque*, etc., p.168.

(4) *Fotoûḥ*, 56.

(5) Aucune date n'est indiquée. Faut-il penser à la réaction chrétienne, à la suite
de la défaite de Ḏoû Nawâs et de l'invasion abyssine ?

biens, nous les verrons plus tard achetés par le calife Mo'âwia (1). Ils
avaient donc, ce renseignement l'insinue clairement, des intérêts stables
dans la montagne du Sarât. Remarquons également en passant. Personne
ne songe à leur appliquer, après l'hégire, la prétendue interdiction portée par Mahomet : « deux religions ne doivent pas coexister en Arabie,
لا يجتمع دينان في جزيرة العرب », Il faut laisser cette mesure arbitraire à la charge du calife 'Omar : elle ne visa que les Israélites de Ḥaibar et les chrétiens de Naǵrân (2), pour des raisons locales, dont le détail ne nous a pas
été transmis.

Tamisier (3) a noté l'air d'accablement, le caractère mélancolique
des Ţâifites modernes. Il en rejette la responsabilité sur l'insécurité et les
malheurs qui les ont accablés, depuis l'invasion des Wahhâbites, au début
du 19ᵉ siècle. A la veille de l'hégire, l'activité régnait à Ţâif. Les affaires, puis le goût du plaisir avaient fini par reléguer à l'arrière-plan les
préoccupations morales. Cette étrange situation n'était pas rare dans les
villes à sanctuaires en Arabie. La cité de Ţâif ne pouvait faire exception
à cette loi. Les étrangers y fréquentaient surtout le marché, enfin le quartier de la galanterie, situé en dehors de l'enceinte (4), dont Mas'oûdî (5)

----

(1) *Fotoûḥ*, loc. cit. Nous ignorons si, dans le divan d'Aboû Miḥǵan (éd. Abel), la
pièce VIII fait allusion aux Juifs de Ţâif ou d'ailleurs. La *capitation* n'a pu atteindre
les Juifs propriétaires, partant indigènes, mais exclusivement les réfugiés étrangers.

(2) Cf. *Yaqîd*, 327-369. Aucune allusion dans le Qoran à l'expulsion des hétérodoxes
du « territoire sacré », a fortiori du Ḥigâz. Il est seulement interdit aux polythéistes de
participer aux cérémonies officielles du ḥaǵǵ. Nous retrouvons des chrétiens à la Mecque pendant tout le premier siècle H. Le même dicton, mais attribué à 'Oṯmân :
لا يسكن ذري عربية دينان V ; Bakrî, *Mo'ǵam*, 658, 7. Autres variantes dans *Kanz al-'ommâl*,
VI, p. 265 : « chassez du Ḥigâz les Juifs de Naǵrân » (*sic*), n° 4759. D'après le n° 4774,
Mahomet charge 'Alî, « si, après lui, il parvient au califat d'expulser les Naǵrânites
de l'Arabie ».

(3) *Op. cit.*, I, 292-293.

(4) *Ḥoçn*, enceinte plutôt que citadelle. Cette dernière, je la crois postérieure au
1ᵉʳ siècle H.

(5) *Prairies*, V, 22 : المرهم الذي تنزل فيو البغايا بالطالف خارجا من الحصن في محلّة يقال لها حارة البغايا
Ya'qoûbî, *Hist.*, II, 259-260.

a conservé le nom caractéristique. L'histoire d'Aboû Sofiân, celle de Somayya, mère du célèbre Ziâd, se rattachent à ces souvenirs, avidement
exploités par l'opposition antiomayyade (1).

On comprendra donc pourquoi Mahomet recommanda toujours aux
missionnaires, détachés par lui à Ṭaif, d'alléger, pour les citadins, le pré-
cepte onéreux de la prière (2). Ils en avaient d'abord, et non sans insistance, réclamé la dispense complète, la déclarant une bassesse, دناءة.
Déboutés, ils se mirent à marchander le maintien du sanctuaire de leur
déesse Al-Lât, centre d'attraction pour les pélerins. Ils voulurent à tout
le moins obtenir un délai pour sa destruction (3). Rien n'indique une conviction quelconque chez ces étranges néophytes. Leur adhésion à l'islam
atteste en retour leur esprit pratique et une absence complète de scrupules. Le fils du pseudo-martyr (4), 'Orwa ibn Mas'oûd, en profita pour mettre à la charge du trésor de la déesse une dette de 200 *mitqâl* d'or, laissée
par son père. Le neveu de 'Orwa se fit concéder, toujours par le Prophète,
une assignation analogue (5). Un vrai pillage du sanctuaire national,
organisé par les premiers de la cité ! Ces mœurs, ce sans-gène, nous les re-

---

(1) Cf. *Ziâd ibn Abîhi*, 20 etc.

(2) Ibn Hiśâm, *Sîra*, 917 ; *Aǵ.*, XI, 100 ; I. S. *Tabaq.*, V, 872-73 ; Wâqidî, W., 881.
Comp. ses recommandations au Ṣaḥâbî 'Oṭmân ibn Abi'l-'Aṣi, institué leur imâm (Ḥanbal, *Mosnad*, IV, 21-22), un Mâlikite ; cf. Ibn al-Aṭîr, *Osd*, III, 878 ; à la l. 2 lire جبر
au lieu de حبر .

(3) Ibn Hiśâm, *Sîra*, 916. Conditions mises par eux à leur conversion ; Waḥidî,
Asbâb, 218-219. Ils épiloguent sur les ablutions, surtout l'hiver, « le froid est vif dans
leurs montagnes » ; Ḥanbal, *Mosnad*, VI, 855 d. l. La Tradition utilise les Ṭaïfites pour
inculquer l'importance des lotions rituelles, montrer le prix qu'y attache le Prophète.

(4) Membre du collège des desservants d'Al-Lât. Le Mâlikite 'Oṭmân est nommé
imâm par Mahomet, parce que كان احرصهم على النشد في الاسلام ; Ibn al-Aṭîr, *Osd*, III, 878, 7 ;
Ibn Hiśâm, 917.

(5) Ibn Hiśâm, *Sîra*, 918 ; I. S. *Tabaq.*, V, 870, 13, 18-20. Le *mitqâl* d'or était l'é-
quivalent du *dînâr*. On les trouve employés l'un pour l'autre dans les rédactions paral-
lèles.

trouvons dans l'histoire de la plupart des laïcisations. Les chiffres, cités à propos de cette liquidation, présentent leur intérêt. Ils permettent d'estimer l'importance du trésor d'Al-Lāt et aussi la valeur des capitaux (1), engagés dans le commerce par les notables ṭaqafites.

Un des hommes les plus représentatifs des aptitudes de sa race, une des plus complètes incarnations du génie ṭaqafite, fut sans contredit Moḡīra ibn Śo'ba, déjà fréquemment nommé (2). Le premier de Ṭaif à embrasser l'islam, le premier aussi parmi ses concitoyens il se verra chargé de présider (3) à l'éducation politique et religieuse des Bédouins, préposé « à la guerre et au culte (4), على الحرب وعلى الصلاة », c'est l'expression de nos sources. Intelligence prodigieusement souple, l'homme de toutes les ressources, مُغِيرة الرأي, comme on l'avait surnommé ! Quand on l'aurait enfermé derrière huit portes, ses ruses, prétendait-on, eussent été capables d'en faire sauter toutes les serrures ; فلو ان مدينة لها ثمانية ابواب لا يخرج من باب منها الّا بالمكر لخرج المُغِيرة من ابوابها كلّها (5).

Exilé de Ṭaif, nous savons à la suite de quels tristes exploits (6), le jeune Moḡīra se réfugia auprès de Mahomet. Le *ḥaram*, territoire sacré de la Mecque, servait d'asile aux bannis, aux irréguliers et brigands :

---

(1) Prêtés ou empruntés, comme c'est le cas ici. Il s'agit toujours d'Aḥlāfites : ils se font payer par Mahomet le prix de leurs complaisances dans la reddition de Ṭaif.

(2) Cf. notre *Ziād ibn Abīhi*, 2-15 ; *Yazīd*, 24, 103, 115, 119, 122, 123. Pour sa généalogie voir p. 68. Les Mālikites de leur côté ont essayé de mettre en avant un des leurs, 'Oṭmān ibn Abi'l-'Aṣi, choisi comme imām par Mahomet ; *Aḡ.*, XI, 100; Ḥanbal, *Mosnad*, IV, 21-22.

(3) Le calife 'Omar l'envoie comme gouverneur dans l'Iraq, la plus anarchique des provinces de l'empire. Cf. *Ziād ibn Abīhi*, loc. cit.

(4) Au premier siècle, le vocable ṣalāt désignait en réalité l'administration, y compris le culte ; celui-ci se bornait à la prière publique du Vendredi. Y assistaient seuls les Arabes, à l'exclusion des musulmans d'autres nationalités. C'était une réunion avant tout politique : elle supposait la qualité de conquérant.

(5) Ibn Ḥagar, *Iṣāba*, III, 452. Ibn al-Aṭīr, *Osd*, IV, 406-407.

(6) Cf. Wāqidī, Kr., 251 ; assassine ses compagnons de route.

nous le verrons plus tard (1). Se souvenant de cette organisation qoraišite, Aboū'l-Qāsim ouvrit, à Médine, un refuge aux hommes mis au ban de leurs tribus. Reçu à bras ouverts, Moḡīra ne tarda pas à deviner l'avenir de la nouvelle religion et il s'attacha résolument à la fortune du Prophète(2). Les tares de son passé ne l'empêchèrent pas de servir d'intermédiaire pour la soumission de ses compatriotes. « La profession de l'islam efface le passé », affirmait Mahomet, heureux de n'avoir pas à examiner les antécédents de certains partisans (3). Quant à Moḡīra, le Prophète l'enverra, à Ṭāif, régler la situation du sanctuaire d'Al-Lāt et présider à l'incamération des trésors de la déesse (4). Mais plus prévoyant que nos modernes laïcisateurs, il prit soin — avec un liquidateur aussi habile la précaution s'expliquait — de lui adjoindre le contrôle d'Aboū Sofiān (5). L'exemple de Moḡīra, l'attitude de ses concitoyens confirment notre jugement sur la faiblesse des convictions religieuses au sein de la population ṭaqafite.

Il faut noter l'empressement de la Tradition, unanime à affirmer qu'à la mort du Prophète, cette population avait en masse embrassé la foi nouvelle (6). Affirmation encore plus hasardée que pour la Mecque, mais inspirée par la sourate 1 1‑0, avec laquelle on entendait se mettre d'accord !

---

(1) Cf. nos *Aḥābīš*, 425 etc.

(2) Cf. *Zīād ibn Aḫīhi*, p. 2; الاسلام يجبّ ما قبله : Ṭab., *Annales*, I, 1603-1604 ; Maqdisī, *Géogr.*, الاسلام يهدم ما قبله , 207, 212 ; Moslim, *Ṣaḥīḥ*, I, 60.

(3) Comme le célèbre Aboū Ḍarr, exalté par la Šī'a. Cf. *Aḥābīš*, 425.

(4) Il était desservant du sanctuaire. Comp. Périer, *al-Ḥadjdjadj*, 4, où, à la note 4, corriger en 50 le chiffre 60, date de la mort de Moḡīra. Cf. *Zīād ibn Abīhi*, 14.

(5) Cf. *Zīād ibn Abīhi*, 3 ; Ibn Hišām 917-18. Aboū Sofiān se trouvait protégé par ses nombreuses relations d'affaires et de famille à Ṭāif ; un véritable «Qoraišite de Ṭāif»! Trois de ses filles furent mariées à Moḡīra ; *Aḡ.*, XIV, 141 d. 1.

(6) Aussi tous les personnages survivants — tel Ḡailān, *Osd.* IV, 172 — sont-ils transformés en *Compagnons*. On convient pourtant qu'il « n'émigra point » ; *Aḡ.*, XII,45. Autant attester son indifférence !

La Tradition se voit pourtant obligée de convenir que les notables de la cité — tel Ġailān — se contentèrent d'une adhésion passive et ne mirent pas leur influence au service de l'islam. Pour atténuer l'insuccès du Maître auprès des nomades, les traditionnistes s'efforcent d'insinuer que les plus intelligentes populations du Ḥiġāz — celles des villes : la Mecque, Médine et Ṭâif — avaient ouvert les yeux à la lumière de l'islam. Elles en avaient subi la puissance et compris l'avenir politique.

VII

LE ROLE ÉCONOMIQUE.

Position centrale de Ṭāif ; routes commerciales qui y aboutissent. — Importance du marché de 'Okāẓ. — Relations entre Ṭāif et le Yémen. — Pour conserver ces avantages, les Bédouins du Sarāt résistent à l'islam. — Les Ṭaqafites, grands voyageurs. — Leurs rapports avec la finance de la Mecque. — Le prêt à intérêt et la législation qoranique. — Absence de solidarité à Ṭāif. — Le titre qoranique, « chef des deux cités », disputé entre Ṭāif et la Mecque.

Au point de vue économique, la position de Ṭāif présentait d'incontestables avantages. On ne pouvait pourtant la comparer à celle de la Mecque, voisine de l'Erythrée et, par la mer, en communication avec l'Abyssinie, porte de l'Afrique. Aux environs de l'hégire, nous rencontrons incessamment les Qoraišites sur la rive africaine de la Mer Rouge (1). Si les avisés Ṭaqafites les y ont si peu suivis (2), ne serait-ce pas, parce que la Mecque redouta leur concurrence et entendit se réserver l'exploitation commerciale des Indes noires ?

Sise à l'extrémité sud-est du Ḥiǵāz, à proximité des cités commerçantes du Yémen, Ǵoraš, Tabāla, Naǵrān, du haut de son palier Ṭāif dominait les routes coupant les plateaux accidentés du Naǵd (3). De cet

---

(1) Cf. Wāqidī, Kr., 196, 7.

(2) Pourtant 'Orwa ibn Mas'oūd affirme avoir visité le Négus ; Ṭab., *Annales*, I, 1587 ; I. Hišām, 745.

(3) Sprenger, *Alte Geographie*, 224 ; Azraqī, Wüst. 131, 13-14. Les alliés nomades de Ṭāif, les entreprenants Hawāzin occupaient une partie du Naǵd occidental, les vallées ouvertes dans la façade orientale du Sarāt.

observatoire, elle pouvait surveiller la marche des caravanes (1), venant
de la Babylonie, des bords du Golfe Persique visiter la grande foire de
'Okâz (2).

La plaine de 'Okâz (3) abritait le principal marché, le mieux fré-
quenté, après la Mecque, dans l'Arabie occidentale. 'Okâz, à la fois sanctuaire et rendez-vous commercial, jouissait du privilège de l'exterritoria-
lité qu'il devait à son haut-lieu. S'il est permis d'en juger par la vogue
de cette grande kermesse, le culte du bétyle (4) qu'on y vénérait ne devait pas compter moins de fidèles que la Ka'ba. Mais la fortune grandis-
sante des Mecquois et plus tard le triomphe de l'islam ont voué à l'oubli
ces souvenirs païens. Les tribus s'y trouvaient pour ainsi dire chez elles ;
elles se sentaient protégées par la trêve de Dieu, coïncidant avec la période des mois sacrés. Tous les visiteurs bénéficiaient, à titre égal, de ces
prérogatives. D'autre part les palmeraies occupant le vaste territoire de
ce marché — il se développait sur une longueur de dix milles — appartenaient aux Taqîf et à leurs cousins de Hawâzin. Est-il téméraire de supposer que ces groupes entreprenants ont su se créer à 'Okâz une situation
privilégiée ? Elle explique, non moins que la finesse reconnue des Taqafites, les égards spéciaux que leur témoignèrent non seulement les Qoraiš,
mais encore les Laḥmides. Le temps n'était plus où ces phylarques éten-
daient leur pouvoir jusqu'à Naǵrân (5). Depuis cette période, ils avaient
gardé la coutume d'envoyer annuellement des caravanes visiter 'Okâz.

---

(1) *Aǵ.*, XIX, 75. L'Âpreté des grands chefs bédouins à s'en disputer la conduite
montre l'importance de ces convois.

(2) Mentionné dans les épigraphes thamoudéens ; E. Littmann, *Zur Entziff. thamû-
dents. Inschriften*, 45 ; Bakrî, *Mo'ǵam*, 660 sqq. *Aǵ.*, XIX, 75 ; Azraqî, W., 131. Les domaines et les palmeraies de 'Okâz étaient divisés entre les Taqîf et les Hawâzin ; Bakrî,
op. cit. ; 660, 2 d. l. ; 661, 2 ; 662 bas. Balâḏorî, *Fotoûḥ*, 36, 10 ; Ya'qoûbî, *Hist.*, II,
232 ; 2 ; *Aǵ.*, II, 155, 3 ; XII, 48, 49 ; communications avec Haǵar ; *Aǵ.*, XIX, 57 ; avec
la Perse ; Tab., *Annales*, I, 1537; avec l'Egypte (d'après l'histoire de Moǵîra ibn So'ba).

(3) Voir plus haut, p. 86.

(4) Cf. *Le culte des bétyles*, 71 ; *Aǵ.*, X, 20, 11-18 ; Sprenger, *Alte Geogr. Arabiens*,
p. 224.

(5) Voir l'inscription de Namâra.

Nous ignorons comment les Ṭaqafites manœuvrèrent pour régenter ce marché sans éveiller la susceptibilité des ombrageux nomades et sans violer son caractère strictement international. L'exemple des Qoraišites, réusssissant à mettre la haute main sur les foires et les sanctuaires, avoisinant la Mecque, montre que le problème n'était pas insoluble. Rien ne prouve pourtant que la tentative ait été couronnée du même succès.

A l'entrée, à la sortie de la mer de sable, Ṭaif (1) offrait au ravitaillement des vaisseaux du désert les ressources variées de son sol, à leur chargement les produits de son industrie. Ṭàif paraît avoir de préférence utilisé les relations avec le Yémen, où elle pouvait économiser trois ou quatre étapes sur la redoutable concurrence qoraišite. Elle formait la dernière grande halte sur les routes menant de ʿAden, de Ṣanʿa', à la Mecque (2); un itinéraire déjà suivi par la légendaire expédition de l'Eléphant (3). Que la souplesse politique des habitants les ait alors décidés à ménager les Abyssins, maîtres du Sud, qu'ils aint même assisté, sans déplaisir, à l'humiliation de leur rivale économique du Tihāma, nous pouvions le supposer, sans interroger les amplifications suspectes de la *Sira*. La voie, aboutissant, en sens inverse, de la Syrie, de Médine au Yémen traversait également leur cité (4). Parfois même les caravanes du nord s'y arrêtaient pour y acquérir les étoffes brodées, les tuniques chamarrées, appelées encore étoffes de ʿAden (5), d'après le nom du célèbre port, où les apportaient les navires de l'Inde et de l'Extrême-Orient (6).

---

(1) Comme Damas, à laquelle on l'a comparée, en Syrie.

(2) Iṣṭaḥrī, *Géogr.*, 28, 3-4. Comp. Burckhardt, *Voyages*, I, 90 ; II, 213 etc ; Maqdisī, *Géogr.*, pp. 111-112.

(3) Ṭab., *Annales*, I, 937. Sur cette expédition cf. Nöldeke, *Perser-Araber*, 208. Principales références dans Nöldeke-Schwally, *Geschichte*, I, 93, n. 5. Voir une pièce hoḍailite étudiée par Wellhausen dans *Zeits. f. Assyr.*, XXVI, 290 sqq.

(4) Balāḍorī, *Fotoūḥ*, 36 ; Ṭab., *Annales*, I, 1078, 3. Il est rarement question de caravanes ṭaqafites en Syrie, sinon en communauté avec les Mecquois, associés aux Ṭaifites.

(5) *Aǧ.*, III, 105, bas ; XIX, 75, 11. Voir Burckhardt, *Voyages*, I, 113.

(6) Fréquents voyages des Ṭaqīf en Perse. On y rattache l'histoire de Somayya, esclave cédée par le *dihqān* de Aila (corrigez Obolla) ; Balāḍorī, *Ansāb*, 320 b.

A ces avantages inappréciables, la cité joignit celui d'être le centre urbain de la puissante confédération bédouine des Hawāzin (1). La sobriété, la résignation, le *ṣabr* fataliste du nomade ne doivent pas nous illusionner sur sa puissance d'obstination. Avec l'énergie du fauve, il défend la faible somme de biens qu'il possède. La ténacité n'entre-t-elle pas d'ailleurs comme élément principal dans le concept du *ṣabr* (2), si incomplètement rendu par notre terme incolore de « patience » ?

A bon droit, la reddition de la Mecque inquiéta les nomades du Sarāt. Pas un instant, ils ne s'illusionnèrent sur les visées de Mahomet. Dans le triomphe de l'islam, ils devinèrent une menace pour leur autonomie politique. Le nouveau maître du Ḥiǧāz et du Tihāma ne se bornerait pas à leur imposer le monothéisme qoranique. « Le *dīn* d'Allah » servirait de prétexte pour les assujettir au nouvel Etat, fondé par le Prophète. Cette menace suffira pour les réunir momentanément dans une alliance commune contre l'ennemi extérieur. Ces incommodes alliés des Ṭaqafites n'entendaient pas que des voisins vinssent se mêler à leurs querelles de famille. On verra, à la journée de Ḥonain, avec quelle sombre résolution les Hawāzin et leurs confédérés bédouins se montreront décidés à couvrir l'accès de leur métropole, à restreindre l'influence, l'invasion des Qoraiśites dans leurs montagnes, où l'extension des propriétés, des domaines mecquois venait, chaque jour, restreindre les terrains de pacage (3), multiplier les enclos, *ḥā'iṭ*, les « chasses gardées », au profit des banquiers du Tihāma.

Avant tout, ils prétendront conserver la maîtrise, la clef des routes du Naǧd et de l'Arabie méridionale (4). Question d'amour-propre natio-

---

(1) Bakrī, *Mo'ǧam.* 57, 5. Voir précédemment, p. 60. Comp. l'introduction au *divan* de 'Amir ibn aṭ-Ṭofail, p.73 etc. Ṭāif est حصن هوازن ; *Naqā'iḍ Ǧarīr*, 228, 3.

(2) Cf. *Berceau*, I, 104.

(3) *Aǧ.*, I, notice d'Al-'Arǧi, 160 sqq.

(4) Leurs plus puissants chefs adoptent le surnom caractéristique de *Raḥḥāl*, conducteur de *raḥla*, caravane. Quand Mahomet est maître de la Mecque, les Hawāzin se disent (Balāḏorī, *Ansāb*, 232 a) : قد فرِم لنا [محمّد] فلا ناحية لهُ دونَنا والرأي ان نغزوهُ .

nal ; mais aussi la claire vision des avantages assurés par la surveillance
et l'exploitation méthodique de cette artère économique : taxes variées,
indemnités pour le ravitaillement, la protection, le convoiement des caravanes, la location des montures ; toute une fiscalité (1) enfin, que le génie
fertile des habitants du désert s'était ingénié à développer. Pour défendre
ces sources de revenus, ils affronteront (2), un quart de siècle avant
l'hégire, la désastreuse guerre d'Al-Fiğar (3).

Dans la résistance des Bédouins à l'islam, le Qoran n'a voulu voir
qu'une preuve de leur infidélité. Les questions économiques et politiques
y ont joué un rôle, à peine moins important. Nous avons montré avec
quelle désinvolture les Taqafites se débarrassèrent de leur culte national.
Mais ils nourrissaient des préventions motivées contre l'envahissant syndicat des banquiers qoraišites (4), avec lequel, depuis la reddition de la
Mecque, le Prophète avait partie liée. « Coreish [est] le nom d'un monstre
marin, qui fait à tous les poissons une guerre destructive »; ainsi s'exprime le vieux Turpin, dans sa *Vie de Mahomet* (I, 260). Peut-être la malignité des satiriques bédouins avait-elle, dès lors, mis en circulation des
vers, plus tard attribués à un roi du Yémen. « La tribu de Qoraiš doit son
nom au monstre qui habite la mer ; comme lui, son insatiable avidité ne
tardera pas à dévorer l'humanité » :

وقُريش هي التي تسكن البحرَ بها سُمِّيَتْ قريش قريثا

هكذا في البــلاد تَمِيُّ قريش يأكلون البلاد أَكلًا كثيثا (5)

---

(1) Sur son importance et les revenus qu'elle procurait, cf. Sprenger, *Alte Geographie Arabiens*, n° 354.

(2) Un Bédouin des B. Naṣr ibn Mo'âwia, ḫalîf des Taqîf, entraînera ces derniers
dans la guerre ; cf. Ağ., XIX, 75, 5 etc.

(3) Ağ., XIX, 74, 75 ; le يوم عكاظ de 'Amir ibn aṭ-Ṭofail, *Divan*, XXVII, 6. Les
Aḥlâf, partisans ṭaqafites de Qoraiš, s'y trouvent engagés, comme les Mâlikites.

(4) Cf. notre Yazîd, 38 etc. Ğâḥiẓ, *Opuscula*, 62-63. Comp. la réflexion de Mosailama:
لكنّ قريشًا قوم يعتدرن ; I. Hišâm, *Sîra*, 965.

(5) Azraqî, Wüst., 65. La Tradition a transformé cette satire en prédiction de
l'impérialisme qoraišite ; cf. Ya'qoûbî, *Hist.*, I, 268. On reconnaît à ces maladresses la

A Médine, une poignée de Qoraiśites, appuyés sur Mahomet, dictait la loi aux indigènes indolents. Instruits par cet exemple, les Arabes du Sarât refusèrent de se laisser absorber ; attitude que le Qoran (1) traite de duplicité, قلى · Trop longtemps à leur gré, Ţâif était restée le satellite de la Mecque. Ils redoutèrent de voir passer sous le joug de Qoraiś, maître de tout le Ḥigâz, le حصْ‑ن موازن , la métropole, refuge suprême de leur nationalité (2), garantie de leur autonomie commerciale et politique.

*
* *

Tout semblait donc prédestiner les Ţâifites et les Bédouins du Sarât à devenir d'infatigables voyageurs, émules de leurs voisins, les caravâniers et commerçants de la Mecque. C'est le rôle que pensent devoir leur assigner les annales de l'Arabie préislamite. Beaucoup moins endurantes se seraient montrées les dames de Ţâif. Certaines épouses de ces éternels vagabonds — nommons la femme du célèbre *sayyd* Ġailân — finiront même par « les prendre en aversion, à la suite de leurs fréquentes absences », (3). كثرَتْ اسفارهُ وملّتهُ زوجتهُ

Cette heureuse situation, Ţâif avait su — on le voit — la tourner à l'avantage de son commerce, très florissant, sans pouvoir toutefois rivaliser avec celui de la Mecque. Sous certains rapports, le mouvement des affaires semble même avoir dépendu de la métropole qoraiśite. En particulier, les opérations de banque.(4) se trouvaient bien moins développées que dans cette dernière, véritable fourmilière d'activité humaine, centre d'agiotage et de spéculations financières. La banque, le bazar qoraiśites

<hr>

pauvreté du fond sur lequel ont opéré les premiers rédacteurs de la *Sīra* ; cf. Vollers, *Volkssprache und Schriftsprache im alten Arabien*, 186-187.

(1) Qoran, **48**, 11 etc. ; **49**, 14 etc.

(2) *Naqā'ẹl Ġarīr*, loc. cit.

(3) *Aġ.*, XII, 46,8 d. l. 'Orwa ibn Mas'oūd a visité tous les souverains de l'Orient: Chosroès, César, le Négus ; Ţab,, *Annales*, I, 1537. Pour la généalogie de Ġailân, voir p. 68.

(4) Capitaux mecquois à Ţâif ; Ibn Hiśām, *Sīra*, 273, 3. 'Abbâs كان يُداين اهلَ الطائف رِيَتَقَضى منهُ الزبيب ; Azraqī, W., 70, 11 ; Ibn Hiśām, *Sīra*, 275.

réglementaient les fluctuations du marché, dans l'Arabie occidentale. Sous ce rapport, Ṭâif apparaît presque comme une succursale de la Mecque. Elle y renouvelait sa provision de numéraire et de capitaux, en échange des produits de son territoire.

Par ailleurs, on voit les Ṭaqafites commanditer le commerce mecquois, placer leur argent à intérêt, à la Mecque. Ainsi le clan ṭâifite des Banoū 'Amrou ibn 'Omair (1) faisait valoir ses fonds dans la banque des Maḫzoūmites. Après le *fatḥ*, reddition, de la Mecque, le Prophète y proclama l'interdiction qoranique du رِبا, prêt à intérêt. Les financiers qoraïsites imaginèrent d'en profiter pour confisquer les dépôts ṭaqafites—capital et intérêts — confiés à leur loyauté. Ṭâif protesta énergiquement. Il fallut en venir à une composition, accepter un concordat. Une « révélation » complémentaire se chargea d'y préparer les esprits. Les longues guerres du Prophète, la reddition de la Mecque, la bataille de Ḥonain, le siège infructueux de Ṭâif avaient porté la perturbation dans les affaires. Au sortir de cette interminable période de crise politique et commerciale, les banquiers mecquois réclamèrent le bénéfice d'un *moratorium*. Il fut gracieusement accordé par Allah (Qoran, **2**, 280). Tel est du moins le commentaire anecdotique des versets du Qoran (**2**, 278-80) : « O vous qui avez cru, craignez Dieu ; abandonnez ce qui vous reste encore de rentes (à percevoir), si vous vous targuez d'être croyants.... Si vous acquiescez, votre capital demeure sauf ; ainsi vous ne léserez personne et ne serez point lésés. Si le débiteur éprouve de la gêne, attendez qu'il soit mieux dans ses affaires ». Le débiteur en question, c'était le crédit mecquois.

Conformément à ces révélations, après de laborieuses contestations portées devant le tribunal du gouverneur de la Mecque et ensuite de Mahomet, les Ṭaqafites réussirent à rentrer en possession de leur dépôt : mais ils durent renoncer à réclamer l'arriéré des coupons (2). Nous ne

---

(1) Le clan du poète Aboū Miḥǧan ; Voir le tableau, p. 68.

(2) Ibn Hišām. *Sīra*, 275 ; Wāḥidi, *Asbb.* 65-66 ; Ṭab., *Tafsīr.* III, 65, 66, sqq. Le sayyd Ġailān paraît avoir été un riche financier, il a son *ḫāzin*, trésorier ; *Aǧ.*, XII, 45, 9 d. l.

sommes pas renseignés d'une façon plus explicite sur les relations entre les
capitalistes des deux cités. Pour expliquer cette lacune déplorable, il faut
assurément mettre en ligne de compte la rareté et le laconisme des documents. La *Sîra* a trop exclusivement concentré son attention sur les deux
cités saintes de l'islam, la Mecque et Médine, pour pouvoir s'occuper longuement de Ṭâif. Ses rédacteurs avaient à cœur de grandir la cité natale
du Prophète ; d'établir que, comme on le disait de certaines familles patri-
ciennes (1), « sa renommée dépassait la limite chronologique de l'hégire,
شرف متّصل بالجاهلية ». Dans leurs récits, dans les *Saḥîḥ*, Ṭâif se trouve réduite
à la condition de succursale du grand centre qoraišite.

*
* *

En dépit de son éloignement de la mer et des marchés syriens, l'intelligente activité de la population aurait pu réussir à compenser ces désavantages, si, comme la Mecque, elle avait possédé une aristocratie marchande, assez unie pour étouffer les discordes au sein de la cité. Les épisodes après le siège de Ṭâif par Mahomet, les négociations antérieures à
l'acceptation de l'islam nous la montrent travaillée par des luttes intestines. Tous y comprennent alors la nécessité d'un compromis avec le maître
de Médine ; mais aucun homme ne surgit, entouré du prestige néces-
saire à cette négociation. Pour avoir pensé le contraire, 'Orwa ibn Mas-
'oûd (2) devra expier son initiative par la mort. A Ṭâif, rien ne rappelle
l'original triumvirat municipal, fonctionnant à Naǵrân, l'ingénieuse représentation des intérêts, au sein de l'administration publique (3). Aux
sceptiques notables de Ṭâif manqua toujours le sentiment de la solidarité,
reliant entre eux les Qoraišites, chaque fois que l'intérêt du syndicat com-

---

(1) Tels les Omayyades. L'objectif de la Sîra, c'est de revendiquer, au moyen de
l'apocryphe, le même honneur pour les Hâšimites ; « سادوا فيهما , comme on disait encore,
ils furent *sayyd*, puissants pendant les deux périodes », avant comme après l'hégire.

(2) On le proclame pourtant مُحبّ مطاع ; Ṭab,, *Annales*, I, 1687. Pour sa généalogie, voir p. 68.

(3) Cf. *Yazîd*, 336 etc. et *Berceau*, I, 253.

mercial se trouvait en jeu (1).

Nous savons combien le Qoran aime les *mobhamāt*, les sous-entendus, avec quelle affectation il recherche *l'impersonnel*, *l'anonymat* dans ses allusions (2). Ainsi une sourate mecquoise mentionne le titre fastueux de « 'aẓīm el-qariatain », chef des deux cités (3). Le texte évite de désigner plus clairement le bénéficiaire de cette flatteuse distinction. Mais le *Tafsīr*, exégèse, concède qu'elle a pu désigner un habitant de Ṭāif. Cette affirmation ne mérite ni plus ni moins de crédit que des centaines d'autres gloses, arbitrairement rattachées au texte qoranique (4). « 'Aẓīm al-qariatain » · signifie sans doute un homme considérable, un patricien (5), si l'on veut, et — puisqu'il s'agit de milieux commerçants — un gros capitaliste. Fut-il Ṭaqafite ou Qoraišite ?

On connaît les efforts de la Tradition pour affirmer la primatie universelle et absolue de Qoraiš. Pour comprendre qu'elle ait pu songer ici à un Ṭaqafite, il faut mettre en cause les jalousies qui divisèrent les clans mecquois, pendant la période impérialiste, alors qu'on commençait à recueillir les matériaux du *Tafsīr* et de la *Sīra*. « L'envie, le péché national des Arabes », assurait Mahomet ! Elle a préféré détourner sur Ṭāif l'honneur d'une appellation sonore, plutôt que d'accorder à une famille mecquoise rivale un titre nouveau, dans l'âpre lutte d'influence qui agita le premier siècle de l'hégire. Les Omayyades auraient sans doute eu quelque droit à réclamer pour un des leurs l'appellation pompeuse, enregistrée par le Qoran. Le ʿTafsīr*, exégèse, évite soigneusement de prononcer leur nom (6). Passe pour un Ṭaqafite, ou même un Maḥzoūmite ; la famille

---

(1) Cf. notre *République marchande de la Mecque, vers l'an 600 de notre ère*, passim; Nöldeke dans *ZDMG*, 1886, p. 177.

(2) Cf. *Fāṭima*, Avant-Propos.

(3) Qoran, 43, 30 ; comp. Ṭab. *Tafsīr*, XXV, 35-37, énumération des personnages pour lesquels on réclame le titre ; Ibn Doraid, *Ištiqāq*, 185, 186 ; *Aǵ.*, XI, 61, 2 ; XII, 45 ; *'Iqd'*, II, 63.

(4) Comp. *Aǵ.*, XII, 45, où le texte qoranique ...لو لن نزل عل est appliqué au sayyd ṭaqafite Ǵailān par les Qoraišites. *Aǵānī* porte ici la variante. أنزل ·

(5) Comp. *Chroniken*, Wüst., II, 139, 2 d. l.

(6) Cf. Ṭab., *Tafsīr*, XXV, 35-37.

maḥzoûmite n'ayant jamais aspiré au califat. A cette époque, on voit les descendants des premiers califes, ceux de Zobair, de 'Abbâs, se disputer les qualifications honorifiques, avec autant d'acharnement que plus tard les marquises un tabouret, à la cour de Louis XIV. Ce n'étaient pas là de puériles manifestations de cet amour-propre, de cet individualisme, qui caractérisent les Arabes(1). L'ambition des 'Abbâsides poursuivait un but déterminé, la conquête du pouvoir, quand nous les voyons s'obstiner à réclamer, à s'assurer le privilège de la *siyâya*. Rien de tel à redouter chez les Ṭaqafites, résignés à se renfermer dans le rôle d'auxiliaires, de vizirs وزراء de Qoraiś, dédaigné par les Anṣâriens.

Si le plus considéré parmi les Ṭaqafites a réellement porté le titre de *'Aẓîm al-Qariatain*, il ne paraît pas avoir incarné le talent politique, le *ḥilm* adroit d'un Aboû Sofiân. A aucune date de son histoire préislamite, on ne voit se lever à Ṭaif une personnalité possédant les initiatives patriotiques du grand chef Omayyade, capable d'interposer son prestige personnel, entre les *Aḥlâf* et les Banoû Mâlik. Le sayyd 'Orwa ibn Mas'oûd, un des bénéficiaires traditionnels du titre de « 'Aẓîm al-Qariatain », le rappelle jusqu'à un certain point. Encore ce personnage est-il à moitié Omayyade et nous le rencontrons presque aussi souvent à la Mecque que dans sa ville natale (2).

---

(1) Cf. *Berceau*, I, 259.

(2) Son arbitrage entre Mâlikites et Aḥlâfites ; Wâqidî, Kr., 251 sqq. Il est comparé au Christ ; Ibn Hiśâm, *Sîra*, 266, 10 ; Baġawï, *Maṣâbîḥ as-sonna*, II, 158.

VIII

PARTIS POLITIQUES.

Aḥlâf et Banoû Mâlik. — Incertitude des annales préislamites. — Les Aḥlâf : indigènes ou métèques ? Ils n'appartiennent pas à l'aristocratie de Ṭâif. — Ils deviennent les plus forts, représentent, contre les B. Mâlik, l'influence. le parti qoraisites. — Ils sont maîtres du sanctuaire national. Leur suprématie militaire et intellectuelle. — Défiances séparant les deux partis : elles survivent à la défaite de Ḥonain. — Les poètes aḥlâfites. — Ces divisions intestines ont nui à la prospérité de Ṭâif. — Son commerce d'exportation ; l'industrie du cuir.

Aḥlâf et Banoû Mâlik ! Voilà les deux grands partis historiques, les deux factions adverses, dont les luttes ont gêné l'évolution économique de la cité. Blau a cru reconnaître leurs noms dans les Ἀλαπηνοί et les Μαλῖχαι de Ptolémée (1). Ces identifications (2) datent d'une époque où l'on admettait, sans grande discussion, la valeur de ces *symphonies* philologiques, si chères au génie aventureux de Sprenger.

L'histoire préislamite de Ṭâif se trouve enveloppée de ténèbres encore plus épaisses que celle de la Mecque. Pour les deux cités, les anciens annalistes ont opéré sur des fragments poétiques peu explicites et d'une authenticité rarement incontestée (3). Ces incertaines déductions, ils ont

---

. (1) Cf. *ZDMG*, XXII, 662.

(2) Comp. celles proposées par Sprenger, *Alte Geogr. Arabtens*, nᵒˢ 343, 344.

(3) Rappelons les innombrables réserves — elles dépassent la quarantaine !— d'Ibn Hiśâm à propos des vers anciens, cités par lui dans la *Sira*. Comp. nos remarques dans

tenté de les concilier avec des traditions tardives, avec des préjugés de parti et d'école. A la suite de quelles révolutions, la cité se trouva-t-elle posséder ses Guelfes et ses Gibelins ? Il devient malaisé de le préciser. L'ethnographie n'aurait toutefois rien à démêler dans ces querelles, si les deux factions sont fondées à revendiquer un ancêtre commun, à se rattacher à Qasī-Ṭaqīf, les Aḫlāfites par 'Auf, les Banoū Mālik par Ġošam et Hoṭaiṭ (1). Le nom des premiers invite pourtant à réfléchir. *Aḫlāf* (2) est un pluriel de *ḫalīf*. Il désigne un groupe se trouvant, vis-à-vis d'un autre, dans la situation subordonnée d'auxiliaire, d'agrégé. Une dénomination aussi modeste contient l'aveu d'une dépendance politique; elle ne peut avoir été adoptée, comme une marque distinctive, par les plus anciens éléments, composant la population ṭaqafite.

Par rapport à la tribu principale, elle évoque l'idée d'étrangers, de métèques, auxquels on a concédé le bénéfice d'un asile, d'une protection ou *ǧiwār* (3). C'est en leur qualité de confédérés ou mieux d'affiliés que nous retrouvons des *Aḫlāf* dans plusieurs autres cités de la Péninsule. Ce sont invariablement des *allogènes*, venant renforcer de leur nombre le noyau de l'agglomération primitive, augmenter sa force de résistance à la pression des nomades voisins.

Ainsi des Arabes immigrés, assure-t-on, du Yémen s'introduiront à Médine, comme alliés, comme auxiliaires des Juifs — dit la Tradition — en réalité, comme leurs clients et protégés, en attendant le jour où l'intervention de Mahomet leur permettra d'usurper la place des patrons israélites, ensuite de les expulser. Dans la ville de Ḥīra, à l'autre extrémité

MFOB, VII, 311 etc. Nous y contestions la virtuosité poétique de 'Alī. M. le Prof. Levi della Vida, de Rome, veut bien me signaler Soyoūṭī, *Šarḥ šawāhid al-moǧnī*, 176, 23, citant Yoūnos ibn Ḥabīb († 183) : ما صحّ عندنا أن علي بن ابي طالب قال شعرّا الأ هذّين البيتين .

(1) Voir le tableau généalogique, p. 68.

(2) Comp. *Aǧ.*, XV, 62, 3-2 d. l. ; XVI, 17, 6 d. l., XI, 62, 3. Ajoutez *Aǧ.*, II, 79, 80.

(3) Ainsi on affirme que les Juifs de Médine « ne sont pas Arabes, mais les ḫalīf de ces derniers » (*Aǧ.*, III, 13, haut), donc leurs *inférieurs* et *étrangers*.

de la Péninsule, « les *Aḥlāf* furent ceux qui se joignirent à la population
de Ḥīra, sans appartenir ni aux Tanoûḫ nomades ni aux 'Ibād », les deux
plus anciennes fractions de la population urbaine, الاحلاف م الذين لقوا بأهل
الميرة وترلوا فيهم ممّن لم يكّن مِن تَنُوخ الوَبَّر ولا مِن العِباد (1). A la Mecque, le *ḥilf*
al-Foḍoûl (2) désigne vraisemblablement une agrégation analogue ; nous
aurons à l'examiner. Les membres des clans, composant ce groupe qoraisite, portent également le nom d'*Aḥlāf* (3), lequel semble bien désigner
les plus récents accroissements de la population parmi les concitoyers du
Prophète.

Toutes ces analogies nous engagent à reconnaître, dans les « Aḥlāf »
de Ṭâif, des nouveaux-venus, et avec Wellhausen, « die Neubürger von
Ṭâif » (4). Ils représenteraient donc la fraction la moins ancienne, la moins
aristocratique de la population ṭaqafite. Les Mālikites sont appelés les
سادة ثقيف واشرافهم, « les patriciens de Ṭaqīf » (5). Quant aux Aḥlāf, ils ne
subiront pas longtemps leur condition subalterne. Lorsqu'ils se virent en
nombre, ils cherchèrent à faire valoir cet avantage. Dans les environs
immédiats de la cité (6), les meilleurs domaines se trouvaient occupés et
exploités par les Mālikites, en vertu de conventions anciennes, conclues
avec les Bédouins. Les Aḥlāfites jetèrent leur dévolu sur Ǧildān, fertiles
terrains de pacage et les convertirent en *ḥimā*, à leur usage exclusif.
C'était affirmer leur autonomie politique.

---

(1) Ṭab., *Annales*, I, 822, 6. Comp. *Aǧ*., XII, 46, bas مِن النسـمِ واحلافهم, (il s'agit
précisément de Ṭaqîf) ; *ibid*., les B. Naṣr sont appelés « aḥlāf de Ṭaqîf ».

(2) Moins ancien, croyons-nous, que le vocable de *Aḥlāf* et vraisemblablement dérivé du dernier. On a cherché à écarter l'équivalence de Aḥlāf = ḫolafā', que l'amour-
propre des familles qoraisites, composant le « ḥilf 'al-Foḍoûl », a trouvé embarrassante ;
surtout que le Prophète en faisait partie.

(3) *Aǧ*., XVI, 65. 4 d. l.

(4) Wāqidi, Wellh., 251, n. 2. Dans Ibn Hišām, *Sīra*, 840, 7 d. l. supprimez
سيّدان لهم, lequel n'a aucun sens. Comp. *Aǧ*., IX, 14, bas.

(5) Ṭab., *Annales*, I, 1200, 3-4 ; cf. Wollhausen, *Reste*, 31 ; (Qotaiba, *Ma'ārif*, E. 30,
11 d. l., cherche à atténuer le sens de aḥlāf). Ibn Hišām, *Sīra*, 279, 10.

(6) Comp. Ibn Hišām, *Sīra*, 873, 14 sqq., il s'agit de domaines aḥlāfites.

A l'encontre de nos jours, la cavalerie était alors l'arbitre des batailles. Après le désastre d'Ohod, Allah avait, dans le Qoran (8, 62), conseillé au Prophète de « préparer contre ses ennemis une puissante cavalerie ». Les Aḫlâfites n'attendirent pas cet avertissement pour deviner la supériorité du cheval comme instrument de guerre. Le haras qu'ils établirent dans leur *ḥimä* ou réserve pastorale de Ġildän força bientôt les Mâlikites à consentir au partage de leur suprématie politique, appuyée sur l'alliance avec les Hawâzin (1). Partage forcé ! Il introduisit la discorde dans Ṭâif, où les Mâlikites ne se résignèrent jamais à la perte de leur ancienne primatie (2). A Médine, des convoitises analogues soulèveront contre les Juifs, propriétaires de l'oasis, les Arabes immigrés, ancêtres des futurs Anṣâriens.

* *

Pour maintenir les positions acquises, les Aḫlâfites chercheront à s'assurer des appuis au dehors. Ces démarches diplomatiques confirment, croyons-nous, nos suppositions sur leur origine étrangère et sur la date plus récente de leur indigénat ṭâifite.

En étudiant les tendances, les sympathies de ces derniers, nous avons cru remarquer que les Mâlikites représentaient le parti nationaliste, les Guelfes de la cité, opposés à l'influence mecquoise (3). Pareillement, à la veille de l'hégire, une démarche des *aḫläf* arabes de Médine ouvrira l'accès de l'oasis à Mahomet et à ses adhérents qoraišites. La divergence des théories généalogiques entre Aḫlâfites et Mâlikites comporte vraisemblablement la même explicatiou. Les Banoū Naṣr ibn Mo'âwia

______

(1) Ibn al-Aṯîr, *Kämil*, E. I, 289 : résumé des luttes entre les deux factions rivales de Ṭâif. Pour la signification du *ḥimä*, voir *Berceau*, I, 60 etc.

(2) Construction d'*oṭom* par les Aḫläf ; voir plus haut, p. 72.

(3) Afin de sauver Ṭâif, le père de 'Orwa ibn Mas'oūd indique pourtant aux Abyssins le sanctuaire de la Ka'ba ; Ṭab., *Annales*, I, 937, 'Orwa ibn Mas'oūd, son fils, n'ayant pu déterminer ses compatriotes à secourir Qorais, vient avec les siens s'établir à la Mecque ; Aboū Yoūsof, *Ḫaräǧ*, 129, 6 sqq. (p. 324 de la traduction E. Fagnan).

ayant soutenu par les armes leurs rivaux mālikites, les Aḥlāf auront sans doute éprouvé de la répugnance à se réclamer de Hawāzin (1). Quoi qu'il en soit, les sympathies mecquoises des Aḥlāfites ne peuvent être révoquées en doute. Dans les circonstances critiques de la république qoraišite, ils s'empresseront d'accourir à son secours. (2). Parmi eux les alliances matrimoniales avec la Mecque furent toujours recherchées ; c'est également dans les familles aḥlāfites que les banquiers du Tihāma choisiront de préférence leurs beaux-pères ṭaqafites (3).

A l'opposé de cette attitude, combien intransigeant apparaît le patriotisme des Banoū Mālik, toujours défiants à l'endroit de leurs voisins mecquois. La guerre entre la Perse et Byzance déclencha à la Mecque une grave crise économique. L'hégire vint y ajouter des complications intérieures ; elle compromit l'entente parmi les dirigeants du syndicat qoraišite. Les Mālikites assisteront, spectateurs indifférents, à ces difficultés, sans chercher toutefois à se rapprocher des dissidents mecquois, réfugiés à Médine. Ils continueront à se montrer défiants. *Timeo Mekkanos !*

A Honain ils se battront avec un extraordinaire acharnement contre Mahomet. Ils se résigneront à traiter seulement lorsque les négociations engagées, à leur insu, par les Aḥlāfites, les auront compromis. Aussi le Prophète maudit-il publiquement un des chefs mālikites, tombés à Honain, « parce qu'il détestait Qoraiš ; ابَعَدُه الله كان يبغض قُريثاً » (4). Un mort aḥlāfite de la même bataille est qualifié par lui de « sayyd de la jeunesse

---

(1) Ibn al-Atīr, *Kāmil*, E. I, 289. Voir pourtant Mas'oūdī, *Prairies*, V, 64.

(2) 'Orwa, avec les siens, assiste les Qoraiš contre Mahomet ; Ibn Hišām, *Sīra*, 744, 2. Omayya ibn Abi'ṣ-Ṣalt chante les morts de Badr. 'Orwa les a secourus à 'Okāẓ ; Wāqidī, Well., 250. Le vocable *république* est déjà dans Sprenger, *Moḥammad*, I, 193, 4.

(3) Hamdānī, *op. cit.*, 124-125, ne mentionne pas Ṭāif dans sa liste des « villes arabes, partagées ou deux parties hostiles ». Ce renseignement ne vaut que pour la période contemporaine de l'auteur.

(4) Ya'qoūbī, *Hist.*, II, 65, 7 ; Ṭab., *Annales*, I, 1664.

ṯaqafite, «ﺷـﺎﺏ ﺛﻘﻴﻒ.ﺳﻴّﺪ» (1). Paroles significatives dans la bouche d'Aboū'l-Qāsim ! A Médine n'avait-il pas consacré la majeure partie de ses proclamations qoraniques à inspirer la haine des Mecquois infidèles ? (2).

Plus difficile à concilier avec la modeste origine des Aḥlāfites, avec leur indigénat plus récent, leur condition de « nouveaux riches », semble leur mainmise sur le sanctuaire national d'Al-Lāt (3). Nous ignorons quelle suite de manœuvres leur assura le titre de *desservants*, ﺳـﺎﺩﻥ de la déesse. Elles rappellent le coup d'audace, qui valut aux descendants de Qoṣayy la suprématie sur la Kaʿba. Dans les deux cas, nous trouvons un groupe d'origine étrangère, accaparant à son profit la primatie religieuse. Comme on le voit par l'exemple de Qoṣayy, rien n'oblige à reculer dans la haute antiquité la limite chronologique de cette révolution et à la croire antérieure à notre 6ᵉ siècle. Inférieurs aux Banoū Mālik par la richesse, par l'étendue des possessions territoriales, ils surent compenser ces désavantages par une meilleure diplomatie, par une plus sérieuse organisation militaire, utiliser les ressources en chevaux, offertes par la montagne du Sarāt, pour constituer des réserves de cavalerie, « la reine des batailles », à cette époque, comme l'infanterie l'est de nos jours (4).

La proportion numérique des deux factions semble être demeurée sensiblement la même. En revanche les meilleurs poètes, les sayyd les plus en vue de Ṭāif sortent des rangs aḥlāfites (5). Moins obstinément

----

(1) Ibn Hiśām, *Sīra*, 850 ; Ṭab., *Annales*, I, 1665, 9.

(2) Il excite Ḥassān ibn Ṯābit contre Qorais : « tu ne diras pas la moitié de ce qu'ils méritent, » ﺍﻧّﻚ ﻻ ﺗﺴﺐّ ﺍﻟﻘﻮﻡ ﺑﻤﺜﻞ ﻣﺎ ﻓﻴﻬﻢ ; Maqdisī, *Ansāb al-Anṣār* (msc. ʿOmoūmy-ya, Constantinople). Les interminables invectives qoraniques contre les « polythéistes, *mośrikoūn* » visent en première ligne les Qorais. Le *śirk* primitif dans le Qoran consiste dans *l'association* à Allah de divinités païennes. Plus tard, on essaiera d'y englober les monothéistes juifs et chrétiens. Comp. *Majālis* d'Elias de Nisibe dans *Al-Maśriq*, 1922, p. 117 etc.

(3) Chez d'autres tribus arabes, le sanctuaire se trouve également confié à une famille étrangère. C'était le cas à Naǧrān ; cf. *Yarīd*, 342.

(4) Comp. *Aǧ.*, IX, 82, 10 d. l. Ibn al-Atīr, *Kāmil*, E. I, 289.

(5) ʿOrwa ibn Masʿoūd est ﻣﻌﻈّﺐ ﻣﻌﻈّﻢ à Ṭāif ; Ṭab., *Annales*, I, 1687 ; comp. *Annales,*

222   MÉLANGES DE L'UNIVERSITÉ S. JOSEPH   [110

conservateurs, on les voit plus souples dans l'art de former les alliances, de s'adapter aux circonstances nouvelles, plus modernes enfin et aussi plus intellectuels. C'est parmi les Aḥlāf que les *Tabaqāt* signalent les plus remarquables *Compagnons* ṭaqafites du Prophète. Enfin ils fourniront le plus fort contingent d'hommes d'Etat au califat syrien (1). Autant d'indications trahissant, croyons-nous, leurs tendances favorables à un rapprochement avec les Qoraišites (2). Les Ṭaifites, à l'époque de Ḥodaibyya, choisiront, parmi les Aḥlāf, le plénipotentiaire chargé de traiter, en leur nom, avec Mahomet (3).

Au dedans, au dehors de leur cité, Aḥlāf et Mālikites forment constamment bande à part. Jamais un seul de leurs sayyd ne risquera son prestige, en égarant ses pas dans un *maǧlis*, réunion, cercle, appartenant à la faction rivale. Nulle part la défiance réciproque, si naturelle aux Arabes, ne sévit comme à Ṭaif. Elle permet de mesurer la distance séparant le *dahā'*, la « rouerie » des Ṭaqafites, du *ḥilm*, l'intelligence politique de Qoraiš. Le danger commun ne réussit pas à rapprocher ces frères ennemis. A Ḥonain, Aḥlāf et Banoū Mālik combattent sous des bannières différentes. Après la défaite, ils s'obstinent à négocier séparément (4). Mahomet dut même assigner, pour lors, à leurs envoyés des logements à part (5). Avant le départ de Ṭaif, il avait fallu composer la députation de manière

----

I, 1855, 10 sqq. Aḥlāft commande au Fiǧār ; *Aǧ.*, XIX, 77, 22 ; sayyd mālikite ; Ya'qoūbī, *Hist.*, II, 36, 4 ; capitaines aḥlāfites ; *Aǧ.*, XII, 46 ; Ġailān est *ra'īs* de tous les Ṭaqif ; *Aǧ.*, XII, 46-47.

(1) Qotaiba, *Ma'ārif*, E. 30.

(2) Le chef de la députation ṭaqafite نائب القوم وصاحب امرهم envoyé pour traiter avec Mahomet est l'Aḥlāfite 'Abdyalil ibn 'Amrou ; Ibn Hišām, *Sīra*, 915. Cf. Wüstenfeld, *Geneal. Tabellen*, G. 1. 20.

(3) Wāqidī Well., 250 ; c'était 'Orwa ibn Mas'oūd.

(4) *Osd.* I, 142, bas ; *ZDMG*, L, 150. Il est assez étrange que, à l'époque du siège, la Tradition s'arrange pour éloigner les deux chefs aḥlāft 'Orwa et Ġailān ; Ṭab., *Annales*, I, 1669. Ils étaient allés apprendre à manier les machines de guerre ! Or on les voit fonctionner pendant leur absence contre les musulmans.

(5) I. S. *Ṭabaq.*, V, 374, 11-12. Ibn Hišām, *Sīra*, 915 sqq.

à assurer à chaque faction une représentation numériquement équivalente (1). L'aḥlâfite 'Orwa ibn Mas'oûd avait pris sur lui d'aller amorcer à Médine la soumission de ses concitoyens. C'en fut assez pour soulever contre 'Orwa la faction hostile, conflit où il succomba sous les coups d'un Mālikite (2). Dans la mort de ce martyr de l'islam, la religion n'entra pour rien; mais la jalousie des Guelfes du Sarāt soupçonna 'Orwa—jusqu'à quel point avait-elle tort ? — d'avoir trahi la cause de leur cité. En dehors des passions politiques, les mœurs brutales de la vieille société arabe se chargeaient incessamment de réveiller les haines assoupies. Moḡīra ibn So'ba, encore un Aḥlâfite, avait, en cours de route, profité du sommeil de ses compagnons, treize Mālikites, pour les assommer et les dépouiller (3). On voit si leurs défiances réciproques se trouvaient fondées et pourquoi, à Ṭâif, on hésitait à rallier une caravane, lorsque les deux partis ne s'y trouvaient pas représentés en nombre sensiblement égal (4).

A la veille de l'hégire, les Aḥlâfites paraissent bien avoir mis la haute main sur les affaires de la cité. Leur arbitrage est parfois invoqué par les étrangers et c'est parmi eux que la Tradition cherchera le bénéficiaire du titre qoranique عظيم القريتين , « chef des deux cités ». Mais s'ils semblent avoir été les plus intelligents, les plus remuants de leurs compatriotes (5), ils n'auraient pas brillé du même éclat par leur courage.

-----

(1) Ibn Hiśâm, *Sīra*, 916

(2) I. S. *Ṭabaq.*, V, 369, 19. 'Orwa était à moitié Omayyade et Mecquois. Les Qoraiśites le considèrent comme un des leurs. De là sans doute les suspicions !

(3) Ibn Hiśâm, 744 ; Qotaiba, *Ma'ārif*, E. 100 ; I. S. *Ṭabaq.*, IV², 25. Comp. *Aḡ.*, XIV, 140, où l'on trouve la fin du récit, publié ensuite par Wollhausen dans *ZDMG*, loc. sup. cit.

(4) I. S. *Ṭabaq.*, IV², 25, 7. Dans Wāqidī, Kr. 84, 4. d. l. رجل من الاحلاف = un homme appartenant au « ḥilf al-Foḍoûl ». C'est à la Mecque le sens spécifique du vocable *Aḥlāf*, du moins celui qu'on voudrait lui assurer pour écarter les interprétations plus gênantes pour l'amour-propre de certaines familles mecquoises.

(5) Comp. les vers de 'Abbās ibn Mirdās au sujet des Aḥlāf : ولكن الرياسة غيّبوها Ibn Hiśâm, *Sīra*, 851, 15 sqq. Un Aḥlâfī, le père de 'Orwa ibn Mas'oûd, apparaît toujours comme le chef de la cité ; Azraqī, Wüst., 93, 98. Même remarque pour son fils 'Orwa et Ḡailān ; autre Aḥlâfī ; Ṭab., *Annales*, I, 1669. Ce Ḡailān compte parmi

A Ḥonain, 70 Mālikites se firent tuer autour de leur drapeau. Lorsque les Aḥlāf virent la journée perdue, « ils plantèrent leur bannière sous un arbre et tournèrent les talons » (1). C'est du moins la version admise par Ibn Hiśām. Elle cadre mal avec nos autres renseignements sur l'activité guerrière des Aḥlāf. La *Sīra* a recueilli cet épisode chez 'Abbās ibn Mirdās dans une *qaṣīda* ambiguë et d'une authenticité difficile à défendre (2). Nous devons du moins y admettre des interpolations, un remaniement, pour les vers islamiques enregistrés dans cette composition. A l'époque de Ḥonain, le poète solaimite appartenait encore à la catégorie des مؤلّفة قلوبهم, des chefs « ralliés » à la cause *politique* du Prophète. Il fallut l'intervention diplomatique d'Aboū'l-Qāsim pour apaiser le scandale causé alors par l'attitude du rimeur bédouin, se solidarisant publiquement avec 'Oyaina ibn Ḥiṣn. Ce qui paraît pouvoir être admis — les vers attribués à ʿAbbās ibn Mirdās n'ont sans doute pas d'autre portée — c'est que, après la reddition de la Mecque, les Aḥlāfites entrèrent sans enthousiasme dans la coalition contre l'islam, organisée sous la pression des Mālikites et de leurs alliés bédouins de Hawāzin (Ṭab., *Annales*, I, 1654-1655).

Ces divisions nuisirent incontestablement à la prospérité de Ṭāif, et non moins, semble-t-il, à son prestige parmi les Bédouins. A cette même bataille de Ḥonain, on n'est pas peu surpris de voir les contingents ṭaqafites placés sous les ordres d'un généralissime de Hawāzin (3). Il fallut sans doute se résigner devant cette solution, humiliante pour l'amour-propre des citadins, parce qu'aucun chef ṭaqafite n'avait chance de se voir accepté par les deux partis. Quelle différence avec la Mecque où, à l'heure du danger, le sentiment de la solidarité suffisait pour étouffer l'esprit de

---

les « ḥakam des Arabes » : Ya'qoūbī, *Hist.*, I, 299, 2 d. l. Comp. le récit d'*Aǧānī*, XV, 54.

(1) Ibn Hiśām, *Sīra*, 849, 850.

(2) Ibn Hiśām, *Sīra*, 850 sqq. On voit que son récit s'est entièrement inspiré de cette poésie, dont le fond et la forme me paraissent étranges ; cf. Ṭab., *Annales*, I, 1664, 1665. Les poésies utilisées par la *Sīra* appellent de constantes réserves.

(3) Mālik ibn 'Auf, un véritable Bédouin, célèbre par ses razzias ; Bakrī, *Moʿǧam*, 181, bas.

division (1) ! De grand cœur alors — طيّبوا الانفس , tous consentaient aux plus lourds sacrifices (2), à oublier les dissentiments divisant les clans qoraišites, leur individualisme très bédouin, toujours en éveil quand on menaçait leur autonomie intérieure et familiale (3).

*
* *

Et voilà comment la métropole du Sarät dut borner son ambition à être la seconde ville de l'Arabie occidentale. Moins favorablement située que sa rivale du Tihäma, travaillée par des dissensions intérieures, trop souvent tenue en échec (4) par ses voisins des puissants groupes qaisites, elle ne réussit jamais à s'affranchir efficacement des obstacles, retardant son épanouissement économique et la conquête de son autonomie poli- tique.

Ṭäif ne vivait pas exclusivement du transit, comme la métropole de Qoraiš, avec son *haram* étendu, mais d'une désolante stérilité. La ville se voyait en mesure d'alimenter un véritable commerce d'exportation : grâce aux développements de son industrie et de son agriculture. Les progrès réalisés par cette dernière nous sont déjà connus. Nommons en première ligne les produits variés de la viticulture : vin, vinaigre, le raisin de table et le *zabïb* (5). Il faut y ajouter le bois, le charbon, les résines, les gommes,

---

(1) Un Qoraišite, de préférence un Omayyade, y commande toujours les opérations militaires ; Azraqï, Wüst., 71.

(2) I. S. *Ṭabaq.*, II¹, 25 ; Wäqidï, Kr, 25-26 ; Mälik ibn ʻAuf choisi comme arbitre chez les Solaim ; Aǧ., XVI, 141, 14.

(3) Les Aḥläf formeront plus tard un groupe, complètement distinct des Ṭaqafites. En cette qualité, ils figurent dans l'histoire des Zaidites ; cf. Van Arendonk, *De op- komst van het Zaïdïettsche Imamaat ïn Yemen*, p. 125 etc.

(4) Les Ṭaqafites en conviennent parfois ; Ibn Hišäm, *Sïra*, 914, 4 d. 1 ; 915.

(5) Toujours mentionné dans le chargement des caravanes qoraišites ; Ṭab., *An- nales*, I, 1274 ; Ḥazimï, *Näsïḥ wa Mansoüḥ*, 218. Vin, cuir, zabïb, importés de Ṭäif à la Mecque : I. S. *Ṭabaq.*, II¹, 5.

le goudron, livrés par les forêts du Sarāt (1). Mais la grande spécialité
industrielle de Ṭāif, c'était la préparation du cuir. Sur tous les points de
l'Arabie pastorale, on exportait du cuir. Seule Ṭāif possédait le secret
de le préparer industriellement (2), dans le Ḥiǵāz du moins.

Sur leur propre territoire, ensuite à l'orient de leurs montagnes, les
Taqafites voisinaient avec leurs demi-cousins de Hawāzin (3), spéciale-
ment avec les Banoū 'Amir (4), groupes considérables, pratiquant l'élevage en grand. Ces Bédouins utilisaient les ressources pastorales des
hautes plaines du Naǵd et des versants du Sarāt. En été, quand le *samoūm*
avait séché les puits et brûlé les dernières plantes des steppes, ces tribus
se transportaient sur les cimes du Gazwān (5). Elles conduisaient leurs
troupeaux, selon un rythme régulier, commandé par les variations sai-
sonnières de la végétation, des landes du désert aux maquis des sommets
alpestres. Ce système de transhumance avait notablement favorisé le développement de l'élevage pastoral, tout particulièrement celui du cheval,
lequel dépérit dans les steppes. Ṭāif servait de débouché naturel aux produits de cette industrie pastorale: beurres, laines, cuirs.

Tamisier (I, 339) a noté « le cours des eaux de pluie qui, des montagnes qui enserrent Taïffa, descendent dans la plaine et forment quel-

---

(1) *Aǵ.*, VI, 26, 28 : gommes et essences aromatiques variées. Le Sarāt, c'était
déjà le climat et les productions du Yémen. Goudron employé contre la gale des chameaux ; voir précédemment, p. 22. *Aǵ.*, IX, 11, 1; 8, 13; 79, 4.

(2) Cf. Ṭab., *Annales*, I, 1274 ; *Osd*, V, 440, 9; G. Jacob, *Beduinenleben*, 153-
154. Article de commerce ; Ibn Hišām, *Sīra*,, 218, 2. Une tente de cuir est l'indice
d'une tribu riche : *Aǵ.*, XIV, 138, 1-2. Le cuir figure toujours parmi les تجارات العرب ;
Aǵ., II, 29, 3. Cuir du Yémen ; Maqdisī, *Géogr.*, 87, 1-4.

(3) On leur assigne comme territoire : le Sarāt, Ṭāif, Ḏoū'l-Maǵāz, Ḥonain, Au-
ṭās (ces deux derniers toponymes ont été pris dans la *Sīra*) ; Bakrī, *Mo'ǵam*, 57, 5.
Leurs razzias contre les Banoū Ḥoḏail sur le territoire de Ṭāif ; (Bakrī, *op. cit.*, 181)
fréquemment des ripostes aux incursions des *ṣa'loūk* de Hoḏail.

(4) Comp. Lyall, introduction au divan de 'Amir ibn aṭ-Ṭofail, p. 75.

(5) Bakrī, *op. cit.*, 50, 6. Pour leurs troupeaux, cf. Ṭab., *Annales*, I, 1656, 7;
chameaux, brebis, ânes ; Ibn al-Aṯīr, *Kāmil*, E., I, 288.

quefois une île de cette cité ». Le long de ces cours d'eau se trouvaient établies d'importantes tanneries (1). Elles s'y étaient multipliées au point d'empester l'air du voisinage et d'éloigner, non seulement les villégiateurs mais, ajoutait-on, jusqu'aux oiseaux (2).

Rien de plus varié que les produits (3) de cette industrie exportés en toute l'Arabie : sandales, selles de cheval (4), tentes en cuir, seaux et aussi de grands réservoirs en cuir, tels ceux placés aux pieds de la Ka'ba pour abreuver les pélerins (5). On écrivait sur des lanières de cuir. Le papyrus était rare et le parchemin demandait une préparation spéciale et coûteuse. Avant l'hégire, les cordes d'origine végétale étaient généralement inconnues. Pendant toute la période préislamique, l'immense majorité des liens et des cordes, en usage parmi les Arabes, furent en cuir (6);

----

(1) Hamdānī, *Ġazīra*, 120, 22 ; Yāqoût, W, III, 496 ; Doughty, *Travels*, II, 505 ; حاميتها مدابغ, dit Maqdisī, *Géogr.*, 79, 10; Iṣṭaḫrī, *Géogr.*, 24, 4. Nombreux chevaux des Ṭaqīf ; Ibn al-Aṯīr, *op. cit.*, I, 289 ; ils sont اهل الحصون والخيول الجرد ; *raǧaz* poétique ; *Aǧ.*, IX, 82, 10 d. l.

(2) Yāqoût, *loc cit.*. Peut-être faut-il encore tenir compte du déboisement. Il a dû attaquer les cantons les plus voisins de la ville, complètement dépouillés de nos jours.

(3) Voir le détail dans Ġāḥiẓ, *Ḥatawān*, V, 143, 1 sqq. On travaillait également le cuir à Naǧrān ; *Yazīd*, 344.

(4) I. S. *Ṭabaq.*, II¹, 5, 1. 15. *'Iqd¹*, I, 68, 7 ; les palefreniers de Ṭāif étaient de même recherchés ; Qotaiba, *'Oyoūn*, 420, 13. Les Banoū 'Amir élevaient de nombreux chevaux ; voir le Divan de 'Amir ibn aṭ-Ṭofail, *passim*. Tenir compte de l'emphase propre à ce poète ! Le cheval est un animal de luxe en Arabie.

(5) Ya'qoūbī, *Hist.*, I, 281, 6 ; Azraqī, Wüst., حياض من ادم , 66, 10; 69, 70. Ya'qoūbī, *op. cit.*, I, 280, 7 d. l.

(6) Guidi, *Sede primitiva*, 580 ; . . . فاضبح تَنْيَهِم في الحَديد , vers préislamique apocryphe (comme toute la pièce) ; Ibn Hiśām. *Sīra*, 81, d. l. Comp. 'Amir ibn aṭ-Ṭofail, *Divan*, XXI, 5 : وقد كان في'د'حِنلِ « من الِمْدَ آزمَا . . . . . Avant de délivrer un prisonnier, on verse l'eau sur ses liens pour amollir le cuir, صبروا الماء على قدّي حتى لانَ وخَلُّوني ; *Aǧ.*, S. I, 242, 8 d. l. Un autre recourt à un moyen plus héroïque, « il urine sur ses liens pour les faire pourrir, كان يبول على قدّو حتى عفن ; *Aǧ.*, X, 44, 6 d. l. Depuis l'hégire, les poètes parent de liens en poil ; *Aǧ.*, XV, p. 3, l. 11. Cordes en ليف, enduites de poix chez les Juifs; Ibn Hiśām, *Sīra*, 893, d. l. ; 412, 8 d. l.

encore une industrie, exploitée par les Ṭaqafites. Ils en fournissaient le grand marché de 'Okāẓ. Tous ces articles, les caravanes les chargeaient au retour et les emportaient jusque dans l'Irāq, en même temps que les soieries exotiques, amenées du port de 'Aden (1). Plus tard, quand le goût des livres se répandra dans le monde arabe, Ṭaif deviendra également ment un centre important pour la reliure artistique des volumes d'amateur (2).

---

(1) *Aǧ.*, XIX, 75, 11 ; *'Iqd*⁴, III, 91, 2 d. l.

(2) V. Karabacek, *Zur Orientalischen Altertumskunde*, dans *Sitzungsberichte* de l'Académ. des Sciences, Vienne, 1913 ; extrait, p. 39.

IX

ENTRE QORAIŚ ET ṬAQÎF ; RELATIONS
ÉCONOMIQUES ET FAMILIALES.

Voyages d'affaires, relations financières avec les Mecquois. — Echange entre la population des deux cités. — Ṭaifites établis, naturalisés à la Mecque. — Assistance
militaire aux Qoraïsites. — Domaines mecquois dans le Sarāt ; importance des possessions omayyades, avant et après l'hégire. — Le domaine d'al-Waht. — Sous le
califat, Ṭaif lieu d'exil des grands personnages. — Alliances matrimoniales entre
les deux villes ; recherchées pour la réputation de finesse des Ṭaqafites. — La journée de Karbalā et l'histoire de Ṭaif. — On se vante de descendre des Ṭaqafites
chez les califes et hommes d'Etat omayyades.

Dans ces conditions, l'entreprenante population de Ṭaif devait chercher au dehors un débouché aux produits de son territoire et de son industrie. Moins que toute autre, elle pouvait se soustraire au mouvement
qui portait les Arabes à profiter de la situation géographique de leur patrie — intermédiaire entre l'Inde et le monde méditerranéen — à exploiter sa perméabilité au trafic international.

Nous devons donc nous attendre à rencontrer les Ṭaqafites sur toutes
les routes de la Péninsule, à constater le défilé incessant des caravanes,
qui gravissent ou descendent le double versant du Sarāt. Les bandes de
Mahomet iront y guetter leur passage (1). Tous ces convois aboutissent
à Ṭaif « pour des spéculations commerciales », في التجارة , affirment les noti-

____

(1) Cf. la *Sîra* ; le récit des premières *sarāyā*.

ces et les textes que nous analysons. Par ailleurs, le voisinage de la Mecque, l'importance de son marché, maintiennent Ṭaif dans la sphère d'attraction de ce centre financier. Aussi trouvons-nous les gens de Ṭaif, de préférence les Aḥlâf (1), fréquemment associés aux Qoraišites et en voyages d'affaires avec ces derniers (2). « La finesse, la rouerie, دهاء , ṭaqafîtes, capables — on l'a vu — de faire sauter les plus solides verrous » (3), s'unirent aux connaissances spéciales, acquises par les Mecquois dans une longue pratique du négoce. Cette alliance n'a pas peu contribué à asseoir la prospérité économique de la Ville Sainte ainsi que son hégémonie politique sur les Bédouins du Ḥiǵaz. Après l'hégire, elle lui assurera la suprématie dans l'empire arabe.

Le cycle de légendes hétéroclites, formé autour du nom d'Omayya ibn Abi'ṣ-Ṣalt, nous a conservé le souvenir de cette entente, de ces relations pacifiques, si rares entre voisins dans l'Arabie ancienne et moderne. Comme chez les Qoraiš, ces expéditions partent dans toutes les directions : vers l'Iraq, le Yémen, la Syrie ou l'Egypte (4). Détail piquant. Dans ces caravanes mixtes, aventurées en pays étranger, vient à surgir une difficulté imprévue, une affaire litigieuse ou délicate. La solution réclame un négociateur retors, ne s'embarrassant pas de scrupules vulgaires — tel enfin que les Bédouins se représentent le داهية classique (5). Dans tous ces cas, les Qoraišites, familiarisés pourtant avec les combinaisons de la plus

---

(1) Caravanés arrivant de Haǵar, du nord du Ḥiǵâz à Ṭaif ; *Aǵ.*, XIX, 57 ; Baladorî, *Fotoûḥ*, 471. Voir la notice d'Omayya ibn Abi'ṣ-Ṣalt ; *Aǵ.*, III, 186 etc. ; XII, 46, 23 ; 48, 5 ; XIV, 140, 12.

(2) *Aǵ.*, III, 187-88 ; XII, 48, 9; Ibn Hišam, *Sîra*, 531. Comme 'Orwa ibn Mas'oûd, ils visitent la Perse, l'empire grec, l'Abyssinie ; Ṭab., *Annales*, I, 1537.

(3) Texte d'Ibn Ḥaǵar, *Iṣâba*, E. III, 452, cité précédemment.

(4) C'est au cours de ses voyages en Egypte que Moǵîra ibn Šo'ba aurait observé les « cinq prières quotidiennes chez les Coptes » ; Ibn Ǵauzî, *Wafâ'*, 15 *b* ; *Aǵ.*, III, 189, 3 ; XII, 46 ; XIV, 140 ; Ṭab., *Annales*, I, 1537. Outre le Yémen, ils semblent avoir visité de préférence les importantes foires de Ḥîra ; cf. Ch. Diehl, *Justinien*, 388, 389, 536. Entre Ṭaif et les Laḫmides les relations demeurent intimes ; ces derniers honorent les Hawâzin ; *Aǵ.*, XVI, 22.

(5) Cf. *Mo'âwia*, 214-215.

souple diplomatie, tous — sans en excepter un Aboū Sofiān — décident de
s'en remettre à un Ṯaqafite (1). Voilà du moins comment l'histoire littéraire s'est figuré le passé. Elle choisit volontiers des habitants de Ṯaif,
pour nous donner une haute idée du développement intellectuel, atteint
par les anciens Arabes (2), pour réfuter le reproche de barbarie, articulé
par les Śo'oūbites.

Cette entente cordiale, jusque dans les affaires, s'explique le plus
souvent, comme chez le poète Omayya, par des relations d'étroite parenté,
reliant les principales familles des « deux cités » (3). Ṯaif et la Mecque se
complétaient heureusement. Nous devons également mettre en ligne de
compte les sympathies politiques des Aḫlāfites. Si, pour sa subsistance, la
Mecque dépendait du ravitaillement de Ṯaif, celle-ci pouvait difficilement
se passer de l'assistance des capitaux mecquois. Aussi signale-t-on les fréquents prêts, les avances de fonds, consentis par les banquiers de Qoraiś
aux Ṯaqafites (4). Le commerce a dû — nous l'avons supposé — attirer à
Ṯaif la colonie juive fixée en cette ville (5). Les intérêts matériels ont
également cimenté l'union entre les « deux grandes cités, qariatān » du
Hiǧāz. Ils fournirent l'occasion d'échanges incessants entre leurs populā-
tions, faites, semble-t-il, pour s'entendre dans l'exploitation en grand de
leurs voisins nomades.

Nombreux étaient à la Mecque les Ṯaifites, *ḥalīf* (6) des familles

---

(1) *Aǧ.*, XII, 48.

(2) Comp. *Aǧ.*, XIV, 140 : comment Moǵīra ibn Śo'ba se procure du vin sans dé-
bourser.

(3) Voir précédemment, p. 12.

(4) De 'Abbās on affirme que كان يُقرِض اهل الطائف ; Azraqī, Wüst., 70, 11. On utilise
toutes les occasions pour le présenter comme un riche banquier. Ǵailān est aussi décrit
comme un gros capitaliste ; trompé par son ḫāzin ou trésorier ; *Aǧ.*, XII, 45, 9 d. l.; il
semble avoir surtout commercé avec la Perse.

(5) Voir précédemment, p. 87. Les sources ne parlent pourtant que de réfugiés et
de cultivateurs israélites, dans la région de Ṯaif.

(6) Lire خلفاء *ḫoulafā'* et non خلف dans Ǵāḥiẓ, *Ḥatawān*, VII, 66, 11; *Chroniken*, Wüst.,
II, 148, 1-2.

omayyades. Non moins ordinaires les alliances matrimoniales entre ces centres urbains. Dans le harem des sayyd ṭaqafites, il est rare de ne pas rencontrer une femme de Qorais, de préférence une Omayyade (1). L'avisé calife Mo'āwia le rappela un jour à sa sœur mariée à Ṭaif. La combinaison matrimoniale avait jadis favorisé les spéculations commerciales de leur père, Aboū Sofiān, « juste appréciateur du zabīb », ajouta finement le monarque (2). Dans la langue imagée du spirituel calife, le raisin sec — la spécialité de Ṭaif — n'était qu'un symbole. Il représentait l'ensemble des intérêts, rattachant à la Mecque du Tihāma celle des Alpes ḥigāziennes.

Assurément — et la remarque est de Ġāḥiẓ — « le voisinage, les alliances de famille, la concurrence dans les opérations financières et commerciales ont parfois amené des frictions entre les deux cités » (3). Mais jamais on ne constate la situation tendue qui, avant et après l'islam, sépare les Qoraisites d'avec les Médinois (4). Le Prophète eut, au lendemain de l'hégire, besoin de tout son prestige, de son adresse diplomatique, très considérables, pour maintenir, autour de lui, l'entente entre les deux grandes fractions de sa naissante communauté : émigrés mecquois et Ansāriens médinois ; tellement leur mentalité différait (5).

---

(1) Ibn Hišām, *Sīra*, 873 ; Ṭab., *Annales*, I, 1200, 5. Ces sayyd appartiennent généralement aux *Aḥlāf* : ainsi Ġailān et Mas'oūd, le père du Ṣaḥabī 'Orwa. Cette coïncidence ne peut être fortuite. Même remarque pour Moġīra ibn Šo'ba ; Balāḏorī, *Ansāb*, 286 ; *Aġ.*, XIV, ٢٤١, d. l.

(2) *Aġ.*, XIII, 34. A l'encontre des nombreux Ṭaqafites, ḫalīf de Qoraiš, je ne me rappelle l'exemple d'aucun Mecquois, ḫalīf de Ṭaqīf. Le cas a dû se présenter, mais l'impérialisme qoraisite aura défendu de l'enregistrer !

(3) *Ḥaiawān*, VII, 66 : الحرب الدار والمصاهرة والمشابهة والثروة والمشاكلة في التجارة . Voir plus haut l'exemple cité à propos de Sobai'a. Il s'agit de la guerre de Fiǧār. Ṭaif s'y trouva engagée par suite de son alliance avec Hawāzin. Le *casus foederis* dut jouer.

(4) Ceux-ci menacent fréquemment de « couper le commerce mecquois ». En revanche, quand, au moment de l'hégire, Mahomet sortira de la communauté qoraisite, il ne tentera pas de s'établir à Ṭaif, trop intéressée au maintien des bonnes relations avec la Mecque.

(5) Cf. *Yazīd*, 200 etc.

Aussi, au début de sa mission, lorsque le Réformateur se vit presque
seul devant l'opposition de ses concitoyens, sa première pensée fut d'aller
tenter la fortune, non à Médine, mais à Ṭâif (1). En cette ville, c'est à peine si un Qoraiśite se sentait hors de chez lui. Partout il pouvait s'y abou-
cher, sinon avec des parents, du moins avec des connaissances et des amis.
Incessamment les Mecquois traversent Ṭâif ou y résident, dans « l'intérêt
de leurs affaires », في تجارة (2). Dans ce même voyage à Ṭâif, Aboū'l-Qāsim
s'y rencontra avec deux des principaux Qoraiśites (3). Il se réfugia dans
un de leurs vignobles, pour échapper aux vexations des jeunes Ṭāifites,
ameutés contre lui. Les Mecquois avaient fini par y former une impor-
tante colonie et nos auteurs parlent couramment des « *Qoraiśites* de
Ṭâif » (4), êtres amphibies, possédant des intérêts, à la fois au Tihāma et
dans le mont Sarāt.

*
* *

Nous retrouvons l'analogue de cette situation à la Mecque. De nombreux Ṭaqafites y avaient élu domicile et se rattachaient — on l'a vu —
en qualité de *ḥalîf,* aux principales familles mecquoises (5). C'étaient de
préférence des *Aḥlāf,* les Gibelins, le parti *mecquofile* de Ṭâif. Ces émigrés
du Sarāt venaient chercher fortune dans la grande cité. Ils débutaient
d'ordinaire par un stage dans les maisons commerciales, dans les ban-

---

(1) Ṭab., *Annales,* I, 1199 sqq.

(2) Balāḏorī, *Fotoūḥ,* 471, 13 ; Ṭab., *Annales,* I, 1573, 3. Rappelons de nouveau
l'histoire d'Aboū Sofiān et de Somayya. Pour l'amorcer, on suppose le passage du chef
omayyade, au retour d'un long voyage dans le Yémen.

(3) Ya'qoūbī, *Hist.,* II, 36 : c'étaient deux Omayyades.

(4) Par ex. Ṭab., *Annales,* I, 1180, 15 : ناس من الطائف من قريش لهم اموال , (*Osd,* II,
86, 4), « propriétaires qoraiśites, fixés à Ṭāif ».

(5) Comp. Ǵāḥiẓ, *Opuscula,* 6, bas. Le père du célèbre Ḥaǵǵāǵ est propriétaire à
la Mecque ; Azraqī, W., 501, 3. Al-'Alā' (voir la note suivante) obtient même, à la
Mecque, la plus haute distinction : le titre et les fonctions de ḥakam, arbitre ; Fāsī,
Chroniken W., II, 143, haut.

ques (1). Leur adresse, leur savoir-faire ne tardaient pas à leur valoir le titre d'alliés, *ḥalīf*. Maintes fois ce terme vague de *ḥalīf* désignait simplement un associé, un commanditaire plus ou moins important de la maison (2). Il prenait une plus ample signification, lorsque le lien d'un mariage venait renforcer ces premières relations (3). Alors le ḥalīf obtenait pour ainsi dire ses lettres de naturalisation. Il finissait même par se confondre avec les indigènes, au point de pouvoir forcer l'entrée du *Dār annadwa*, le Grand-Conseil de la ville (4). Une prérogative accordée, assure-t-on, aux ḥalīf de la famille de Qoṣayy ! Ces privilégiés — tel 'Orwa ibn Mas'oûd — pouvaient dire aux Mecquois : « je suis votre fils, issu de votre sang » (5). Un de ces métèques ṭaqafites deviendra même le ḥakam, le personnage principal du clan des Banoû Zohra, qui l'avait accueilli (6). Au partage du butin de Ḥonain, ce ḥalīf recevra, en compagnie des grands personnages de Qoraiš, les fameux *ralliés,* المؤلّفة قلوبهم , un lot de cent chameaux. En cette circonstance mémorable, Mahomet, ce clairvoyant politique, n'hésitera pas à le mettre sur le pied d'Aboû Sofiân et des membres

---

(1) Le mari de Omm Ḥabîba, la fille d'Aboû Sofiân, est un ḥalīf omayyade ; Ibn Hiśām, *Sîra*, 783. Le clan des Banoû Zohra accueillait volontiers les ḥalīf de Ṭaqîf ; outre Aḫnas ibn Śarîq (fréquemment cité), nommons 'Alā' ibn Ḥāriṭa ; il fut parmi les « ralliés » de Ḥonain et y reçut la gratification — comme son compatriote Aḫnas — de 100 chameaux ; Ibn Hiśām, *Sîra*, 881. C'était donc un personnage important ! et traité comme un Qoraišite. Ḥalīf mariés dans la famille du patron ; Ibn Hiśām, *Sîra*, 316 ; *Aġ*., XIII, 68 ; *Osd*, IV, 7. La condition de ḥalīf entraîne d'ordinaire une série de combinaisons matrimoniales, حالفهم وزنّجهم وزنجهم‎ ; I. S. *Ṭabaq*., I¹, 36, 22.

(2) Cf. Ṭab., *Tafsīr*, III, 67-68 ; Wāhidī, *Asbāb*, 65-66.

(3) Comp. I. S. *Ṭabaq*., III¹, 176, 20-24. Exemples cités dans les notes précédentes. 'Orwa, fils de Sobai'a, est mari d'Amina, la fille d'A. Sofiân ; Ibn Hiśām, 744, 873.

(4) Azraqī, Wüst., 65, 4 d. l. Comp. Ǧāḥiẓ, *Opuscula*, 6 : صار منهم...وحكمه حكمهم‎ . Presque tous ces ḥalīf ṭaqafites sont des hommes de « *bon conseil* », des *ḥakam*.

(5) Ibn Hiśām, *Sîra*, 744, 1.

(6) Ḥalīf ṭaqafite des Banoû Zohra, Aḫnas ibn Śarîq, كان فيهم حليفا‎ ; cf. Ibn Ḥaǧar, *Iṣāba*, E. I, 25, 26 ; I. S. *Ṭabaq*., II¹, p. 8, 3 ; *Chroniken* (Wüst.) II, 143, 2. Fāsī prend ici à tort *ḥakam* dans le sens de *ḥākim*. Wāqidī, W., 38, 6 ; Ṭab., *Annales*, I, 1551, 8 ; Azraqī, W., 492 ; Ibn Hiśām, *Sîra*, 237, d. l.

de l'aristocratie mecquoise. Il entendit « gagner les sympathies de ces personnages et par eux s'assurer l'appui de l'opinion publique », كانوا اشرافا بِن
اشراف الناس يتألفهم ويتألف به قلوبهم . (Ṭab.; *Annales*, I, 1679-1680).

A la bataille de Oḥod, un contingent de cent Ṭaqafites combattra
dans les rangs qoraiśites (1) et le poète Omayya, lui-même fils d'une femme omayyade (2), consacrera une élégie à la mémoire des Mecquois tombés à Badr. A l'époque de Ḥodaibyya, le Ṭaqafite 'Orwa ibn Mas'oûd vient
offrir aux Mecquois l'assistance de son clan et il se voit désigné pour être
leur plénipotentiaire (3) auprès de Mahomet (4). Plus tard ce dernier
choisira un Ṭaqafite pour gouverneur de la Mecque. Ce renseignement est
demeuré isolé, la tradition qoraiśite n'ayant pas jugé à propos de l'enregistrer (5).

Non moins que le Prophète, les Omayyades — on l'a vu plus haut —
avaient de bonne heure compris l'utilité d'une alliance étroite avec les
industrieux habitants de Ṭâif. C'est la préparation, on dirait presque la
prescience de la constante politique, inaugurée plus tard par les califes
syriens. Les annalistes amènent le Prophète à constater le fait, en proclamant les Ṭaqafites les « ḥalîf des Omayyades » et les « neveux » d'Aboû
Sofiân (6) ; une nouvelle allusion aux filles du chef omayyade, établies à

---

(1) Wāqidî, Kr. 202, 3 ; comp. Ibn Hiśâm, *Sîra*, 744, 2. On le trouve toujours cité
en compagnie des aristocrates de la Mecque (Ibn Hiśâm, *Sîra*, 203) et pratiquement
considéré comme membre de la *malâ'* qoraiśite.

(2) Qotaiba, *Poesis*, 279; *Aǧ.*, III, 183. Mort ṭaqafite dans les rangs des Mecquois à
Oḥod ; Wāqidî, Kr., 277.

(3) *Aǧ.*, XIV, 140, 5 ; Ibn Hiśâm, *Sîra*, 743, 744. Le secours de Ṭâif avait été réclamé par la Mecque ; autres demandes et envois de renforts militaires à Qoraiś ; Wāqidî, Kr., 200, 202, 244 ; Ṭab., *Annales*, I, 1535, 1536.

(4) Son extrême notoriété à la Mecque. Quand Mahomet veut faire aux Qoraiś le
portrait de 'Isâ, il leur dira qu'il ressemblait à 'Orwa ; I. S. *Ṭabaq.*, I¹, 144-145.

(5) *Osd*, V, 55, 5. *Chroniken*, W., II, 158, 159, D'après d'autres notices, l'Omayyade 'Attâb aurait seul occupé ce poste sous Mahomet. Cf. Ibn Hiśâm, *Sîra*, 343, 886,
970, 1021 ; Ibn Ḥaǧar, *Iṣâba*, E. II, 451. Voir pourtant I. S. *Ṭabaq.*, II¹, 105, 4.

(6) *Aǧ.*, IV, 76, 7 d. l. ; Ibn Hiśâm, *Sîra*, 918. Pour la même raison, Mahomet
l'adjoint à Moḡîra ibn Šo'ba à l'effet de présider à la liquidation des trésors d'Al-Lât ;
voir plus haut, p.90.

Ṭaif. Quand les ʿAbbāsides triomphants arrêteront à la Mecque les membres de cette illustre famille, ils les conduiront à Ṭaif pour leur infliger le dernier supplice, au milieu de leurs anciens partisans (1). C'était un de ces raffinements de cruauté, auxquels l'histoire de la « dynastie bénie, الدولة المباركة » nous a habitués. Les *ḥadīṯ*, inspirés par leurs haines tenaces, confondront fraternellement les Ṯaqīf et les Banoū Omayya parmi les tribus odieuses au Prophète (2). *Fas est et ab hoste doceri.* Les rancunes politiques éclairent fréquemment le sens de l'histoire musulmane.

*
* *

Nous avons mentionné les importantes possessions foncières des Mecquois dans le mont Sarāt (3). Ces habiles marchands s'entendaient merveilleusement à mettre ces domaines en valeur (4). Un des premiers (5), ʿAbdalmoṭṭalib aurait donné l'exemple de ces initiatives. La *Sīra* s'évertue incessamment pour mettre en vedette les ancêtres du Prophète, les tirer de l'obscurité où ils végétaient. Afin d'y mieux réussir, elle n'hésite pas même à démarquer l'histoire de leurs rivaux omayyades (6). Encouragé par le succès de Zamzam, le fils de Hāšim creusa un puits dans la région de Ṭaif. Cette opération désigne toujours une exploitation agricole;

---

(1) Aǧ., X, 106, 17 ; à la l. 18, lire *Aboū Foṭros*. Yaʿqoūbī, *Hist.*, II, 472. Les caravanes de Ṭaif s'arrêtaient dans le « quartier بر des Omayyades » à la Mecque ; Azraqī W., 451, 8 d. l.

(2) Cf. *Moʿāwia* 107 ; Baġawī, *Maṣābīḥ as-sonna*, II, 192.

(3) Balāḏorī, *Fotoūḥ*, 56, 13 sqq : لعامة قريش اموال بالطائف ; « la plupart des Qoraišites possèdent des propriétés dans la région de Ṭaif ».

(4) Balāḏorī, *loc. cit.*

(5) Détail vraisemblablement calqué sur l'histoire des Omayyades. Le nom de Ḏoū'l-Harm puits creusé par ʿAbdalmoṭṭalib (Yaʿqoūbī, *Hist.*, I, 288 ; 290 ; II, 9, 11 ;) est celui de la propriété à Ṭaif d'Aboū Sofiān ; voir plus bas. Snouck Hurgronje, *Zeits. f. Assyr.* XXVI. 230, n. 1. observe que dans le dialecte du Ḥaḍramaut *bīr* (puits) = propriété. « Ohne bīr weder Datteln noch Getreide ». Ibn Hišām, *Sīra*, 917, 2 d. l. écrit Ḏoū'l-Hadm au lieu de Ḏ. Harm.

(6) Grands propriétaires dans le Sarāt. Ainsi A. Sofiān se trouvant à la Mecque affirma posséder ما بين مقامي هذا الى تُخُف وتُخُف ثنيّة قريب من الطائف ; Azraqī, Wüst., 393, 3.

مین واموال , l'une appelle l'autre. Le puits de ʿAbdalmoṭṭalib donna occasion à des contestations avec les indig nes. Elles se terminèrent par un curieux procès, porté devant le tribunal du *kâhin* Saṭīḥ (1), un personnage légendaire soigneusement utilisé par la *Sīra* (2), pour dissimuler le vide de la préhistoire islamique.

Aboū Sofiân récoltait dans ses clos de Ṭâif le *zabīb*, qui avec le cuir (3) alimentait le commerce spécial ouvert par lui à la Mecque, à côté de sa banque. Les autres membres de la famille l'avaient imité avec plus ou moins d'empressement (4), sans en excepter les Omayyades appauvris. C'est ainsi que les deux fils de Rabīʿa purent accueillir dans leur vignoble Mahomet, après l'échec de sa propagande à Ṭâif (5). Aussi comprendra-t-on la popularité des Omayyades, devenus à moitié indigènes dans la région. Aboū Sofiân était appelé l'oncle des Taqafites (6). Il semble avoir joui parmi eux de tout le prestige attaché à ce titre parmi les Arabes (7).

L'appoint formé par l'ensemble de ces possessions territoriales et des alliances de famille, tout contribue à expliquer la situation prépondérante, prise par les Taqafites dans le califat syrien. Avant de quitter les affaires, les Mecquois tenaient à se réserver une retraite dans les environs de Ṭâif. Le célèbre Aboū Oḥaiḥa, le riche banquier omayyade, meurt dans sa propriété, près de cette ville (8). Quand on constate ce goût des Mecquois

---

(1) Yaʿqoūbī, *Hist.*, I, 288. Ḡassānide, il réside à Damas (?) ; *ibid*, II, 6.

(2) Cf. *l'index* d'Ibn Hiśām, *Sīra*, *s. v. Saṭīḥ*. Nöldeke, *Perser-Araber,*, 254, n. 3.

(3) Ibn Rosteh, *Géogr.* 215, 9 ; Wāqidī, Kr. 330 ; *Aǧ.*, XIII, 34, bas ; Ibn Hiśām, *Sīra*, 917, 2 d. l.

(4) Propriétés de ʿAbdallah ibn ʿAmir, de Saʿīd ibn al-ʿAṣi ; *Osd*, IV, 108, 8 ; *ʿIqd¹*, II, 154, 9 ; 229 , I. S. *Ṭabaq.*, IV¹. 72 ; autres propriétés de Qoraiś ; *Aǧ.*, I, 88, 6.

(5) Ṭab., *Annales*, I, 1200.

(6) Ibn Hiśām, *Sīra*, 918. Le calife Solaimân déclare ne connaître aucune propriété comparable à celles du pays de Ṭâif ; Ibn al-Faqīh. *Géogr.*, 22.

(7) Pour la situation du *ḥāl*, cf. *Moʿāwia*, 299 etc.

(8) Ṭab., *Annales*, I, 1261 (Aboū Oḥaiḥa, un des noms de Saʿīd ibn al-ʿAṣi surnommé الأشدق) ; Bakrī, *Moʿǧam*, 461, 9 d. l. Il en sera question, à propos de la caravane de Badr, plus exactement de la banque, fondée par lui.

pour les bonnes terres de Ṭâif, on ne pourra s'étonner s'il a fallu leur y
assigner un cimetière spécial (1). Cette passion est nommément attestée
chez Aboû Sofiân (2) et les autres Omayyades (3), ensuite chez 'Abbâs et
les Hâśimites (4). La Tradition s'obstine à mettre sur le même rang ces
deux groupes mecquois, comme si, antérieurement à l'hégire, ils avaient
joui d'une influence, d'une considération égales. Ne fallait-il pas découvrir des illustrations (5) à la famille du Prophète ?

Nommons encore le futur calife 'Oṭmân, lui-même natif de Ṭâif (6).
C'est dire que sa famille y possédait des intérêts ainsi que des biens fon-
ciers ; ce qui était également le cas des Ḥakamides, cousins de 'Oṭmân.
Devenu maître de l'empire arabe, 'Oṭmân n'hésitera pas à échanger, contre
un domaine voisin de Ṭâif, une de ses plus riches propriétés, sise dans les
fertiles plaines de l'Iraq .C'était avouer le prix qu'il y attachait. Un de ses
descendants, l'excentrique poète Al-'Arği, passera la meilleure partie de
sa carrière agitée, consacrée à la poésie et à la chasse (7), sur ses terres de
'Arğ, dans la région de Ṭâif. Les califes, sofiânides et marwânides, continueront plus tard ces traditions de famille. Mo'âwia, par des achats suc-

---

(1) *Osd*, I, 35, bas. Propriétés des 'Omarides (Bakrî, *Mo'ğam*, 661, 18) ; elles furent
acquises postérieurement au califat. 'Omar n'avait pas oublié sa famille.

(2) Une de ses propriétés près Ṭâif s'apelle « Ḍoū'l-Harm » ; Ṭab., *Annales*, I,
1692, 1 ; Wâqidî, Well. 384 ; Azraqî, W., 449, 5-6.

(3) *Moraşşa'* (Seybold), 234 ; Yâqoūt, W. IV, 369 ; Bakrî, *Mo'ğam*, 890 ; *Ağ.*,
XIII, 34, bas. La mère d'Aboū Sofiân appartenait aux Banoū 'Amir (Hawâzin); *Ağ.*,
VI, 92. Cette circonstance peut expliquer la fréquence de ses rapports avec le Sarât.

(4) Balâḍorî, *Fotoûḥ*, 362, 7.

(5) Au moyen de confusions : comp. celle commise par Ya'qoūbî (voir précédemment). Il fallait rendre vraisemblable le privilège hâśimite de la *siqâya* ; elle supposait l'emploi du *zabîb* de Ṭâif avec lequel les Hâśimites auraient tenté de corriger
l'âpreté du breuvage de Zamzam.

(6) *Ḥamîs*, II, 254. Ajoutons Ḥakam, l'ancêtre des Marwânides. Il se retira quelque temps en ses terres de Ṭâif ; retraite transformée en exil par la Tradition anti-
marwânide.

(7) Balâḍorî, *Fotoûḥ*, 362,6; *Ağ.*, I, 154 etc. Voir plus haut, p. 26. 'Oṭmân calife
arrondit par une nouvelle acquisition ses domaines de Ṭâif ; *Kans al-'ommâl*, II, p.
222, n° 4828.

cessifs, cherchera à arrondir ses possessions du Sarāt (1). Elles finiront par constituer un bloc continu avec celles de ses frères 'Otba et 'Anbasa. Leur contiguité aux biens de 'Amrou ibn al-'Aṣi, le futur conquérant de l'Egypte, donnera lieu à de furieuses contestations. On verra 'Anbasa et le fils de 'Amrou, l'austère 'Abdallah (2), sur le point d'en venir aux mains (3). La conduite de Mo'âwia sera imitée par ses deux successeurs marwānides, du nom de Walīd (4). Le fastueux Walīd I entreprendra le voyage de Ṭāif, pour y examiner *de visu* les domaines à sa convenance. Ces terres ne cesseront pas d'allumer les convoitises de ces monarques, maîtres des plus riches provinces de l'Orient (5).

A leur avènement, les 'Abbāsides s'appliqueront méthodiquement à exterminer leurs rivaux omayyades. Les replis du mont Sarāt offrirent alors un abri à plusieurs membres de cette famille. C'est ainsi qu'un siècle après la chute de leur dynastie, une vallée voisine de Ṭāif, continuera à être occupée par les descendants des califes syriens (6). Nous y retrouvons également la postérité de 'Amrou ibn al-'Aṣi, le célèbre lieutenant de Mo'âwia (7).

Elle habitait la région d'Al-Waḥṭ. Des acquisitions successives avaient

---

(1) Balāḏorī, *Fotoûḥ*, 56 ; *'Iqd'*, II, 154 ; Yāqoūt W., III, 500, 16 ; *Aǧ.*, VII, 145. Il acquiert également les biens des juifs de Taimā' ; *Aǧ.*, S. II, 20. Un de leurs domaines lui coûtera 60.000 dīnārs. Sur leur activité agricole cf. *Berceau*, I, 154 etc.

(2) Cf. *Yazīd*, 188. Un personnage idéalisé par l'orthodoxie.

(3) Ḥanbal, *Mosnad*, II, 206.

(4) La propriété de Walīd II rapportait des revenus considérables ; *Aǧ.*, VI, 146. Tous ces traits attestent, pour la période omayyade, la prospérité agricole du Ḥiǧāz et quel aurait été l'avenir de cette province, si on avait persévéré dans la même politique. Comp. *Berceau*, I, 164 etc. Pour l'Arabie, l'avènement des 'Abbāsides fut un désastre.

(5) *Aǧ.*, I, 60 ; II, 145. Une députation perse rencontre رجالاً من قريش بنطب من ارض الطائف (Ṭab., *Annales*, I, 1573, 3-4), probablement dans leurs propriétés, aux environs de Ṭāif.

(6) Hamdānī, *Ǧazīra*, 121, 3 ; cf. Lammens, *La Syrie, précis historique* (Beyrouth, 1921), I, 105.

(7) A l'est de Ṭāif, d'après Hamdānī, *op. cit.*, 120, 25; *'Iqd'*, III, 381, 3 ; Ṭab., *Annales*, II, 279, 11. Il doit être, chez Hamdānī, question de Waḥṭ, à l'endroit cité.

lentement agrandi la propriété primitive, depuis les jours où le père de
'Amrou venait assidûment la visiter, monté sur un âne. La grande merveille d'Al-Waht, c'était son vignoble. Les vignes en berceau et sur échalas couvraient une superficie considérable. On y avait employé près d'un
million d'étais ; chaque pièce revenant à un dirhem, c'est à dire, plus d'un
million de notre monnaie (1). Mo'âwia ne s'était jamais consolé d'avoir dû
accorder à 'Amrou la « to'ma », à savoir, la libre disposition des revenus de
l'impôt, en son gouvernement d'Egypte. Au calife, véritable Omayyade,
très entendu en matière de finances, l'extension prise par les vignes d'Al-
Waht (2) arrachait d'amères réflexionss : « Voilà donc, s'écriait-il, où
passe l'argent de l'Egypte ; 'Amrou l'enfouit dans son vignoble d'Al-
Waht » (3). Ibn 'Abbâs, « le docteur, interprète du Qoran, l'exégète le plus
savant parmi les Şaḥâbîs dans les arcanes de la parole divine, الحبر ترجمان
القرآن مفسر الصحابة وعالمهم بدقائق كلام الله « (4), Ibn 'Abbâs passera à Ṭâif les dernières années de son aventureuse carrière. Son tombeau, demeuré jusqu'à
nos jours le sanctuaire le plus vénéré de la région, « exhale le parfum du
musc شُمَّ من قبره رائحة المسك (5) ». On éprouve des peines infinies pour empêcher les Bédouins de le traiter comme leurs ancêtres traitaient le tombeau
d'Aboû Riğâl, en y exécutant le *ṭawâf*, la ronde rituelle en usage autour
de la Ka'ba (6). Ibn 'Abbâs s'était vu confiner à Ṭâif par la fureur de ses
ennemis politiques.

Comme plus tard l'île de Rhodes, sous la dynastie ottomane, la région

---

(1) طعمة , usufruit ; *Aǧ.*, XVIII, 68, 6 ; comp. *Mo'âwia*, 130. Sur Waht voir plus
haut, p. 24.

(2) Bakrî, *Mo'ǧam*, 848 : ادخل في تحريش الرهط الف الف عود قامَ كلّ عود بدرهم .

(3) Bakrî, *loc. cit.* قال معاوية : مَن يأخذ مالَ مصرَين يجمده في زهطين ويصلى سيور نارَين ; Yaḥiâ,
Ḫarâǧ, 75, 11 ; Ibn Faqîh, *Géogr.*, 22, 9 ; Wâqidî, Well. 303.

(4) 'Oǵaimî, *man. cit.*, 13 a.

(5) 'Oǵaimî, *op. cit.*, 15 a.

(6) 'Oǵaimî, *op. cit.*, 16 a. Le même auteur, p. 15 b, place à Ṭâif le tombeau d'Ibn
al-Ḥanafyya, mais convient que le fait est controuvé. Plus extraordinaire est un autre
tombeau, 'Oǵaimî ; قبر يقال لهُ انه قبر سقط لرسول الله صلم وهو سيّدنا عبدالله ذي البطنين الطيب والطاهر
op. cit., 15 b. Sur Ṭâhir et Ṭayyb, fils de Mahomet, voir l'*index* de *Fâṭima*.

de Ṭaif deviendra le lieu d'exil des grands personnages : des Qoraiś, des poètes, des musiciens (1). Mahomet y aurait relégué son adversaire Ḥakam (2), le père du futur calife Marwān (3). Le pseudo-calife Ibn Zobair y exila, on l'a vu, Ibn ʿAbbās. Cet ancêtre des califes de Bagdad se vit bientôt rejoint par Ibn al-Ḥanafyya et par le poète aveugle, Aboū'l-ʿAbbās, partisan des Marwānides, tous victimes des rancunes politiques d'Ibn Zobair (4). Pendant son exil, le licencieux poète ʿOmar ibn Abi Rabīʿa apprit à connaître la topographie de la montagne ṭaqafite (5). Cet avantage, qu'il n'avait pas recherché, lui vaudra plus tard l'honneur de se voir choisi comme *cicerone* par Walīd I, dans son voyage à Ṭaif (6). Quand périodiquement, à la suite de scandales retentissants, la police omayyade croyait devoir interdire aux musiciens le séjour de la Mecque, elle leur permettait de se retirer à Ṭaif (7), où ils retrouvaient la société des Qoraiśites. A tous ces exilés, le cadre frais et verdoyant, formé par les vallons et les forêts du mont Gazwān, devait faire paraître moins amer

---

(1) *Aǧ.*, III, 106 ; VIII 58 ; XV, 63, 8. On exilait les Ṭāifites dans les îles de l'Erythrée; *Aǧ.*, XXI, 210, 212. Aḥwaṣ est également confiné à Dablak : *Aǧ.*, S. I, 219; Ibn al-Atīr, *Osd*, V, 290 ; *Aǧ.*, IV, 52-53 ; VIII, 56.

(2) *Aǧ.*, XVI, 91. Masʿoūdī, *Prairies*, V, 413, l'y fait alors garder les troupeaux ; on place même à Ṭāif la naissance de Marwān ; voir le détail dans *Osd*, II, 84 ; cf. Ṭab., *Annales*, I, 3028, 3029.

(3) La mère du calife ʿAbdalmalik serait également de Ṭaif ; *Aǧ.*, XVI, 91 ; elle était Omayyade (*Aǧ.*, XI, 52, 5).

(4) Yaʿqoūbī, *Hist.*, II, 313 ; *Aǧ.*, XV, 63 ; *Yazīd*, 136. D'après Dīnawarī, *Aḫbār*, 314, ils s'y seraient retirés de plein gré. Des scrupules religieux auraient inspiré cette résolution à Ibn ʿAbbās. Voir précédemment, p. 50.

(5) *Aǧ.*, VIII, 58.

(6) *Aǧ.*, I, 50 ; II, 145. Voir précédemment.

(7) *Aǧ.*, III, 106. Pour les *mohannaṯ* de Médine, comp. *Moʿāwıa*, 228,306, 371, etc. *Aǧ.*, S. I. 202-203, 218. Sur les milieux de musiciens et de musiciennes dans les deux villes saintes, voir la notice de la musicienne ʿAzzat al-Mailā' ; *Aǧ.*, XVI, 13-20. Pour les mesures de police contre ces artistes, voir *Aǧ.*, II, 130 ; III, 86, 87, 122 ; VIII, 10.

l'éloignement de la Ville sainte (1) et de ses profanes distractions.

**

Il nous faut revenir sur la fréquence des alliances matrimoniales entre Ṭaqīf et Qoraiś (2). De la sorte nous achèverons de mettre au point les insinuations calomnieuses sur la généalogie des Ṭāifites, de montrer combien fut mérité le nom de villes-sœurs, *Makkatān*, quelle que soit par ailleurs l'antiquité contestable de cette appellation. Ṭaqafites ou Qoraiśites, les aristocrates du Tihāma et du Sarāt adversaires de Mahomet doivent avoir *deux* beaux-pères ou *deux* gendres à la Mecque ou à Ṭāif. C'est là leur signalement traditionnel, non moins indispensable que « la proéminence de l'abdomen », كبير شحم بطونهم (3). Dans son excursion — ou voyage de propagande ? — Mahomet s'en souviendra : il se mettra sous la protection des Mecquoises, mariées en cette ville (4). Antérieurement à l'islam, la femme participait, elle aussi, au droit sacré de protection. Les anciens satiriques bédouins n'ont rien respecté ; mais jamais leur verve gouailleuse ne s'est attaquée au patronage exercé par le sexe faible(5). Or ces Mecquoises portaient les plus beaux noms qoraiśites (6). Nous avons déjà appris à

------

(1) Un chef ḫariǵite rachète à Ṭāif une esclave, petite-fille du calife ʿOṭmān : Ya'qoūbī, *Hist.*, II, 325, 8 -7 d. l. La population y est mêlée. En arrivant dans un cercle, le poète Noṣaib demande à quelle tribu appartiennent les assistants. » *Aǵ.*, I, 145.

(2) Ibn Hiśām, *Sīra*, 219, 14 ; 293 ; 875 ; Ṭab., *Annales*, I, 1210.

(3) Ce sont donc des aristocrates ; قرشي وختناه لفتيان ; autre variante رجلان من القريش رختن ; Wāḥidī, *Asbāb*, 279. Voir précédemment, p.12. Pour l'embonpoint des sayyd comp. *Berceau*, I, 242. Mālik ibn Nowaira est ذو بطن. Pourtant le poète son frère avoue l'avoir dépeint خميص البطن ; *Aǵ.* S. I, 242, 5 d. l.

(4) Au siège de Ṭāif, on leur fait offrir de quitter la ville ; la fille d'Aboū Sofiān s'y refuse ; Ṭab., *Annales*,, I, 1672, 10.

(5) S. Fraenkel, *Das Schutzrecht der Araber*, dans le *Festschrift Noeldeke*, I, 296.

(6) Ṭab., *Annales*, loc. cit ; Ibn Hiśām, *Sīra*, 873 ; I. S. *Ṭabaq.*, VIII, 175,3.

connaître Sobai'a, la vaillante Omayyade, mère du Compagnon ṭaqafite 'Orwa ibn Mas'oûd (1). Omayyades également la mère et la femme du sayyid Gailān. Moḡīra ibn Śo'ba épousera la veuve du martyr 'Orwa, Maimoûna, fille d'Aboû Sofiān (2).

  * Le pendant à cette situation, nous le retrouvons à la Mecque, où les gendres ṭaqafites paraissent avoir été recherchés. Le Fazārite 'Oyaina ibn Ḥiṣn ne se trouvait pas le premier à proclamer « l'extrême finesse » de ces montagnards, قوم مناكير . Seul, pensa-t-il, un mariage avec une Ṭaqafite pourrait transmettre à ses propres héritiers cette enviable prérogative. Dans cet espoir, il s'était décidé à accompagner Mahomet au siège de Ṭaif (3). L'ancêtre commun des Omayyades et des Hāśimites, 'Abdmanāf, épousa une femme ṭaqafite (4).

A Mahomet le mariage de ses filles causa de sérieux soucis. Il semble qu'il chercha même à les établir à Ṭaif. Un passage, malheureusement peu explicite, de Ya'qoûbī (5), insinue que Zainab, fille du Prophète, aurait trouvé son premier mari, en cette ville. La famille de son oncle, Aboû Ṭālib, nous offre également l'exemple de mariages ṭaqafites (6). Omm Ḥabība, la future épouse du Prophète, établit à Ṭāif sa fille issue d'un mariage antérieur (7). La mère du ćalife Marwān était, elle aussi, originaire de Ṭaif (8). La même ville fournit des *aḥwāl*, oncles maternels, au pieux ca-

---

(1) I. S. *Ṭabaq.*, V, 369.

(2) Balāḏorī, *Ansāb*, 286 ; autre fille d'Aboû Sofiān mariée à Ṭāif: *ibid*. Ailleurs on lit Amīna au lieu de Maimoûna ; Ibn Hiśām. *Sīra*, 873.

(3) Ṭab., *Annales*, I, 1674.

(4) Ibn Hiśām, *Sīra*, 68, 4 d. l.

(5) *Hist.*, II, 42, 10. Le texte ne paraît pas en ordre. Sur Zainab voir notre *Fāṭima*, 3-11. Qotaiba, *Ma'ārif* E., 47, se contente de la faire séjourner à Ṭāif.

(6) I. S. *Ṭabaq*, VIII, 33, 25.

(7) I. S. *Ṭabaq.*, VIII, 68, 7.

(8) *Aḡ.*, XVI 91 ; autres épouses de Ṭaif chez les Omayyades ; Ibn Doraid, *Iśtiqāq* 49, scolion ; item chez Ṣafwān ibn Omayya ; Wāqidī Kr., 201 ; Ṭab., *Annales*, I, 1386, 5.

life 'Omar II, comme à Walīd II, par ailleurs si différent de son prédécesseur (1). Ces exemples, venus de si haut, seront imités par les plus illustres musulmans. Le calife 'Omar I essaya, sans y réussir, d'obtenir la main d'une femme de Ṭāif (2). En revanche son fils 'Abdallah, modèle de toutes les vertus islamiques, au demeurant personnage insignifiant, tombera entièrement sous l'influence de sa femme ṯaqafite. Elle était la propre sœur de Moḫtār, non moins ambitieuse et entreprenante que cet extraordinaire novateur. A l'imitation de leur ancêtres, les 'Omarides ouvriront leur harem à des épouses de Ṭāif (3). Ces femmes ne réussiront pas à élever le niveau intellectuel (4) de cette famille, lequel baissa considérablement, après la disparition du second successeur de Mahomet.

Karbalā marque un tournant dans l'histoire islamite de la métropole du Sarāt. Antérieurement à cette date fatale — si l'on excepte peut-être l'incident de Ḥoǵr et de Ziād, odieusement travesti (5) — le groupe de Ṭaqīf passait pour un des plus illustres de l'Arabie ; ajoutons, le premier après Qoraiš — «la tribu impériale», مَعْدِن المُلك. Les nomades n'hésitaient pas à lui accorder la prééminence sur les Anṣārs, au prestige toujours contesté (6), et non pas seulement par leurs heureux rivaux de la Mecque (7). 'Alī paraît avoir partagé l'opinion générale. Depuis la tragédie

---

(1) I. S. *Ṭabaq.*, V, 250, 16 ; *Aǵ.*, IV, 77 sqq.

(2) *'Iqd'*, II, 58. Après la défaite de Ḥonain, les compagnons de Mahomet se disputeront les femmes captives (Ṭab., *Annales*, I, 1675-76), Ṭāifites et bédouines.

(3) I. S. *Ṭabaq.*, VIII, 846-47.

(4) *Kanz al-'ommāl*, VI, 183, n° 3134 exalte « la science » d'Ibn 'Omar. Ce personnage est une des grandes autorités du ḥadīṯ.

(5) Cf. *Ziād ibn Abīhi*, 70 sqq.

(6) Les Anṣārs sont appelés les « Qoraiš de l'Arabie » ; *'Iqd'*, II, 45, 13; compliment douteux et tout à l'honneur des Mecquois.

(7) Cf. *Yazīd*, 200 etc. *«Anbāṭ* = Nabatéens, paysans » ou « Juifs de Yaṯrib » (*Aǵ.*, XV, 72, 11), sont des injures courantes à leur adresse. La première a été également dirigée contre les Qoraiš ; cf. *Aǵ.*, S. I, 147, 8 : « كانوا مُسفَّرًا متنبطينا » ; investive moins facile à justifier.

de Karbalā, le mot d'ordre, chez les Ŝi'ites et chez leurs acolytes des écoles orthodoxes, sera de jeter la déconsidération, une sorte d'interdit sur Ṭâif. Nous en fournirons des preuves plus loin. La personnalité du gendre du Prophète sera choisie pour accréditer ces calomnies. Il les ignorait vraisemblablement, à l'époque où nous le voyons conclure un mariage ṭaqafite (1) et accorder sa confiance à des fonctionnaires de Ṭaif, tel l'habile et dévoué Ziād ibn Abīhi (2). Une inconséquence de plus n'aurait pas lieu de nous surprendre chez ce calife débordé et imprévoyant. Mais le cauteleux Ibn 'Abbās n'en a pas davantage tenu compte, en l'imitant dans cette voie (3). Les partisans de 'Alī ne s'embarrassent pas de cet illogisme. Nous avons pu le constater par l'exemple de Aś'aṭ ibn Qais et de sa famille (4).

Jusque vers la fin du 1ᵉʳ siècle H., l'opinion ne paraît avoir attaché aucune importance à ces insinuations haineuses, dont les orientalistes ne se sont pas toujours méfiés (5). Par l'emphase de leurs déclamations, par leur absence de retenue, panégyriques et satires avaient, dans une égale mesure, contribué à blaser les contemporains, qui achevaient d'être fixés sur la vénalité des poètes. Lorsque Ḥaǧǧāǧ se proclama « le descendant des patriciens de Ṭaqīf et des nobles dames de Qoraiś », ابن النطاريف من ثقيف والمقاتل من قريش (6), il songeait à l'entente glorieuse établie entre les « villes-sœurs », entente resserrée par d'innombrables alliances matrimoniales. Célébrer chez les califes de Damas leur origine qoraiśite, c'était la profes-

---

(1) Ṭab., *Annales*, I, 3472, 14.

(2) *Ziād ibn Abīhi* 24.

(3) Mas'oūdī, *Prairies*, V, 57 : ses mariages ṭaqafites.

(4) Cf. *Berceau*, I, 293 ; *Mo'āwia*, 131, 150-152.

(5) Le récent historien de Ḥaǧǧāǧ déclare sa famille « pauvre et de basse condition » ; Périer, *Al-Ḥadjdjādj*, 4. Sa mère est « la plus noble des dames de Ṭaqīf », جميلة بنت قاسب : *'Iqd'*, III, ٧, 1 ; cf. Mobarrad, *Kāmil* (Wright), 291, 9.

(6) *'Iqd'*, II, 158, 154 ; *Aǧ.*, XVI, 89, bas. La tradition adverse nous présente les ancêtres de Ḥaǧǧāǧ s'employant à Ṭaif au creusement des puits ; Dīnawarī, *Aḫbār*, 327, 4 d. l. Voir plus haut, p. 29. Il est « fils du patrice des Qariatān » ; *Aǧ.*, XI, 61, 2.

sion de foi, le couplet obligatoire du légitimisme dynastique. Mais combien l'éloge devenait plus délicat, lorsque — ce fut le cas pour Walīd II (1) — on pouvait, en exaltant la généalogie du souverain, sur « le tronc de l'aristocratique ancêtre Qoṣayy greffer le rameau de l'illustre Qasī », l'aïeul de Ṭaqīf :

فنَمَتْ فروعُ القريتين قُسَيُّها   وقَـسِـيُّها بِكَ في الاشمّ الآكبر (2)

N'était-ce pas évoquer autour du trône (3) toutes les gloires historiques des « deux Mecques ». Walīd II, objet de ce panégyrique, et lui-même fin poète, reprendra le thème. Il revendique pour les Ṭâifites le droit au titre de « ʻaẓīm al-qariatain » et pour lui-même la gloire « d'être son descendant, ainsi que de l'illustre Ṭaqīf, de Fihr et des ʻAṣi (4) magnanimes » :

انا إبن عظيم القريتَين وعزّها   ثقيف وفِهز والعصاة الاكابر (5)

Invité à composer un panégyrique en l'honneur d'un Omayyade, Farazdaq ne trouva rien de mieux que de réunir, chez les ancêtres de son Mécène, les gloires de Ṭaqīf aux illustrations de Qoraiš. Une gratification

---

(1) Les Ṭaqīf sont les « aḫwāl » de Walīd ; Qotaiba, *Poets*, 427, d. 1., cf. *Aǧ.*, VIII, 2.

(2) *Aǧ.*, IV, 81 ; cf. XX, 179, 2 d. 1. On y mentionne كتابَي لَثيف وقريش, où se trouvaient consignés les hauts faits مآثر طرفيه de la double généalogie, à savoir Qoraiš et Ṭaqīf, de Walīd II. De tels recueils existaient-ils dès cette époque ? Ce calife aurait possédé une bibliothèque, renfermant les écrits du célèbre Zohrī. Cette assertion se propose de justifier l'existence d'une *Sīra* et d'innombrables ḥadīṯ, attribués à Zohrī. Se rappeler d'autre part que Walīd II en voulait à mort à Zohrī, à cause du rôle de ce dernier, au temps du calife Hišâm.

(3) Un poète glorifie Walīd II de descendre de Ḥaǧǧâǧ ; *Aǧ.*, VI, 101 ; le poète maḫzoûmite Ḥāriṯ ibn Ḫālid met en relief la généalogie ṭaqafite ; *Aǧ.*, III, 109.

(4) Nom propre, commun dans l'onomastique des Omayyades, surtout dans la famille du richissime Aboû Oḥaiḥa.

(5) *Aǧ.*, VI, 103. Comp. le vers de ʻAbdallah ibn Faḍāla (*Aǧ.*, S. I, 259, 8) :

من الاعياص او من آل حرب   اغرُّ مطلّة الفرس الجوادِ

Comp. *Aǧ.*, I, 9, haut.

de 10.000 dirhems servit de réponse à ce distique (1). Preuve qu'il n'avait pas déplu et qu'on ignorait alors les bruits fâcheux répandus plus tard sur le passé de Ṭaqîf (2), à l'époque où Bagdad donna le mot d'ordre de dénigrer tout ce qui rappelait la dynastie syrienne.

(1) '*Iqd*¹, I, 119, 11. Les poètes proclament Ḥaǵǵaǵ « descendant de Moʻattib » ; *Aǵ*., XVI, 60, 6 d. l. « Qoraiś et Moʻattib l'ont engendré »; *Aǵ*., XIII, 44 ; comp. 45, 4 d. l.

(2) Antérieurement à Farazdaq, un autre poète loue une fille d'Aboū Sofiān de sa parenté ṭaqafite ; *Aǵ*., III, 105, bas.

X

LES ÉCOLES ET LE MOUVEMENT INTELLECTUEL.

Pratique de l'usure ; pourquoi Ṭāif est mise en cause ? — Les Ṭaqafites, mangeurs de froment ; d'où leur réputation de finesse, leur habileté dans les affaires. — Les « dāhia » ṭaqafites. — L'écriture, les écoles à Ṭāif. — La profession de pédagogue chez les Arabes. — Ḥaǧǧāǧ fut-il maître d'école ? — L'éloquence, les grammairiens, les médecins à Ṭāif. — Le dialecte ṭaqafite et celui des Banoū Hoḏail.

Dans toutes les places commerçantes de l'Arabie, l'usure florissait (1), sous forme de prêt à intérêt. Cet intérêt était considéré comme une compensation pour le *lucrum cessans*. Personne ne semble en avoir contesté la légitimité. Nous le constaterons plus tard pour la Mecque. Les auteurs musulmans ont articulé avec insistance l'accusation d'usure contre l'entreprenante population chrétienne de Naǧrān (2). S'inspirant du Qoran, la primitive annalistique appuie lourdement sur l'interdiction de l'usure. Elle eût agi plus sagement, en nous décrivant le corps du délit. Avec la rareté extrême du numéraire, l'insécurité des conditions économiques, l'impossibilité presque absolue d'obtenir des garanties et, ajoutons, la loyauté rudimentaire des Bédouins en matière commerciale (3), les banquiers

---

(1) Du Médinois Oḥaiḥa ibn al-Ǧolāḥ, il est rapporté : لئن نيم الربا بالمدينة حتى كان يحبط بامواله ; *Aǧ.*, S. II, 21.

(2) Cf. *Yaʿīḍ*, 351-352. On m'a reproché de n'en avoir pas reconnu le bien-fondé. J'ai surtout contesté aux usuriers de Qoraiš le droit de soulever ce grief.

(3) Voir notre *République marchande*, passim.

du Ḥiǧāz ne pouvaient trop se précautionner contre les surprises. Quand il leur serait arrivé d'exagérer la rigueur de ces mesures, nous n'aurions pas le droit de nous en étonner. C'est l'ensemble de ces précautions, nécessitées par le commerce de l'argent, tel qu'on le pratiquait en Arabie, que la Tradition musulmane condamne en bloc, sous le nom d'usure.

Le Qoran (4, 159) reproche aux Juifs la pratique de l'usure. Ce reproche atteignait-il ceux de Ṭaif ? Il est permis de se le demander, puisque, aux environs de l'hégire, on ne signale, parmi les Juifs établis à Ṭaif, ni banquiers ni gros commerçants. Quoi qu'il en soit, il est certain qu'ils n'étaient pas les seuls à être visés. Témoin les stipulations attribuées à Mahomet, au moment de la conversion des Ṭaqafites (1). Ces prescriptions ne se. trouvent pas reproduites dans la version plus ancienne d'Ibn Isḥāq (2). Mais la Tradition les ayant admises pour les Mecquois, elle n'a pas pensé pouvoir se dispenser de les appliquer aux « Qoraiš de Ṭaif », après nous les avoir dépeints comme les moins scrupuleux, les plus retors des citadins du Ḥiǧāz, قوم تُناكِير . On prête volontiers aux riches. Les Ṭaqafites se voyaient tout indiqués pour atténuer la culpabilité des Mecquois (3). Ainsi l'accusation d'usure n'atteindrait pas ceux-ci seuls et surtout 'Abbās, nommément désigné dans les Ṣaḥīḥ et les Mosnad.

En résumé, les Ṭaqafites, dans leur convention avec Mahomet, se contentèrent de réclamer la réciprocité de traitement. Le Prophète leur

---

(1) Voir précédemment, p. 90. Balāḏorī, Fotoūḥ, 56, 7; Osd, I, 216 ; Yāqoūt, Wüst., III, 500.

(2) Ibn Hišām, très attentif pour compléter Ibn Isḥāq, paraît également les ignorer. Cf. Ibn Hišām, Sīra, 914 sqq.

(3) Ils auraient été qualifiés de اهل الله ; voir les preuves apocryphes réunies par Azraqī, Wüst., 380-82.. La Tradition oscille entre deux tendances : montrer leur déplorable situation morale, avant l'islam, et ménager l'amour-propre national de Qoraiš. Ainsi on attribue aux fraudes commises sur le modeste marché de Médine la révélation de سورة المطففين ; Waḥidī, Asbāb, 232-33. Comp. Nöldeke-Schwally, Geschichte, I, 105.

imposa de renoncer à percevoir l'intérêt de leurs capitaux. Ils exigèrent
en retour qu'on les dispensât de payer à leurs créanciers les rentes de l'argent emprunté par eux ; على ان لهم من ربا على الناس وما كان للناس عليهم من ربا فهو
موضوع (1). Rien ne prouve qu'ils aient perdu à cette combinaison. Vivant
du commerce, Ṭaif a dû pratiquer le prêt d'argent. Il resterait à montrer
qu'on l'y ait exercé avec plus de rigueur qu'à la Mecque. Les capitaux
s'y trouvaient moins abondants et l'on ne cite parmi les Ṭaqafites contemporains de l'hégire aucune fortune comparable à celle des grands banquiers de Qoraiš.

L'étude sur le *ḥilm* (2) nous l'a déjà appris : l'Arabe distinguait malaisément entre la ruse et l'intelligence (3). Les Ṭâifites passaient pour
les *dāhia* de l'Arabie. Or, parmi les conditions requises pour mériter ce titre envié, la rouerie entrait pour une part considérable. Leur finesse les
mettait absolument hors de pair au Ḥiǧāz. Pour l'expliquer, on croyait
devoir l'attribuer à l'habitude de se nourrir de froment (4), au lieu de
dattes et de lait, le menu traditionnel des Arabes. Le subtil Ǧāḥiẓ, lequel
n'aime pas les opinions toutes faites, s'élève contre cette explication, qu'il
traite de matérialiste. Assurément « à Ṭaif, la fertilité du terroir, l'excellence du climat sont admirables », ثقيف اهل دار ناهيك بها خصبًا وطيبًا . Mais la
géographie et la physique n'ont rien à démêler dans cette question, assure Ǧāḥiẓ ; à preuve, l'intelligence des Médinois (5), grands mangeurs de
dattes ; et à l'appui de son argumentation, il cite le culte de la poésie,

---

(1) Ṭab., *Tafsīr*, III, 66, 1-2 ; Wāḥidī, *Asbāb*, 67-68.

(2) Cf. *Mo'āwia*, 66-109.

(3) *Aǧ.*, X, 20,6 d. l., attribue aux Ṭâifites une adresse spéciale pour torturer les
prisonniers. Dans *Naqā'iḍ Ǧarīr*, 228, 3 sqq., on trouvera une explication plus humaine.
Ils nourrissent de force un prisonnier, faisant la grève de la faim.... à l'effet de ne pas
perdre la rançon escomptée. L'Arabe n'est jamais gratuitement cruel. A l'époque du
بعث de Mahomet, les premiers les Ṭâifites auraient observé الري بالنجوم ; Ibn Hišām,
Sīra, 131, version plus complète que celle de I. S. *Ṭabaq.*, I¹, 107. Cf. 110,9 sqq.

(4) *Aǧ.*, XII, 48-49 ; *'Iqd¹*, I, 211, 8 ; *Osd*, IV, 173.

(5) Cette protestation est très rare dans la littérature arabe, où l'on raille volontiers les « paysans, الباط بالبس », comme les Bédouins qualifiaient les Médinois.

si florissant à Yaṯrib (1), l'exemple des Banoû 'Oḏra, eux aussi mangeurs de dattes (2).

On vantait également l'initiative des Ṯaqafites et leur esprit pratique. Il éclatera plus tard dans la fondation de Baṣra (3), une de leurs créations. Ils en profiteront pour s'y attribuer les meilleures terres et jeter la base de fortunes colossales. Cette tournure d'esprit positive ne les empêchera pas d'user largement de ces biens (4). La famille d'Aboû Bakra (5) en donnera des preuves éclatantes à Baṣra. On proclamait le Mecquois extrêmement serré et économe (6). Nulle part on n'émet la même observation à propos des Ṯaifites. Parmi les quatre plus grands *dâhia* du règne de Mo'âwia, deux étaient originaires de Ṭâif : Moğîra et Ziâd ibn Abîhi. L'admission, dans ce quatuor, de 'Amrou ibn al-'Aṣi et du génial souverain, le fils d'Aboû Sofiân, venait heureusement rétablir l'équilibre en faveur de Qoraiš. La proportion n'en tournait pas moins à l'honneur de l'intelligente population de Ṭâif. Elle lui assurait l'estime de toute l'Arabie, accordant son admiration à la ruse plus volontiers qu'à la pénétration de l'esprit.

* *
*

La connaissance de l'écriture y était non ⌐moins répandue qu'à la Mecque (7). Jusque sous la dynastie 'abbâside, les écoles de Ṭâif conservè-

-----

(1) *Haṯawân*, IV, 123, 1. Les Banoû Morra également grands amateurs de dattes ; et types du *ğaḟâ'* bédouin; *Ağ.*, II, 90, 8 d. l. Ils étaient voisins de Ḫaibar et de Fadak; *ibid*.

(2) Ğâḥiẓ, *Avares*, 258. 16.

(3) Cf. *Mo'âwia*, 229.

(4) Ğâḥiẓ, *Avares*, 169, 10. Ziâd confie aux A. Bakra la destruction des pyrées, là *liquidation* des *congrégations* mazdéistes ; cette opération leur vaut des millions ; leurs prodigalités inouïes ; Balâḏorî, *Ansâb*, 324 b ; 327-328.

(5) Voir le tableau généalogique, p. 68.

(6) Qotaiba, *'Oyoûn*, 425, 1 ; Maqdisî, 34, 6 : لا اطـعم من اهل مكة.

(7) Omayya ibn Abi'ṣ-Ṣalt, *Dîvan*, I, 4 ; de ce vers on a déduit que l'écriture arabe remonte à Yâd. Assertion incontrôlable, comme toute l'histoire ancienne de Yâd.

rent leur réputation (1). Non pas pourtant que la profession de pédadogue ait été estimée à l'époque impérialiste. Pédagogue et beaucoup plus « pédagogue fils de pédagogue » ! Autant de sanglantes injures ! La bêtise des magisters avait passé en proverbe (2). Quand ils voudront humilier l'orgueil de leurs rivaux de Qoraiš, les traditionnistes de Médine affirmeront que les prisonniers de Badr se virent contraints à donner l'enseignement primaire aux petits Anṣâriens (3). Dans l'estime des Arabes, autant valait les condamner aux travaux forcés. Ces préjugés ont inspiré un des traits satiriques dirigés contre un des plus illustres enfants de Ṭâif, l'incomparable homme d'Etat Ḥaǵǵâǵ. On l'a représenté, lui et son père (4), comme ayant exercé la profession déconsidérée de maître d'école, معلّم ابن معلّم (5) ! Cette prétention n'offre pas même le mérite de la vraisemblance. Ibn Ḥaldoûn (6) en convient sans détours. Peut-être l'auteur du distique suivant n'a-t-il pas eu le courage d'avouer sa paternité littéraire; car on le trouve attribué à plusieurs poètes (7), une circonstance justement suspecte :

---

(1) *Aǵ.*, IX, 49, 2-3.

(2) Ǵaḥiẓ, *Bayân*, I, 100 ; Qotaiba, *'Oyoûn*, 442, 12 ; *Mo'âwia*, 358-61. On cite un pédagogue arabe « par esprit de religion » ; *Aǵ.*, XVI, 111, 2.

(3) Ḥanbal, *Mosnad*, I, 247 ; I. S. *Ṭabaq.*, II¹, 14. L'écriture était donc répandue à la Mecque. La Tradition a prétendu le contraire pour avoir interprété de travers l'adjectif qoranique *ommî*, lequel signifie non pas « illettré », mais « gentil, païen ».

(4) Mobarrad, *Kâmil*, (Wright), 290-91 ; *'Iqd¹*, III, 7, 2 ; Qotaiba, *Poeēts*, 208, 14 ; Ibn Rosteh, *Géogr.*, 216, 13, 22 ; Ibn Doraid, *Ištiqâq*, 187, 2 ; Périer, *al-Ḥadjdjâdj*, 6 ; *Mo'âwia*, 360-61. Le fameux sayyd Ǵailân est lui aussi énuméré parmi les pédagogues ; Ibn Rosteh, *loc. cit.* ; Qotaiba, *Ma'ârif*, E. 185.

(5) Qotaiba, *Oyoûn*, 442 ; Périer, *al-Ḥadjdjâdj*, pp. 6-7.

(6) *Prolégomènes*, I, 60, 62.

(7) Nommons Farazdaq, Borǵ ibn Ḥinzîr, Mâlik ibn aḏ-Ḏîb (ou mieux : ibn ar-Raib) etc. ; donc anonyme ? Qotaiba, *'Oyoûn*, 283-84 ; Yâqoût, E. III, 304 ; Aboû Tammâm, *Ḥamâsa*, (Fr.) 330 ; E. II, 109. Dans la lettre attribuée au calife 'Abdalmalik, où l'on a condensé toutes les injures contre Ḥaǵǵâǵ, on ne parle pas de la profession de pédagogue ; Dînawarî, *Aḫbâr*, 327.

فلولا بَنُو مروان كان ابن يُوسُف   كما كان عبدًا مِن ميــد اياد

زمانَ هو العبــد المُقِرّ بذِلّتٍ   يُراوِح صبيانَ القُرَى وبــادِي

Sans les Marwânides, le fils de Yoûsof (1) *serait demeuré, comme ci-devant, un ilote de Yâd,*

« *Au temps, où, vil esclave, conscient de sa bassesse, il se démenait, soir et matin, pour instruire les gamins des écoles* (2).

A l'époque contemporaine des *Maǧâzi*, le moindre Bédouin aurait cru déroger en exerçant une profession abandonnée aux esclaves ou aux affranchis (3). Que dire alors de Ḥaǧǧâǧ, appartenant au patriciat de Ṭâif, se proclamant le descendant « des nobles dames de Qoraiś قبائل قريش » (4). Et ce n'était pas là une vaine forfanterie ; puisque par son grand-père maternel, 'Orwa ibn Mas'oûd, il comptait, parmi ses aïeules, l'illustre Omayyade Sobai'a, un nom demeuré fameux dans toute l'Arabie occidentale. Les poètes de l'opposition antiomayyade aimaient, nous le savons (5), à l'appeler l'esclave de Ṭaqîf (6), l'esclave d'Aboû Riǧâl. Entre l'esclave et le maître d'école, ces rimeurs apercevaient une si mince différence ! Quoi d'étonnant s'ils ont fini par le confondre avec les pédagogues ? Ḥaǧ-

---

(1) Ḥaǧǧâǧ ibn Yoûsof ibn al-Ḥakam. Pour la carrière publique de Yoûsof, le père de Ḥaǧǧâǧ, voir Qotaiba, *Ma'ârif*, E. 135-36 ; Périer, *op. cit.*, 28-29.

(2) Aboû Tammâm, *Ḥamâsa*, loc. cit. On cite encore un autre distique, dirigé contre un certain Kolaib ; cf. Qotaiba, *Ma'ârif*, E. 185, bas. Or c'était, assure-t-on, un des noms (?) de Ḥaǧǧâǧ. Cette assertion très contestable prétend s'appuyer sur une anecdote invraisemblable, se rapportant aux derniers jours de Ḥaǧǧâǧ ; cf. Périer, *op. cit.*, 6-7, 331. Mépris professé pour les pédagogues ; Ǧâḥiẓ, *Bayân*, I, 151 ; 180, 1. Walîd II aurait eu un précepteur de nationalité arabe (*Aǧ.*, VI, 134,14) ; le fait est signalé comme exceptionnel.

(3) Cf. *Mo'âwia*, 358-61 ; Périer, *op. cit.*, 7.

(4) Voir *Aǧ.*, VI, 25. Il était arrière petit-neveu de Ǧailân, de 'Orwa ibn Mas'oûd ; *Kitâb al-Fâḍil* (ms. Beyrouth, 425 d. l.). D'après *'Iqd¹*, I, 94, bas كان جدّ الحجّاج لاّمو · عروة بن مسعود

(5) Voir plus haut, p. 57.

(6) De nouveau on se demande devant cette insistance si 'Abdṭaqîf n'aurait pas été le nom de Ḥaǧǧâǧ ? Comp. : عبد ثقيف يعني الحجّاج ; *Aǧ.*, VII, 171, bas.

ġāġ fut incontestablement un puriste, très zélé pour la conservation et l'atticisme du langage arabe (1); de plus un orateur puissant et châtié, كان فصيحا مفوّهًا بليغا (2). Toutes ces qualités, il les partagea avec un de ses plus illustres prédécesseurs, également originaire de Ṭāif, le fameux Ziād ibn Abīhi (3). Et quand même la satire aurait raison sur ce point, il s'ensuivrait que les écoles de Ṭāif se trouvaient dans une situation particulièrement florissante, puisque les hommes les plus considérés — des *sayyd* comme Ġailān — ne pensaient pas déchoir, en y donnant l'enseignement, que ces écoles enfin auraient formé les deux premiers orateurs de la période omayyade, la plus brillante pour l'éloquence arabe : Ziād et Ḥaġġāġ.

Parmi les grammairiens arabes un des plus anciens est le Ṭaqafite 'Isā ibn 'Omar (4). On rencontrait encore à Ṭāif les médecins les plus renommés de l'Arabie préislamite (5).

Le dialecte, parlé à Ṭāif, passait pour un des meilleurs de la Péninsule. Un jour, on présenta au calife 'Oṭmān une copie incorrecte du Qoran. « On voit bien, observa le calife, que le copiste n'était pas de Ṭaqīf et qu'il n'a pas écrit sous la dictée d'un Arabe des Banoū Hoḏail » (6). Le géographe Hamdānī (7) — un écrivain yéménite au style embarrassé dont la clarté n'est pas le grand mérite — Hamdānī veut bien rendre hommage à la pureté, فصاحة , du dialecte de Ṭāif. Il émet cependant des réserves sur la langue des tribus du Sarāt, voisines du Yémen, langue mêlée de locutions

---

(1) *'Iqd¹*, I, 293, haut. Voir précédemment, p. 80.

(2) Yāfi'ī, رمية الكبائر (ms. Paris), 67, *b.* ; Périer, *op. cit.*, 304 sqq. D'après Ibn Hišām, *Sīra*, 131, 10, on s'intéressait également à l'astronomie, parmi les Ṭaqīf. I. S. *Ṭabaq.*, I¹, 107.

(3) Cf. notre *Ziād*, pp. 23, 34 ; Ġaḥiẓ, *Bayān*, II, 5, bas.

(4) Mort en 154/770 ou 149/766 ; Flügel, *Grammat. Schulen*, 29 ; Brockelmann, *Gesch. der arab. Litterat.*, I, 99.

(5) *'Iqd¹*, III, 2, 414 ; Aġ., XI, 102. 6 ; I. S. *Ṭabaq.*, III¹, 104, 5 ; V, 372. 1. On cite principalement Ḥāriṯ ibn Kalada, « le médecin des Arabes » ; Qotaiba, *Ma'ārif*, 97, 116 ; Périer, *op. cit.*, 5. Voir le tableau généalogique, p. 68.

(6) Cf. la revue *Al-Manār* du Caire, V, 22.

(7) *Ġasīra*, 186, 7.

et de tournures ḥimiarites. Dans leur propre pays, les Ṭaqafites se trouvaient en contact incessant avec les Bédouins de Hoḏail (1), la tribu poétique et puriste par excellence du Ḥiǧāz et même de toute l'Arabie. Les
califes 'abbāsides n'en jugèrent pas différemment. Leurs médiocres sympathies pour la patrie des Ziād et des Ḥaǧǧāǧ ne les empêchèrent pas
d'envoyer à Ṭāif leurs serviteurs étrangers pour y apprendre le beau
laṅgage et s'y perfectionner dans la connaissance de l'arabe classique (2).

------

(1) Leurs voisins dans le Sarāt. Au temps de Burckhardt, *Voyages*, I, 87, les principaux jardins de Ṭāif leur appartiennent encore ; cf. Tamisier, I, 349 ; *Handbook cf
Arabia*, I, 70. Pureté du dialecte des B. Hoḏail ; cf. Maqdisī, *op. cit.*, 97, 2.

(2) *Aǧ.*, IX, 4⁰, 2-3. Mahomet disait à son entourage : « De vous tous, je parle le
plus pur arabe, أنا أفصحكم أنا قُرشيّ واسترضِعتُ في بني سعد بن بكر » ; Ibn Hišām, *Sīra*, 106, 5
d. l. Ces Banoū Sa'd formaient une fraction des Hawāzin ; I. S. *Ṭabaq.*, 1¹, 71, 17.

XI

LA POÉSIE A ṬĀIF.

L'Arabe, mal doué pour la poésie — Les poètes hoḍailites. Pourquoi les poètes sédentaires sont inférieurs à leurs collègues bédouins ? — Le rang d'ordre qu'on accorde
aux poètes sédentaires. — Omayya ibn Abi'ṣ-Ṣalt : la défaveur attachée à sa poésie. — Jugement sur les poètes ṭaqafites. — Monotonie de la poésie arabe. — Aboū
Miḥǧan, son inspiration plus indépendante, plus spontanée. — Les musiciens de
Ṭāif ; moins considérés que ceux des « Villes saintes ». Cette infériorité tient à la
décadence graduelle de Ṭāif, non à un relèvement dans la moralité. — Pourtant les
poètes ṭaqafites affichent plus de réserve que les rimeurs contemporains. — Quelle
était la Zainab chantée par Nomairī ?

Dans son *Bestiaire* ou *Kitāb al-Ḥaiawān* (1), le spirituel Ǧāḥiẓ a observé que « la poésie arabe ne supporte pas la traduction », لا يُستطاع ان يُترجَم
ولا يجوز عليه النقل. Dans ses remarques sur les poètes arabes, l'abbé Mariti (2),
lequel se piquait d'érudition, s'est rencontré sans le savoir, avec Ǧāḥiẓ. Il
constate, à son tour, l'imperfection des versions existantes. Mais il croit
devoir l'attribuer à l'impéritie des orientalistes et prend à partie le vieil
arabisant hollandais Schultens. « En voulant conserver, écrit-il, avec trop
de scrupules les pensées de ses auteurs, il les a rendues ridicules. Pour
traduire un poète, il faut être poète soi-même. Scultens (*sic*) n'est qu'un
savant ». Plus perspicace, Ǧāḥiẓ observe que les chefs-d'œuvre littéraires
des Grecs et des Iraniens ne perdent pas à être traduits. Confusément il a

---

(1) I, 37-38.
(2) *Voyages dans l'isle de Chypre, la Syrie et la Palestine*, (Paris, 1791), II, 262-263.

senti le vide de la poésie arabe, dont tout le mérite consiste — il en convient — dans le rythme et le mètre ; « on n'y trouve rien d'original, aucune idée dont les étrangers n'aient eu la primeur », conclut en terminant Ǵaḥiẓ.

Que l'Arabe nous semble mal doué pour la vraie poésie, nous nous en sommes expliqué ailleurs, en étudiant la situation faite au *sayyd* dans l'Arabie préislamite (1). Au dire des critiques musulmans, les moins favorisés sous ce rapport seraient les sédentaires. Ce jugement nous paraît fondé, mais pour des raisons qui ont échappé à la perspicacité des littérateurs arabes. Les Bédouins, disent-ils, décrivent des scènes vécues. Cet avantage manque aux poètes des villes, totalement étrangers à la vie nomade et la détaillant, au petit bonheur, وضعوهُ في غير مواضعِهِ (2).

C'était convenir ouvertement que le nomadisme — ce stade d'une humanité primitive — devait demeurer l'idéal de la société arabe, le cadre obligé de sa littérature poétique. Je me demande si on pouvait plus candidement en déprécier la valeur, en ravaler le niveau esthétique, la vider plus sûrement d'images, de symboles, évocateurs de pensées, pour la limiter à la représentation réaliste de formes et de couleurs, de l'horizon borné où se meut l'existence d'un peuple de pasteurs. Avec ses luttes, ses agitations stériles pour la possession d'un puits, d'un pâturage, avec sa licence anarchique, seule la vie du désert était capable, nous ne disons pas d'inspirer l'Arabe, mais de le griser de termes sonores (3), d'images violentes, de lui suggérer les énormes hyperboles, *ifrāṭ* (4), la virtuosité verbale, la grandiloquence, que les contemporains, les chameliers de la steppe, et la postérité après eux, ont bien voulu confondre avec la poésie. Ainsi ʿAbīd ibn al-Abraṣ (5) s'écrie :

---

(1) Cf. *Berceau*, I, 226 etc. ; ensuite *Ziād*, 35.

(2) *Aǵ.*, II, 18, bas.

(3) Et extraordinaires, recherchés, le *ǵarīb* ; cf. *Aǵ.*, II, 18, 6 d. 1.

(4) Même à un poète, d'ailleurs si naturel, Ǵamīl ; cf. Qotaiba, *Poesis*, 267 ; *Aǵ.*, XVI, 188, 16 ; *Berceau*, I, 226. Il abonde chez ʿAbīd ibn al-Abraṣ ; voir son *divan*, la pièce II ; XIV, 1-2.

(5) *Divan*, IV, 20.

Nous refusons de nous laisser guider, jusqu'à ce que l'humanité se mette docilement à notre suite.

Comprenons: l'humanité arabe ou simplement bédouine. L'expression الناس كلّهم de 'Abīd n'a pas d'autre sens, tout comme الناس كافّة du Qoran (1). Le trait n'en paraîtra pas moins bédouin !

Un poète qaisite affirme que « ses contribules n'auraient qu'à faire un geste pour arrêter la marche du soleil » (2). Et 'Antar : « la mort emprunterait mes traits, si elle se montrait aux hommes » (3) !

Le séjour dans les bazars sans air, malodorants, l'attente du client, derrière le comptoir de l'échoppe ou le guichet des banques, l'habitude de soupeser les ballots, les métaux précieux — à l'instar des commerçants de Ṭāif et de la Mecque — ou bien l'horizon d'une exploitation agricole, d'une palmeraie — comme dans les oasis de Médine et du Ḥiǧāz septentrional — tout ce pacifique décor enlevait à l'Arabe sédentaire l'excitation nerveuse dont sa nature passionnée, son organisme surmené par les privations physiques, ont besoin pour l'arracher aux préoccupations de son existence banale (4). Electrisé par cette secousse, grisé par l'air du désert, il se figure « nager dans l'Océan de la poésie ; il y plonge à des profondeurs, qui défient tous les rivaux ». Il n'hésite pas à leur crier alors :

سَل الشعراء هَلْ سبحوا كَسَبحي   بحور الشعر او غاصوا مناصي (5)

Pareil à Pégase, « il fait jaillir, abondantes comme la mer, les sources de l'inspiration où se baigne le rapsode » (6).

Grattez le Bédouin le plus intellectuel, vous découvrirez infailliblement le descendant de l'Ismaël biblique. Les débris rigoureusement authen-

----

(1) Voir précédemment, p. 8.

(2) *Aġ.*, II, 117, 18.

(3) *Aġ.*, VII, 150, 8 d. l. comp. *ibid*, VII, 41, 9 d. l. (cf. p. 39) ; 78, 4 d. l.

(4) Dans la longue liste des poètes, cités par Ya'qoūbī, *Hist.*, I, 304-313, le Ḥiǧāz n'est représenté que par les Hoḏailites. Encore ces derniers appartiennent-ils au Ḥiǧāz, pris *lato sensu*.

(5) 'Abīd ibn al-Abraṣ, *Dīwan*, XXIII, 8

(6) *Aġ.*, II, 108.

tiques de la poésie préhégirienne (1) tiendraient commodément dans un fort volume. Ce recueil a donné naissance à une littérature pseudo-historique (2), dont le transport exigerait une caravane de chameaux. Ces chants monotones reprennent, sans se lasser, le *leitmotiv* du *manus omnium contra omnes* : « nous avons tué, nous avons pillé » قتلنا ou encore : « nous avons anéanti.... exterminé », اهلكنا .... ابدنا. Dans le divan de 'Abid ibn al-Abraṣ, six vers de la 17ᵉ *qaṣida* ne connaissent pas d'autre début (3). C'est l'obsession, la vantardise naïve de mœurs violentes, exagérées jusqu'au grotesque (4). Signe que le génie de la race s'y complaisait (5). Avec raison, le Qoran traite les poètes de menteurs : « ils affirment ce qu'ils n'ont jamais fait » (6). On ne pouvait mieux juger et stigmatiser ces incorrigibles fanfarons de la violence, beaucoup plus vantards et larrons qu'assassins (7). Les razzias ne poursuivaient d'autre but que le vol. Nulle part, les guerres n'ont été moins sanglantes qu'au désert. Quand mort d'homme s'ensuivait, c'était par accident ou par maladresse (8). Mais que penser d'une société où la rapine et la soif du sang se transforment en motifs poétiques ?

---

(1) Je parle de celle qui nous a été conservée et dont nous puissions contrôler le contenu.

(2) Moins que jamais — surtout pour la période préhégirienne — nous croyons que la tradition historique fut indépendante de la poésie.

(3) قتلنا ونحن ; *Divan*,, XVII, 7-13 ; comp. XVIII, 5, 9 ; XX, 1 ; 'Amir ibn aṭ-Ṭofail, *Divan*, IV, 2 ; *Aǵ.*, IX, 10, l. 11 ; 13, 11 d. l.

(4) On rencontre aussi بقرنا , « nous avons éventré » les femmes enceintes ; 'Amir ibn aṭ-Ṭofail, *Divan*, XII, 7 ; cf. notre *Chantre*, p. 135.

(5) La tribu s'en glorifie. De là les innombrables vers débutant par منا , « de notre tribu est sorti.... » ! Comp. *Aǵ.*, XVIII, 69, 9 : وقاتل خالو بابيه منا ... . « A nous le héros, qui pour venger son père tua son oncle maternel ! ».

(6) Qoran, 26, 226.

(7) Avec les B. Hodail, ils disent à leurs victimes : إنا والله ما نريد قتلكم ولكنا نريد , ان نصيب بكم شيئا من اهل مكة , (Ṭab., *Annales*, I, 1432) « nous songeons, non à vous massacrer, mais à vous vendre aux Mecquois ».

(8) Cf. *Berceau*, I, 247.

Les Ṭaifites comptaient parmi leurs voisins (1) les Banoŭ Hoḍail, ramassis de gueux et de pillards, perpétuelle menace pour leurs troupeaux et leurs jardins. Jusque sous les murs de la cité, ces nomades venaient vider leurs querelles avec leurs rivaux de Hawāzin (2). Mais en revanche quels poètes ! Aucune autre tribu n'a déployé, en ce domaine, une égale habileté. Aṣma'ī (3) comptait, parmi les Hoḍailites, 40 poètes, tous *coureurs* devançant au galop les méharis et les chevaux (4). Traduisons en français : tous brigands. Burckhardt les décharge de l'accusation portée contre leurs voisins, les Bédouins de « Toueirek », d'être « des larrons très experts ». Les Hoḍail, reprend-il aussitôt, sont « des déterminés voleurs de grand chemin » — titre très bien porté — comme jadis les *ṣa'loŭk*, chevaliers-brigands de la Sarracène classique. Comme nous l'avons observé ailleurs, les titres de *ṣa'loŭk* et de poète allaient généralement ensemble (5). Dans leurs appréciations sur l'ancienne poésie arabe, Aṣma'ī et ses confrères ont négligé de tenir compte de cette exégèse trop réaliste à leur sens. L'existence plus paisible dans les villes, dans les oasis, excluait l'agitation, les scènes de rapt, de meurtre, où le nomade puisait son inspiration poétique. Et voilà pourquoi les sédentaires occupent la dernière place sur le Parnasse arabe.

Voici maintenant quel rang d'ordre leur assignait la critique musulmane. En première ligne les Médinois, ensuite les 'Abdalqais, enfin les Ṭaqafites (6). La prééminence accordée à Médine semble avoir été influ-

---

(1) Voir plus haut p. 143 ; Yāqoŭt, E, III, 168. Al-'Arg̱ est placée tantôt chez les Hoḍail, tantôt chez les Hawāzin ; Yāqoŭt, E, VI, 141.

(2) Bakrī, *Mo'ǧam*, 181, 8 ; et avec les habitants de Ṭāif, comme au temps de Burckhardt, *Voyages*, III, 309 : comp. I, 90.

(3) *Foḥoŭlat aš-šo'arā'* cité, *Berceau*, I, 159, 191. Ya'qoŭbī, *Hist.*, I, 263, bas.

(4) Comp. *Aǧ.*, S. 1, 282 : ‏احد الصعاليك المغيرين على قبائل العرب ومن كان يعدو على رجليو يسبق بو‎ ‏الخيل‎ .

(5) *Berceau*, 1, 159-160 ; 248. Au directeur de la revue *Al-Manār* (XX, 113) son guide hoḍailī affirme que ses contribules préfèrent « mourir de faim que de se livrer au brigandage » !

(6) *Aǧ.*, III, 187 ; 1V, 3 ; Baihaqī, *Maḥāsin,*, 408, 9 ; cf. Cl. Huart, *Littérature arabe*, p. 5. On observe que G̱arīr est un sédentaire ‏عربي قروي‎ ; *Aǧ.*, S. I, 279, 6.

encée par des préoccupations étrangères à la littérature (1). Cette ville avait produit Ḥassān ibn Ṭābit, le poète-lauréat du Prophète, le chantre inspiré par Gabriel. Quoi qu'il en soit, à la veille de l'hégire, Omayya ibn Abi'ṣ-Ṣalt a joui d'une vogue incontestable (2). Il fut le poète des « deux cités », chargé de célébrer les grands banquiers de la Mecque — tel Ibn Ǵod'ān—et de glorifier la mémoire des vaincus de Badr. Une constatation déconcertante, c'est de voir combien peu cette notoriété a suffi pour protéger l'œuvre littéraire de l'aède ṭaqafite. Elle montre combien le scepticisme semble conseillé, quand il s'agit de poètes plus anciens et moins célèbres ; ajoutons : moins intéressants pour la *Sira* et la préhistoire islamite. Les pièces, les fragments incolores et incohérents, qu'on substitua d'assez bonne heure aux compositions originales et perdues, constituent probablement le divan laborieusement publié par le Prof. Schulthess. Cette compilation ne pouvait manquer d'éveiller les soupçons des connaisseurs contemporains (3) et justifie sans doute la défaveur manifestée par les critiques arabes (4). Par contre, le *Tafsir*, l'exégèse qoranique, ne cesse d'alléguer l'autorité d'Omayya. N'aurait-on pas, à son intention, manipulé les compositions du Ṭaqafite ? C'est ce qui rend malaisé, insoluble peut-être, le problème repris par M. Clém. Huart, à savoir, la dépendance réciproque du Qoran et du divan d'Omayya.

L'ostracisme témoigné par les critiques arabes tient à des causes encore mal connues ; assez peu—comme le prétendent les grammairiens 'abbasides—à l'exubérance de termes exotiques, émaillant ces étranges élucubrations. Cette explication ne semble pas recevable. Chez tout autre poète, ces exotismes auraient causé la joie des commentateurs et des lexicographes, tous infatigables collectionneurs d'archaïsmes et d'expressions rares, *ǧarīb*. Dans l'exclusivisme, dont a souffert la mémoire d'Omayya, ce

---

(1) D'autre part, les incessantes guerres civiles favorisèrent, à Médine, l'éclosion d'une poésie très bédouine.

(2) Voir précédemment, p. 79.

(3) Comme Ḥaǧǧāǧ ; cf. Périer, *op. cit.*, 287 sqq.

(4) *Aǧ.*, III, 187.

Ṭaqafite se trouve associé à un poète chrétien 'Adī ibn Zaid (1), d'une inspiration nullement inférieure à celle de l'anṣārien Ḥassān. Cette constatation amène à se demander si des préjugés de nature dogmatique n'auraient pas influencé le verdict de la critique.

L'illustre sayyd Ġailān, un contemporain d'Omayya, fut seulement un poète d'occasion, شاعِر مُقِلّ (2). Ses productions — la collection complète existait encore au temps d'Aboū'l-faraġ (3) — nous sont trop imparfaitement connues pour permettre une appréciation. Au jugement du calife 'Abdalmalik, expert en la matière (4), les poètes islamites de Ṭaif n'égalèrent pas leurs prédécesseurs d'avant l'hégire (5). Le monarque marwānide émit cette opinion à propos d'un rimeur ṭaqafite de son temps, Yazīd ibn al-Ḥakam, d'une inspiration franchement médiocre (6). Ṭoraiḥ, de Ṭaif, se fit le panégyriste de Walīd II, poète lui-même et très fier de sa descendance ṭaqafite (7). « La production poétique de Ṭaif, assure Ġāḥiẓ, si elle n'est pas énorme, suffit largement à attester la merveilleuse capacité de la population en ce genre, ذلك القليل يدل على طبع في الشعر مجيب » (8). On nous parle, il est vrai, d'un rimeur ṭaqafite, auteur de mille *qaṣīdas* ou grandes odes. Sans scrupules, les collègues du fécond rapsode se seraient

---

(1) Certains littérateurs arabes l'associent pourtant aux فحول (cf. *Aġ.*, XIX, 84), en compagnie de Ṭarafa, 'Alqama et 'Abīd ibn al-Abraṣ. Les Banoū Tamīm allaient plus loin encore et — parmi eux, le célèbre Ḥāriṯa ibn Badr, poète lui-même (cf. notre *Ziād*, 120 sqq.) — ne lui connaissaient pas de rival ; *Aġ.*, X, 6.

(2) Son fils est également poète; *Aġ.*, XII, 46. Ibn Ḍi'ba, poète préislamite de Ṭaqīf peu connu ; Ibn Hišām, *Sīra*, 27 ; cf. Nöldeke, *Perser-Araber*, 194. Nous avons cité précédemment des vers du père de 'Orwa ibn Mas'oūd.

(3) *Aġ.*, XII, 45, 8, lequel cite جامع شعره , « son divan complet ».

(4) Cf. notre *Chantre des Omiades*, 65.

(5) *Aġ.*, XI, 102, 8. Même jugement porté sur les poésies de Labīd et de Ḥassān ibn Ṯābit. C'est un *thème*, développé par les partisans fanatiques de l'ancienne poésie.

(6) *Aġ.*, XI, 100 sqq., notice de ce poète.

(7) Qotaiba, *Poesis*, 427 ; *Aġ.*, IV, 76-78. Voir précédemment, p. 134.

(8) *Ḥaiawān*, IV, 128, 4 ; à la l. 1, au lieu de المكان lisez لِمكان الخصب « l'abondance n'est pas la cause » de leur inaptitude poétique ; elle n'a pas tari chez eux la source de l'inspiration, pas plus que chez Ġarīr رکای مر يي قري ; *Aġ.*, S. I, 279, 6.

approprié ses dépouilles (1). Ajoutons encore les noms d'Aġrad, trouvère de Tâif presque ignoré et celui de Yaḥiâ ibn Naufal ; ce dernier, d'autre part, réclamé par les tribus du Yémen (2) comme un des leurs.

Chez tous ces rimeurs, le ton, les procédés se ressemblent étonnamment. Ils n'arrivent pas à se rendre indépendants des premiers modèles. Telle qu'elle nous apparaît dans les plus anciens monuments, à partir du 6ᵉ siècle, la *qaṣīda* produit sur nous l'impression d'une composition conventionnelle aux formes hiératiques et figées, à la langue artificielle, n'accusant, dans l'immense variété des tribus, aucune différence dialectale. Le trait le plus déconcertant dans la *qaṣīda*, qu'elle soit chant de guerre, panégyrique ou satire, c'est son début, invariablement réservé au *nasīb* ou vers amoureux (3). Nulle part la muse ne s'est courbée sous une discipline plus rigide. Ses attitudes compassées rappellent l'ambiance monotone du désert, attestent la stérilité du génie bédouin, son manque de souplesse.

Si l'histoire ne venait à la rescousse, la critique déciderait malaisément si les auteurs de ces chants uniformes ont grandi dans les oasis, au sein des villes, ou parmi les austères paysages des *ḥarras* volcaniques. Tous exploitent un même fonds d'idées et puisent docilement dans un commun répertoire (4). Leur indéniable virtuosité verbale ne réussit pas à dissimuler cette indigence intellectuelle, sous les oripeaux multicolores empruntés au dictionnaire. Seul Omayya ibn Abi'ṣ-Ṣalt semble avoir tenté de se soustraire à cette tyrannie, étouffant toute spontanéité.

Un autre Aḫlafite, Aboū Miḥġan, a affiché la même indépendance. Dans l'inspiration de l'insouciant troubadour ṭaqafite, il est permis de

----

(1) *Aġ.*, VI, 150, 6. Ǧaḥiẓ n'a pas connu ou a refusé de prendre au sérieux ce renseignement, témoin son expression « ذلك الكتاب , mince comme volume ».

(2) Qotaiba, *Poets*, 460, 463.

(3) Comp. Ig. Guidi, *L'Arabie antéislamique*, p. 41 etc. Comp. réflexions sur le *nasīb*, attribuées au sayyd-poète Ǧailān ; *Aġ.*, XII, 45, haut.

(4) Comp. p. ex. les fragments, élégiaques du même Ǧailān ; *Aġ.*, XII, 46, 49. Comment les poètes se copient dans le *nasīb*, voir les exemples accumulés par R. Geyer, *Zwei Gedichte von Al-A'šā*, II, p. 35 etc. Vienne, 1921.

reconnaître l'influence du milieu, d'une nature moins implacable que les mornes steppes du Ḥiǧāz et les terres brûlées du Ǵaur et du Tihāma. Et dans ses vers, on imagine entendre pétiller le jus des raisins mûrissant sur les côteaux voisins de Ṭâif. Et voilà pourquoi Aboū Miḥǧan nous apparaît — même après la révision de la censure musulmane — comme l'Horace des Arabes. Le chantre des Omayyades, le poète Aḫṭal, forcé, un jour, d'entendre les *qaṣīdas* d'un confrère islamite, lui adressa ce compliment ambigu : « Collègue, si tu te réchauffais les entrailles avec une coupe de vin généreux, tu deviendrais le roi de la poésie », ويمك لو بَحت اشر في جوفك كُنتَ اشر الناس (1). Aboū Miḥǧan fut un musulman, à la façon de l'opportuniste Moǵīra ibn Šoʻba. Il n'avait pas attendu cette originale recommandation pour hausser le ton de ses compositions. Témoin les vers suivants :

ألا سَقِني يا صاح خرّا فانّي   با انزل الرحمَنُ في الخمر عالمُ...

> *Allons, ami, verse-moi à boire ! Ah ! je connais les révélations d'Allah au sujet du vin.*

> *Verse-moi une coupe débordante sans mélange. Ainsi croîtra ma culpabilité. Boire pur n'est-ce pas le comble du crime ?*

> *C'est l'enfer, soit ! Mais d'abord j'aurai savouré le plaisir, suivi mon penchant, dussent mes censeurs en crever de dépit ! (2)*

Jusque chez ce gai compagnon, on retrouve la note fataliste (3), dominant toute la production poétique de l'Arabie, écho inconscient de la passivité bédouine (4) ; note admise, sinon renforcée par l'influence du Qoran (5). Ce fut d'ailleurs un vaillant soldat. Mis aux arrêts, le matin de la terrible journée de Qādisyya, pour s'être enivré, il exhale ses regrets

---

(1) *Aǵ.*, XI, 39-40 ; cf. *Chantre*,, 34-35.

(2) Aboū Miḥǧan, *Carmina*, XXI (éd. Abel).

(3) Cf. Aboū Miḥǧan, *Carmina*, VI.

(4) Cf. *Berceau*, I, 113.

(5) Pour aller au-devant du reproche de *Feindseligkeit*, nous renvoyons simplement à Qoran, 5, 108, 116 : les Prophètes, et parmi eux ʻIsā, cités devant le tribunal d'Allah et interrogés sur leur carrière, répondent ne rien savoir, لا علمَ لنا إلّك الَت علّام الغيوب . On ne peut pourtant y reconnaître une caricature !

de ne pouvoir se battre à côté de ses frères d'armes :

N'est-ce pas l'excès de l'infortune ! Tandis que les cavaliers croisent la lance, me voici garrotté, chargé de fers !......

La bataille fait rage : je suis retenu loin du combat, quand mes compagnons se couvriront de gloire.

De grâce, qu'on me rende mes armes ! La guerre, je le vois, ira en se prolongeant.

J'engage ma parole à Allah et j'y demeurerai fidèle ; si ma prison s'ouvre, je ne visiterai plus les tavernes (1).

D'autres fragments de son divan le montrent renouvelant cet engagement (2). A Aboû Miḥǧan l'islam a maintenu son titre de Ṣaḥâbî (3), compagnon de Mahomet ; la plus haute distinction accordée à un fidèle croyant. Sa valeur militaire lui a fait beaucoup pardonner (4). L'Horace ṭaqafite appartient à la classe des poètes désignés dans l'histoire littéraire par le qualificatif de مطبوع, spontané. Il dénote les rimeurs à la diction abondante et facile, au vers coulant comme de source. Les poètes مطبوع dédaignent l'emploi laborieux du *ǧarîb*, des archaïsmes, des vocables rares et recherchés. Aboû Miḥǧan se distingue en outre par un tour de pensée agréable, par une pointe d'humour que n'eût pas désavouée son confrère latin, le chantre du Falerne.

Finissons ces lignes, consacrées aux annales poétiques de Țâif, par le nom de Nomairî, célèbre surtout pour avoir chanté Zainab, la sœur de Ḥaǧǧâǧ (5). Nous ne possédons plus « le divan de Țâif » mentionné par

---

(1) Aboû Miḥǧan, *Carmina*, XXIII.

(2) Aboû Miḥǧan, *Carmina*, V, XIV, XX.

(3) Voir sa notice dans Ibn Ḥaǧar, *Iṣâba*, IV ; Ibn al-Aṯîr, *Osd*, V, 209-291.

(4) Il se serait distingué comme archer au siège de Țâif ; Wâqidî, W. 369. Nulle part pourtant je ne me souviens de lui avoir vu accorder la *tarḍia*, distinctive des Ṣaḥâbîs ; cf. *Yazîd*, 21-24.

(5) *Aǧ.*, VI, 24-28 ; Périer, *op. cit.*, 278-79.

l'*Aǧānī* (1). Nous ignorons si c'était une anthologie ou un *Corpus* poétique complet. C'est sur cette compilation sans doute que Ǧāḥiẓ aura basé l'appréciation critique, citée plus haut (voir p. 150).

Sa conservation nous permettrait de décider s'il y a lieu de réformer le jugement, attribué au calife 'Abdalmalik, sur la valeur comparative des rimeurs de Ṭāif, avant et après l'hégire. Les spécimens enregistrés par l'*Aǧānī* et par les anthologies poétiques n'invitent pas à modifier notre opinion sur l'absence de spontanéité constatée chez les chantres du Sarāt, si l'on en excepte Omayya et Aboū Miḥgan.

*
* *

Tamisier (I, 292) a noté l'indifférence que manifestent pour la musique les modernes Ṭāifites. «Pendant les longues nuits, écrit-il, que j'ai passées à Taïffa, je n'ai pas entendu une seule fois le son du tarabouk ou du tambour de basque venir de la ville» (2). Au siècle de l'hégire, la musique ne paraît pas y avoir été mieux appréciée. Sous ce rapport, Ṭāif se voit distancée, et de beaucoup, par Médine et la Mecque, les deux grands conservatoires musicaux du Ḥiǧāz, au premier siècle de l'islam (3). Cet avantage, les cités saintes en furent redevables à leur qualité de capitales islamiques, à la présence de nombreux Mécènes et d'une opulente aristocratie, avide de plaisirs et de distractions (4). Depuis l'institution du califat, ces deux métropoles grandirent aux dépens de Ṭāif, bientôt descendue au rang de 3ᵉ préfecture du Ḥiǧāz. Quand les souverains omayyades

---

(1) *Aǧ.*, V, 174, 18. J'ignore pourquoi Périer, *op. cit.*, p. 4, accorde au Ṭaqafite Moǧīra ibn Šo'ba le titre de « poète ».

(2) Burckhardt, *Voyages*, I, 298, trouve que « les habitants du Hedjaz ont la voix dure et peu claire ; pas de voix sonores et harmonieuses, si ordinaires en Egypte et plus encore en Syrie ».

(3) Cf. *Mo'āwia*, index, s. v. *musique*. Chanteuse mecquoise du temps de Mahomet ; la défaite de Badr l'a ruinée, la ville étant en deuil ; Wāḥidī, *Asbāb*, 314-315.

(4) Cf. Wāḥidī, *loc. cit.* ; *Aǧ.*, VII, 124, d. 1.

voulaient essayer la capacité d'un fonctionnaire, juger s'il parviendrait à s'imposer aux indociles Bédouins de l'Arabie occidentale, ils commençaient par le nommer à Ṭâif. Si l'essai se montrait satisfaisant, il était envoyé à la Mecque et enfin promu à Médine, siège d'une véritable vice-royauté pour la Péninsule (1). A Ṭâif, on paraît avoir seulement toléré la musique aux lamentations funèbres, celle des ناحة ou pleureuses (2), avec son caractère grave et presque liturgique. Aucun Aboûlfaraǵ ne s'est intéressé à ces archaïques productions. Si la collection de ces vieilles cantilènes nous avait été conservée, nous y retrouverions sans doute une masse de conceptions appartenant au *dîn* des Arabes, à leurs conceptions mythologiques et eschatologiques, véritables « Reste arabischen Heidentums », débris de la gentilité sarracène. Nous apprendrions à mieux connaître le rôle que les Arabes préhégiriens attribuaient au *dahr*, dieu du destin, ensuite la personnalité de la Parque bédouine, Manât, « la troisième » (3) dans la triade qoraišite; superstitions contre lesquelles s'est acharné l'auteur du Qoran.

Cette polémique a nui à la conservation de ces lamentations (4). De très bonne heure, elles se sont vues enveloppées dans la même disgrâce qui a précipité la disparition de la littérature oratoire des *kâhin*, dont nous ne soupçonnons plus l'originalité, le mouvement passionné et les procédés littéraires que par les plus anciennes sourates mecquoises. Par ailleurs le style heurté, la rythmique populaire de ces compositions ont achevé de les déconsidérer aux yeux des grammairiens de la période ʻabbâside, absorbés dans leur travail de révision, par la dernière mise au point des grands recueils de la poésie nationale. Leur purisme inintelligent a rivalisé avec le zèle destructeur de la censure orthodoxe.

Ṭâif ne posséda donc aucun musicien de renom. Ceux qui s'y adon-

---

(1) *Moʻâwia*, 82.
(2) *Aǵ.*, I, 99, bas. *Nâḥa* désigne également les musiciens élégiaques.
(3) Cf. Qoran, 53, 20.
(4) Condamnées par le Prophète ; I. S. *Ṭabaq.*, I¹, 88, 89.

sent à la musique, les *maestri* ṯaqafites sont obligés d'aller se produire à la Mecque (1). La brillante et frivole société qoraišite (2), les descendants des anciens Compagnons de Mahomet, enrichis dans les provinces conquises, parfois aux dépens de leurs soldats (3), savaient apprécier à sa valeur et royalement rémunérer le talent musical. On nous parle, il est vrai, d'un habitant de Ṭâif, entreprenant le voyage de la Mecque, à la seule fin d'assister à l'audition d'un air de musique. Encore n'était-ce pas un Ṭaqafite authentique, mais un Qoraišite fixé à Ṭâif (4).

La musique cultivée au 1ᵉʳ siècle, avec ses variations lascives sur des thèmes érotiques, passait pour un « excitant à la débauche », الغنا • رقية الزنا (5). L'exode des musiciens ṯaqafites vers la Mecque indique-t-il pour Ṭâif un progrès dans l'austérité des mœurs ? On aimerait à le croire. Mais il tient avant tout à la décadence graduelle de la cité ṯaqafite, depuis l'hégire.

Les grandes familles quittaient la région pour aller chercher fortune dans les provinces ou pour s'attacher à la cause des Omayyades (6). Bientôt Ṭâif conservera seulement les avantages que personne ne pourra lui enlever : la beauté de son site, la fertilité de son territoire et les charmes

---

(1) *Aǧ.*, IV, 82, bas.

(2) A une chanteuse de la Mecque, venant à Médine implorer sa générosité, Mahomet demande : اين انتِ من شباب أهل مكّة ; Wāḥidī, *Asbâb*, 314 d. l. Fils des *Mobaššara* buveurs et pourtant tous متبول الشهادة (*Aǧ.*, XVIII, 66, bas), « admis à témoigner en justice » ; capacité refusée aux buveurs ainsi qu'aux musiciens de profession.

(3) Leurs plaintes au calife ‘Omar ; *Aǧ.*, XIV, 40, bas.

(4) *Aǧ.*, XX, 10.

(5) Innombrables ḥadīṯ hostiles à la musique et aux musiciens ; cf. notre *Mo‘âwia*, 370, etc. ; Wāḥidī, *Asbâb*, 260. Mahomet fait chanter une musicienne devant ‘Aiša ; Ḥanbal, *Mosnad*, III, 449 (timide tentative de réaction) ; il interdit d'instruire, de vendre des esclaves musiciennes. « La fin du monde approchera, quand sévira la passion de la musique » ; Tirmiḏī, *Ṣaḥîḥ* (Dehlī), I, 154 ; II, 44. Les artistes du Ḥiǧâz déniaient aux Syriens la faculté d'apprécier la bonne musique ; *Aǧ.*, I, 28, haut ; comp. *Aǧ.*, II, 123.

(6) Ces fonctionnaires se montraient — comme Ḥaǧǧâǧ — heureux d'être pris pour des Syriens ; ce terme désignant alors un partisan des Omayyades ; Yāqoût, E. I, 48.

de son climat alpestre. Pourtant les poètes eux-mêmes — il faut en convenir — se montrent à Ṭâif plus réservés (1) que leurs confrères des « deux ḥaram » الحرَمان et des « deux masǵid » المسجدان, à savoir la Mecque et Médine. Cette réserve mérite d'être signalée, au milieu de la licence générale, envahissant le Parnasse arabe du Ier siècle H. Pour des considérations politiques, le pouvoir des Omayyades n'aimait pas à se commettre avec la très ombrageuse confrérie des poètes. Leur police ne s'en vit pas moins forcée de surveiller et même d'exiler à Ṭâif le libertin et corrupteur 'Omar ibn Âbi Rabī'a. Ce qui n'empêchera pas la population des villes saintes de célébrer comme un deuil national la mort de ce poète. Rappelons les ordures étalées par Ġarīr dans d'interminables *qaṣīdas* ; Ġarīr, un poète *'afīf*, affirment nos critiques musulmans. A leur suite, l'appellerons-nous modeste, réservé, chaste même ? Le vocable arabe comporterait ces diverses translations. Pour déterminer un choix, il faudrait n'avoir jamais feuilleté ses *Naqā'iḍ*, ses répliques à Farazdaq (2). Et ce dernier dans ses ripostes trouve encore moyen de dépasser son rival !

S'il arrive aux Ṯaqafites — nous avons déjà nommé Aboū Miḥǵan — de chanter avec ferveur le produit national, le vin de leurs montagnes, on ne rencontre parmi eux ni un Aḥwaṣ (3) ni un 'Omar ibn Abi Rabī'a, ces Catulle de la Mecque et de Médine, les villes saintes de l'islam. Pendant le premier siècle de l'hégire, l'*Aǵānī* (4) ne signale à Ṭâif qu'un seul poète érotique, An-Nomairī. Encore le *nasīb* (5) se présente-t-il chez lui comme

____

(1) Al-'Arǵī rappelait, disait-on, le genre de 'Omar ibn Abi Rabī'a (*Aǵ*., VII,145). Mais ce poète n'était Ṭâifite que par ses longs séjours, en sa propriété de 'Arǵ. Il incarne en réalité le type du grand seigneur qoraišite, au 1er siècle H. 'Alide, il eût été porté aux nues par notre Aboūlfaraǵ !

(2) Comp. également les *Naqā'iḍ de Ġarīr et de Aḫṭal*, éd. Salhani, Beyrouth, 1922.

(3) Voir ce nom à l'*index* d'*Aǵānī* et de *Mo'âwia*.

(4) *Aǵ*., VI, 24 sqq.

(5) Sur le *nasīb*, cf. Guidi, *Il nasīb nella qaṣīda araba* (T. III, *Actes du XIVe congrès orientaliste*). Il serait le reste de l'ancienne poésie amoureuse du désert, incorporée à la qaṣīda, pendant la période classique ; Guidi, *L'Arabie antéislamique*, 44.

une concession parfois burlesque aux formes déjà hiératisées de l'ancienne poésie arabe. Ainsi Nomairī décrit pompeusement la rencontre de sa caravane avec son héroïne Zainab, entourée de ses compagnes. « Quand elles aperçurent le cortège de Nomairī, toutes se détournèrent, manifestant l'émoi produit par cette rencontre »,

ولّا رأتْ ركبَ النُميريّ اعرَضَتْ   وكُنَّ مِن ان يلقينَـه حذرات

La pièce renfermant ce vers avait produit sensation. « Quel était donc ce cortège, ô Nomairī ? » lui demanda un jour le calife 'Abdalmalik. Le poète répondit : « quatre bourricots transportant du goudron, plus trois autres, chargés de crotin de chameau, اربعة احمرة لي كُنْتُ اجلبُ عليها القطران وثلاثة احمرة صحبتي تحمل البعر » (1). Badinage poétique ; à tout le moins, façon spirituelle, présence d'esprit pour se tirer d'un mauvais pas ! Le troubadour de Ṭaif se vit soupçonné d'avoir chanté Zainab, le sœur préférée de Ḥaǧǧāǧ. Et le terrible vice-roi de l'Iraq s'était donné le tort d'en témoigner de la mauvaise humeur. En ce temps d'intense fermentation politique, toucher au grand Ṯaqafite, c'était se sentir d'avance assuré de remuer l'opinion publique. En Arabie, dans toute la moitié orientale du califat, cette opinion prenait parti, pour ou contre cet homme d'Etat. De là, le retentissement extraordinaire obtenu par un trait, en réalité fort inoffensif.

Nomairī imagina d'en profiter pour sortir de l'obscurité, de la foule des rimeurs où, jusqu'à cette date, il était demeuré confondu. Il laissa subsister le malentendu. L'intervention personnelle de 'Abdalmalik, le sang-froid de Nomairī prévinrent une solution tragique. Zainab, un nom extrêmement répandu chez les Arabes ! Dans l'entourage le plus intime du Prophète, on rencontrait au moins trois Zainab, une de ses filles (2)

---

(1) *Aǧ.*, VI, 26, 16 etc. Pour le goudron à Ṭaif, voir précédemment, p. 22.

(2) Cf. *Fāṭima*, 3-11 et *passim*. Prédilection de Mahomet pour le nom de Zainab ; Baġawī, *Maṣābīḥ as-sonna*, II, 102.

et deux de ses femmes. Mais la malignité des adversaires de la dynastie omayyade a prétendu reconnaître la sœur de Ḥaǵǵáǵ (1). J'avoue, pour ma part, n'être pas convaincu de cette identification. Qui donc eût osé, à cette époque, mettre en scène la propre sœur (2) du tout puissant lieutenant des califes marwânides ?

(1) Tous les détails de l'histoire de Zainab et de Nomairī remontent en dernière analyse à 'Omar ibn Šabba (voir *Aǵ.*, VI, 25, 3 et *passim*), écho des rancunes de l'Iraq. Sur 'Omar ibn Šabba, voir notre *Ziād ibn Abīhī*, 136 etc.

(2) Ḥaǵǵáǵ lui était particulièrement attaché. Ce prétendu bourreau possédait à un haut degré le sentiment de la famille. Zainab était sa « sœur de père et de mère » ; *Aǵ.*, VI, 25.

XII

LE DÉCLIN

LES ṬĀIFITES AU Iᵉʳ SIÈCLE DE L'HÉGIRE.

Le destin de l'islam se décide hors de l'Arabie. — Déclin de Ṭaif, distancée par Médine. — Villégiature de l'aristocratie islamite — Fortune et situation politique des Ṭāifites ; causes qui les favorisent. — Ziâd, type de l'homme d'État ṯaqafite. — Ils se rallient aux Omayyades, faveur dont ils jouissent.

Ṭaif produit donc l'impression d'une ville absolument unique, au Ḥiǵâz. Par son climat, par les produits du terroir, elle rappelait la Syrie, beaucoup plus que les paysages austères de l'Arabie occidentale. Tel est du moins le jugement de la Tradition musulmane et de tous ceux qui la visitèrent, jusqu'au temps de Burckhardt. Pour le développement intellectuel, la population ṭaifite semble avoir « dépassé notoirement la moyenne des Bédouins et des sédentaires », ان عقولهم كانت ترجح على عقول الناس. Voilà comment le spirituel Ǵâḥiẓ (1), en parlant de Ḥaǵǵâǵ, a cru devoir caractériser les concitoyens du grand Ṯaqafite. Les pages précédentes vont permettre de comprendre le rôle joué par cette ville et par ses habitants dans l'établissement de l'islam.

Ce n'est pas à Médine, ni sous le califat de ‘Omar — ne cessons pas de le rappeler — c'est sous la dynastie omayyade, c'est en Syrie, beaucoup plus qu'au Ḥiǵâz que se décida le sort de l'islam. Le meurtre de ‘Oṯmân,

---

(1) *Bayân*, I, 108, bas ; Ibn ‘Asâkir (éd. Badrân) IV, 49.

ensuite l'avènement de 'Alî, mettent fin à l'influence de l'Arabie. Comme jadis pour le mosaïsme, ce pays ne devait porter que le berceau de l'islam. Qu'adviendrait-il de ce système religieux, du pseudo-monothéisme abrahamique, ملّة ابرهيم, sommairement esquissé dans

« *Un livre, le Qoran, par Dieu lui-même écrit* » ? (1).

Sa diffusion dépasserait-elle les frontières du Ḥiġāz et du Naġd, régions que s'était proposé d'atteindre la prédication qoranique ? Systématiquement Mahomet paraît avoir écarté ces préoccupations (2), comme s'il les jugeait incompatibles avec la prescience, la toute-puissance d'Allah (3). Lorsqu'au tribunal divin, les Envoyés du ciel, ses prédécesseurs, s'entendent interroger, sont appelés à rendre compte de leur mandat prophétique, son recueil nous les représente interdits, sans pensée, s'en remettant au bon plaisir d'Allah, علّام الغيوب, « maître des secrets de l'avenir » (4). Parvenu à la fin de sa carrière, Aboû'l-Qâsim lui abandonna fatalistement le sort de son œuvre. Il compta sur la complicité du temps, sur le zèle, le savoir-faire des compagnons formés par lui. Voici comment Victor Hugo, en s'inspirant du *ḥadîṯ*, a résumé sa dernière allocution :

---

(1) H. de Bornier, *Mahomet*, I, sc. 3.

(2) Voir plus haut, p. 8.

(3) « Mahomet s'est préoccupé, non de toute l'humanité, mais des Arabes... Il considéra son Qoran comme une édition arabe de la révélation destinée par Allah à l'humanité ». Snouck Hurgronje, *De Islam en het Rassenprobleem* (Leiden, 1922), p. 9-10. Une version française de ce travail a paru depuis, dans la *Rev. du monde musulman*, L, pp. 5-27, sous le titre « L'islam et le problème des races ». Le Prof. Snouck Hurgronje m'écrivait, en date du 19 Juillet, 1922 : « Que Mahomet se soit adressé aux peuples non-arabes, je n'ai jamais pu m'en convaincre et le crois de moins en moins. Le Qoran s'y oppose; l'horizon de Mahomet demeura toujours restreint et le petit nombre de textes qui pourraient donner lieu à l'hypothèse d'une mission universelle me semblent admettre une autre explication ». De la locution qoranique الناس كافّة rapprochez le verset (Qoran 7, 157) : « يا أيّها الناس إنّي رسول الله إليكم جميعا , ô hommes, je suis l'envoyé d'Allah à vous tous », où l'orateur ne vise que son auditoire médinois.

(4) Qoran, 5, 108, 116.

Il songeait ; tout à coup, pensif, il dit : Voilà,
Vous tous, je suis un mot dans la bouche d'Allah,
Je suis cendre comme homme et feu comme prophète.
J'ai complété d'Issa la lumière imparfaite.
Je suis la force, enfants , Jésus fut la douceur (1).
Le soleil a toujours l'aube pour précurseur...
Vous avez bien souffert, mais vous verrez l'aurore.
Après la froide nuit, vous verrez l'aube éclore (2).

Soit dans la Qoran,. soit dans les traditions recevables, nous avons vainement cherché des assurances plus formelles. Aux continuateurs du Prophète, aux califes, aux Omayyades surtout, était réservée la réalisation de cette vague promesse. Contre l'attente de tous, elle devait aboutir à la fondation d'une puissance et d'une religion mondiales. Les Ṭaifites allaient apporter à l'œuvre la plus précieuse des collaborations.

* *

A vrai dire, le triomphe de l'islam ne profita pas à leur cité. Elle va plutôt, nous l'avons dit (3), en déclinant. Cette décadence est hâtée, non plus, comme avant l'hégire, par la suprématie économique et religieuse de la Mecque, mais par l'importance soudaine que prend Médine. Cette ville devient, au détriment de la Mecque, non seulement la capitale du Ḥiǵāz, mais de toute l'Arabie. Pendant trois quarts de siècle, elle est le siège du califat, ensuite la résidence favorite de l'aristocratie islamite et du gouverneur du Ḥiǵāz. A ces prérogatives officielles, qu'aurait pu opposer la cité des Ṭaifites ? Elle demeurera le centre du ravitaillement frumentaire, le grand marché de fruits pour la Mecque et le Tihāma (4). En

---

(1) Cf. Qoran, 57, 27.

(2) *La légende des siècles*, I, 198-200 (éd. Hetzel).

(3) Voir plus haut, p. 156.

(4) Maqdisī, *Géogr.*, 79, 7 ; Iṣṭaḥrī, *op. cit.*, 19 : *Chroniken* Wüst., II, 311, 312 ; Ibn Ǵobair, *Travels*, 120, 121, 122, 1 ; Tamisier, *Voyages*, I, 303, etc ; Burckhardt, *Voyage*, I, 112.

émigrant d'Arabie vers la Mésopotamie, puis vers la Syrie, le califat allait enlever au Ḥiǧāz l'importance politique injustifiée qu'il avait usurpée momentanément.

Le déclin de Ṭaif fut d'abord retardé par l'adresse des habitants. Ils s'ingénieront pour transformer leurs fraîches montagnes, leurs côteaux boisés, en une *Riviera* d'été, une région de stations climatologiques. Avec plus de succès encore qu'avant l'hégire, ils réussiront à attirer chez eux, non seulement les Mecquois, mais les Médinois. Tous viendront dépenser à Ṭaif une partie des fortunes fabuleuses, amassées dans le gouvernement et l'exploitation des plus opulentes provinces de l'Orient (1).

Devenus possesseurs d'immenses capitau·· de troupeaux d'esclaves, beaucoup, parmi les héros des *maǧāzi*, des conqu·tes, tenaient à achever, au pays natal, leur vie d'aventures. Ils voulurent se donner la satisfaction de devenir propriétaires sur le théâtre même où ils avaient débuté par garder les chameaux, par détrousser les caravanes. Cette fièvre d'acquisitions territoriales gagna jusqu'aux souverains, sans en excepter les « justes califes ». Nous en avons étudié ailleurs (2) les manifestations, pendant le premier siècle de l'hégire. Aux environs de Médine et de la Mecque, des domaines à moitié désertiques atteignent alors la valeur d'un million de notre monnaie. On devine si les Ṭaqafites ont réussi à exploiter cet engouement. Nous en avons donné des exemples plus haut (3). Mais s'il enrichit les habitants, il ne put arrêter le déclin de leur cité.

C'est pourtant alors qu'ils donnèrent la meilleure preuve de leur esprit d'initiative. La décadence de Ṭaif (4), la perte de son ancienne autonomie coïncident nommément avec le plus haut degré d'influence politique dont aient jamais joui les Ṭaqafites. Ils parvinrent à se pousser dans les postes les plus élevés et y déployèrent les talents les plus variés. Un instant

------

(1) Cf. Lammens, *La Syrie*, I, 122 ; villégiature des Chérifs, ملوك, de la Mecque ; Maqdisî, *loc. cit.*

(2) Cf. *Berceau*, I, 94, etc.

(3) Voir les pp. 124, etc.

(4) Maqdisî, *loc. cit.*, la qualifie de « petite ».

même, sous Ziād, on s'attendit presque à les voir escalader le trône (1). Ils sauront adroitement exploiter les relations historiques, l'intimité de Ṭaif avec la Mecque, leurs anciens rapports avec les principales familles qoraišites, avec les Omayyades surtout. Ils découvriront dans ce passé une indication pour l'orientation définitive de leur activité politique.

Ils n'auront garde d'imiter la maladresse des Anṣāriens de Médine. Ceux-ci invoquaient étourdiment une prétendue *waṣyya*, testament, du Prophète (2), où je ne puis reconnaître l'inspiration de l'auteur du Qoran. Ils s'y voyaient traités en « parents pauvres », presque en mineurs. Aboū'l-Qāsim était censé les y recommander à la bienveillance de ses compatriotes de la Mecque. Il les engageait à l'indulgence, à fermer les yeux sur « l'insuffisance, les faiblesses des Médinois ». Impossible de relever en moins de mots l'impéritie gouvernementale des Anṣāriens. Ils ne s'en obstinèrent pas moins à réclamer l'égalité absolue avec les rivaux de la Mecque, y compris le droit au califat. Par leur adhésion aux Omayyades, les gens de Ṭaif reconnaîtront franchement la primatie qoraišite; ils éviteront soigneusement de fatiguer par de stériles récriminations les maîtres du pouvoir, les dispensateurs de l'influence. Cette politique adroite leur permettra de « ne pas arriver surnuméraires dans le parlement des tribus, pour y écouter en silence les tirades des orateurs » — comme on le reprochait à certains groupes bédouins :

اذ اجتمع القبائل حنْتَ ردّفًا   امام الماسِحين لــك السبالا (3)

Sans prétendre garder le dernier mot, il leur répugnera de se voir réduits à « chuchoter à voix basse, à opiner du bâton, au moment de la décision finale », dans les conseils de l'empire :

مجالسهم خفض الحديث وقولهم   اذا ما قضوا في الامر وحي المخاصر (4)

---

(1) Cf. *Ziād ibn Abīhi*, 124, 132.

(2) Cf. *Mo'āwia*, 282 ; *Yazīd*, 202-203 ; *Aġ*., VIII, 194 ; Ibn Ḥanbal, *Mosnad*, I, 289-290 ; III, 89 ; Ibn Hišām, *Sīra*, 1007.

(3) Ǵāḥiẓ, *Bayān*, I, 141, 1 ; voir *ibid.*, 138 sqq.

(4) La مخصرة le bâton de l'orateur arabe ; Ǵāḥiẓ, *Bayān*, I, 140, 7 ; comp. *ibid.*, 139-40.

Demeurés à l'écart des intrigues ourdies autour de la succession du Prophète (1), débarrassés des préjugés islamiques, des préventions politiques, des rivalités divisant les familles mecquoises (2), les Ṭaqafites courront où les conviaient la voix de leur propre intérêt, la claire vision de leur avenir. Par bonheur, cet intérêt, cet avenir coïncidaient, il faut le reconnaître, avec ceux de la race et de l'empire arabes.

A la mort de Mahomet, l'éducation politique et religieuse des Bédouins était à peine ébauchée. L'auteur du Qoran ne dissimule pas les déceptions qu'ils lui avaient causées, à cet égard. Par ailleurs, comment se passer du concours, du dévouement des nomades, qui devaient fournir « la matière de l'islam », مادّة الإسلام, sa réserve, remplir les cadres de l'armée islamique ? Affaiblis par la bouderie des Anṣāriens, qui jalousent l'hégémonie qoraišite, les Mecquois accueilleront avec empressement l'adhésion des Ṭaqafites. Aucun groupe ne paraissait mieux qualifié pour guider, pour discipliner le Bédouin fruste que ces citadins du Sarāt, souples, entendus, prodigieusement habiles. Tard venus dans l'islam, ils n'avaient froissé les susceptibilités d'aucun parti ; ils avaient su demeurer neutres dans les grandes querelles religieuses et politiques, où se dépensa l'activité des Compagnons de Mahomet, après la disparition du Maître. Quand on fut sur le point de fermer la tombe d'Aboū'l-Qāsim, leur compatriote Moḡīra se tint sur les bords de la sépulture et distraitement y laissa tomber son anneau. Il se glorifia plus tard d'être demeuré le dernier en contact direct avec le Prophète. Dans ce geste, les Ṭaqafites virent un programme, une direction pour l'avenir. Ils s'ingénieront désormais à ne jamais perdre le contact avec les cercles dirigeants du califat qoraišite.

Cette neutralité plus ou moins spontanée, cette sagesse pratique leur

---

(1) Cf. notre *Triumvirat*, 113-144 ; *Yazīd*, 55-80.

(2) Hāšimites et parfois aussi les Maḫzoūmites contre les Omayyades. Les descendants des premiers califes, ceux d'Ibn Zobair ajoutent leurs intrigues à ces divisions. Les Zobairites se trouvent en hostilité avec les trois grandes familles mecquoises ; cf. *Aḡ.*, S. I, 286-289. Pour Zobair ibn Bakkār, comp. le jugement dans *Aḡ.*, IX, 105, 10 d. l.

valurent tout d'abord la faveur des califes. Pendan: le premier siècle,
aucune autre tribu, à l'exception de Qoraiś, ne produisit en aussi grand
nombre des hommes remarquables : Moǵîra, Ziâd, 'Obaidallah, Ḥaǵǵâǵ...!
Sous la dircoction des souverains éclairés de Damas : Mo'âwia, Yazîd, 'Abdalmalik, Walîd, ces personnages pourront présider à l'éducation politique
des nomades. Seuls parmi leurs compatriotes — en dehors de Qoraiś — les
Ṭaqafites possédèrent « les convictions monarchiques » et hiérarchiques
que Sprenger (1), jaloux sans doute de Renan, inventeur du désert monothéiste, a si gratuitement prêtées aux Bédouins.

Pendant près d'un siècle, ils travailleront à élever au niveau des Arabes
établis en Syrie les plus indociles parmi les tribus nomades, celles émi-
grées en Mésopotamie, afin de les réunir sous les drapeaux de l'impérialisme
arabe et de la théocratie qoranique. L'égoïsme des chefs bédouins de l'Iraq,
les révoltes des 'Alides, les intrigues des émissaires 'abbâsides, enfin la
chute des Omayyades — laquelle marqua la fin de l'hégémonie arabe —
tous ces éléments de dissolution compromettront les résultats, laborieusement acquis par la persévérante politique des hommes d'Etat ṭaqafites.
La Péninsule et sa population retomberont dans l'anarchie, où nous les
voyons se débattre, depuis douze siècles, à savoir, depuis le triomphe des
'Abbâsides (2).

*
* *

Toutes ces constatations, il nous a été donné de les recueillir, en étudiant la carrière gouvernementale de l'extraordinaire Ziâd ibn Abîhi (3).
Moins de huit ans lui suffirent pour pacifier l'Iraq, affaibli par ses factions,
sous 'Omar et 'Oṭmân, et finalement réduit aux abois par les révolutions du
malheureux règne de 'Alî. Pendant ce court laps de temps, Ziâd réussit à
rétablir l'ordre dans les importants centres de Koûfa et de Baṣra, déver-

---

(1) *Moḥammad,* I, 249. « Travail dangereux ! » Ainsi Wellhausen a jugé la compilation de Sprenger.

(2) Cf. Nöldeke, *Zeits. für Assyriol.,* XXXIII, 187.

(3) Cf. notre *Ziâd ibn Abîhi,* passim.

soirs des plus anarchiques tribus de la Péninsule. Leurs agitations stériles remettaient en question l'existence, l'unité de l'empire arabe, le travail de 25 années de conquêtes. Sans l'énergique intervention du Taqafite, le mouvement de rénovation nationale menaçait de sombrer, au milieu des convoitises et des compétitions de nomades indisciplinés. L'œuvre inaugurée par Mo'âwia, allait être compromise.

.Le régime des quatre premiers successeurs de Mahomet, tendancieusement (1) appelé des « califes justes, راشدون », avait abouti à un échec retentissant. Au cours de cette période tumultueuse, la théocratie arabe, en quête de stabilité gouvernementale, dirigée par des chefs insuffisants, passa par toutes les convulsions politiques, sans en excepter les révoltes militaires, les *pronunciamientos*, se terminant par l'assassinat du souverain. Seul Aboū Bakr mourut de mort naturelle. Il le dut vraisemblablement à son effacement calculé, ensuite à la brièveté de son règne et à la diversion causée par les premières conquêtes. Elles jetèrent hors d'Arabie tous les éléments inquiets, tous les fauteurs de discordes. Le mot d'ordre, encore docilement obéi parmi les islamologues, est d'exalter le régime chaotique du califat médinois, sous 'Omar, sauf à le vilipender avec l'avènement de 'Otmân, lequel, victime de l'impéritie de ses prédécesseurs, succomba pour avoir tenté d'inaugurer, dix ans avant Mo'âwia, un gouvernement hiérarchique, au sein de l'islam.

Les Tâifites s'étaient, on l'a vu, enrôlés dans le parti des *mo'tazila*, de la neutralité politique (2), évitant de se compromettre entre Qoraišites et Anṣāriens, entre 'Alides et '*Otmānyya* (3). Après la faillite du califat médinois, ces observateurs intelligents et merveilleusement placés, semblent avoir, parmi les premiers, deviné que le salut consistait dans la réorganisation administrative. Elle fut inaugurée par les Sofiânides. Ces calires, continués par les Marwānides, reprendront en sous-œuvre la tâche trop

---

(1) Par opposition aux califes omayyades, « rois » profanes ; cf. *Mo'âwia*, 189, etc.

(2) *Mo'âwia*, 119, etc.

(3) *Mo'âwia*, 109, etc.

lourde pour l'inexpérience de 'Omar et de son successeur, si injustement calomnié, 'Otmān.

« Ali fut, affirme Renan, durant sa vie entière un homme impossible ». Ce qui n'empêchera pas Renan d'énumérer, quelques pages plus loin, le même 'Alī parmi les « figures principales de cette grande époque », à côté de 'Omar et de « deux femmes Aischa et Fatime » (1). En réalité le règne du mari de Fāṭima, son court passage sur le trône ensanglanté des califes rappellent les plus mauvais jours de la *ridda* ou sécession. Le génial Mo-'āwia emploiera vingt ans à panser ces blessures, sans arriver à les guérir. Il saura profiter de la lassitude universelle, du besoin d'autorité, commençant à s'éveiller jusque dans la masse confuse des Bédouins. Les Ṭaqafites se montreront les plus dévoués auxiliaires de cette politique pacificatrice. Leurs plus intelligents représentants immoleront à cette œuvre d'union les protestations de leur amour-propre, leurs préjugés, jusqu'à leurs préférences personnelles. Sans redouter l'accusation de versatilité et de palinodie, ils avoueront avoir fait fausse route, en défendant le pseudo-légitimisme des 'Alides. Ainsi Ziād mettra au service de la cause omayyade le zèle, jadis déployé par lui dans le parti de 'Alī, dont il a pu reconnaître l'incapacité. Ḥaǧǧāǧ consacrera vingt années de combats pour sauvegarder l'unité de l'empire et de l'islam, comprimer les violents sursauts de l'anarchie bédouine.

Cette détermination, les Ṭaqafites la manifesteront, au lendemain même de l'assassinat de 'Otmān. Sur le conseil de leur concitoyen, un politique aussi clairvoyant que dénué de scrupules, Moǵīra ibn Šo'ba (2), ils quittèrent en masse le camp de 'Aiša, sans toutefois aller rejoindre 'Alī (3).

---

(1) Renan, *Etudes d'histoire religieuse*, 264, 287.

(2) Balāḏorī, *Ansāb*, 568, a. Lui-même se retirera à Ṭāif pendant la lutte entre 'Alī et Mo'āwia ; Dīnawarī, *Aḫbār*, 211. D'après la tradition 'alide, il aurait été écarté par 'Alī.

(3) Ṭab., *Annales*, I, 3104. Les défiances de Baṣra pour la cause de 'Alī peuvent avoir été inspirées par les Ṭaqafites, véritables fondateurs de la cité, surtout par l'influent Aboū Bakra (voir le tableau généalogique, p. 68). Leur flair leur permet de deviner le manque de solidité du régime 'alide.

Dans leur propre pays, ils s'étaient trouvés à même d'apprécier les Omayyades, presque leurs concitoyens, leurs parents ou leurs oncles, comme s'était exprimé le Prophète. Contre l'hégémonie des Sofiânides, ils n'éprouvaient ni les rancunes des Ansâriens ni les jalousies des grandes familles mecquoises. Leurs mains étaient restées pures du sang de 'Otmân, sanglante tragédie, où s'étaient compromis les plus intimes amis de Mahomet.

'Amrou ibn al-'Aṣi avait deviné, dans le jeune Ziâd, « le fonctionnaire fait pour apprivoiser, dresser les Bédouins ; si seulement il avait été d'origine quraišite », لو كان ابوه قُرشيّاً لَساق العربَ بعصاه (1). Les Omayyades verront plus loin. Ils choisiront les compatriotes de Ziâd parce qu'il leur importait de trouver, en dehors de Qoraiš, des ministres énergiques et moins suspects de mobiles intéressés auprès des nomades que les Mecquois.

On comprendra donc la faveur témoignée par les califes syriens à des auxiliaires, aussi aveuglément dévoués. Dans la collation des plus importants gouvernements, d'où dépendait le repos de l'empire, ces souverains leur accorderont la préférence sur leurs contribules de Qoraiš et même sur leurs parents omayyades. Seules l'énergie, la froide résolution des Ṭaqafites pourront, opinent-ils, triompher de l'individualisme bédouin. Ziâd et ses successeurs conviennent sans détour que ces qualités les ont signalés au choix du calife. Quand il arriva dans son nouveau gouvernement de Koûfa, le ṭaqafite Ḥaǵǵâǵ prononça ces paroles : « Le commandeur des croyants a vidé son carquois. L'une après l'autre, il a mordillé le bois des flèches pour en essayer la valeur ; j'ai été trouvé le plus dur, le plus résistant (2), le plus amer au goût, كنانتَهُ ثمّ عجم عيدانها فوجدَني امرَّها عوداً واصلبها عوداً . » (3) C'était, en style arabe, la caractéristique des aides réclamés par les Omayyades pour mener à terme la réorganisation du cali-

---

(1) Ibn 'Asâkir (éd. Badrân), V, 410.

(2) Comp. *Berceau*, I, 188.

(3) Ǵâḥiẓ, *Bayân*, II, 32. 8 d. l. ; مكسّراً اصلبها , dans Ṭab., *Annales*, II, 864-65; Aǵ., XIII, 42. Le bois amer, c-à-d, résineux, résiste le mieux à la corruption. On le mordillait pour en éprouver la nature et le degré de résistance.

fat. Mo'âwia débuta par s'assurer le concours de Moġîra ibn Šo'ba. Il n'ignorait pas la moralité douteuse de ce peu scrupuleux Compagnon de Mahomet (1). Mais il escompta sa prodigieuse habileté, l'avantage pour sa dynastie de gagner avec lui l'entreprenante tribu ṭaqafîte. Après ce premier pas, il ne se donna pas de repos, avant de s'être attaché par la plus extraordinaire démarche—elle dut coûter à l'amour-propre du souverain—Ziâd, devenu bientôt son principal lieutenant, son bras droit dans le gouvernement (2).

Il manifestera sa confiance, en lui assignant la moitié orientale du califat, foyer incessant de révoltes et de guerres civiles, pendant que lui-même se réservera l'Occident et l'éducation politique des Syriens. Cette attribution de l'Iraq à des fonctionnaires ṭaqafîtes deviendra une tradition gouvernementale de la dynastie. On les laissera vieillir et mourir dans leur énorme vice-royauté. Confiance extraordinaire chez des monarques, qui déplaçaient incessamment les gouverneurs, choisis au sein de leur propre famille, aussi capables peut-être, mais moins maniables que les citadins de Ṭaif. A l'exemple de Mo'âwia, les princes omayyades n'hésiteront pas à ouvrir les rangs de leur famille aux *ḥalîf*, alliés, et jusqu'aux *maulâs*, affranchis, de Ṭaqîf (3). Cette faveur ne se démentira plus, même sous le califat de 'Omar II (4), l'homme choisi par la tradition orthodoxe pour incarner ses préjugés et ses préventions (5).

Mo'âwia refusera, il est vrai, la main de sa fille à un sien neveu, fils

------

(1) Voir *Ziâd*, pp. 2-15 ; et précédemment, p. 14.

(2) Nous renvoyons pour le détail à notre *Ziâd ibn Abîhi*, 25, etc.

(3) Ibn Ḥaġar, *Iṣâba*, E. I, 29, n° 80 ; *Aġ.*, XI, 125, 7.

(4) Cf. *Yazîd*, 20, 23, 25, 91, 96. Ḫalid fils de Yazîd prend parti pour 'Abbâd fils de Ziâd contre le calife 'Abdalmalik et lui donne sa sœur en mariage ; Ibn 'Asâkir, (*man. cité*), VIII, notice de 'Abbâd fils de Ziâd.

(5) On les trouvera résumés dans Ibn 'Asâkir (éd. Badrân) IV, 80-81. 'Omar aurait fait exiler au Yémen des descendants de Ḥaġġâġ ! ! La notice d'Ibn 'Asâkir se ressent considérablement de l'influence iraqaine. Il se montre plus équitable envers Ziâd. Encyclopédiste, Ibn 'Asâkir tient avant tout à compléter sa collection de ḥadîṭ.

du Ṭaqafite Aboū'l-Ḥakam (1). Mais ce refus se trouvait motivé par la
complète nullité du personnage (2). Ḥālid, fils du calife Yazīd Iᵉʳ, avait
dû subir, la mort dans l'âme, l'avènement des Marwānides, au mépris des
droits de sa propre famille (3). Quoi d'étonnant si le dépit l'a parfois égaré
au point de rappeler à son heureux rival, 'Abdalmalik, que sa mère sortait
de Ṭaif (4) ? Mais, à part ces moments de mauvaise humeur, les Omay‑
yades, tant de la branche cadette que de la branche aînée, n'oublièrent
jamais leurs obligations envers les intelligents Ṭaqafites.

Il leur arrivera de ne pas s'accorder, de discuter sur la valeur respec-
tive des deux plus éminents, parmi les « vizirs » ṭaqafites, Ziād et Ḥaǧǧāǧ,
sur leurs méthodes gouvernementales et le succès qui les avait couronnées.
Comme il était à prévoir, les Sofiānides exaltaient les mérites de Ziād, les
services rendus par lui à la dynastie. Les Marwānides se déclaraient pour
Ḥaǧǧāǧ, chaque parti s'offorçant de faire prévaloir son favori (5). Discussions de nature académique et ne mettant jamais en question ni leur savoir-
faire ni leur loyalisme. Il faut porter la même appréciation sur l'opposition
fomentée par des membres de la famille régnante contre Ziād. Son influence dans les conseils de Mo'āwia fit même supposer que le souverain songeait à lui laisser sa succession (6). Par ailleurs, il arriva au puissant vice-
roi de l'Iraq de ne pas toujours user avec la discrétion requise de sa fortune
extraordinaire (7). Ainsi il aurait, assure-t-on, demandé l'adjonction du
Ḥiǧāz à son vaste gouvernement de l'Orient (8). Or, la préfecture de l'Ara-

------

(1) Voir le tableau, p. 68. Il s'agit du Mālikite 'Abdarraḥmān ibn Abi'l-Ḥakam.

(2) *Aǧ.*, XIII, 34 ; voir précédemment, p. 37. Satires contre 'Abdarraḥmān ; *Aǧ.*,
XIII, 43.

(3) Ses regrets du pouvoir ; il se déclare contre Ḥaǧǧāǧ ; *Aǧ.*, XVI, 88, 7 ; 89 ;
90, 6.

(4) *Aǧ.*, XVI, 91. Voir pourtant la page précédente. Mobarrad, *Kāmil*, 190.

(5) *'Iqd¹*, III, 4.

(6) Cf. *Ziād*, 132.

(7) Cf. *Yazīd*, 103, 104. Même remarque à propos de Ḥālid fils de Yazīd et de
Ḥaǧǧāǧ ; ce dernier excède. Cf. *Aǧ.*, XVI, 89, 4 : « vous auriez dû me consulter »,
dit-il à Ḥālid.

(8) Cf. *Ziād*, 124.

bie occidentale avait été jusque-là réservée à un membre de la famille omayyade (1). En outre Ziâd avait combattu la candidature de Yazîd, fils du calife. Tous ces intérêts de famille parurent un instant se liguer contre l'envahissant ministre. L'opposition ne dura guère et les fils de Ziâd continueront à remplir les plus hautes fonctions (2). L'intérêt supérieur de l'Etat suffit pour étouffer les protestations de l'amour-propre froissé, chez les princes omayyades.

---

(1) Cf. *Mo'âwia*, 30.
(2) Cf. *Yazîd*, 32-34 ; 103.

XIII

POURQUOI LA TRADITION
SE MONTRE HOSTILE A ṬĀIF.

Accord des partis antiomayyades dans cette hostilité. — On reproche aux Ṭaqafites les services rendus aux Omayyades. — Acharnement des Šī'ites, en mémoire de Karbalâ et des martyrs 'alides. — Comment la Tradition exploite la satire, ramasse les anecdotes apocryphes — On s'en prend au patriotisme des anciens Ṭaqafites ; leurs descendants ont martyrisé la famille du Prophète. — Duplicité des 'Abbâsides.— L'autorité de Mahomet invoquée contre Ṭâif. — « Les deux imposteurs de Taqîf ».— 'Alī et Ṭâif — Origine šī'ite de ces traditions hostiles,

Cette faveur, et non moins, les éclatants services rendus par les Ṭaqafites à la dynastie syrienne, devaient provoquer une violente réaction au sein de la Tradition musulmane (1). En étudiant l'histoire des califes sofiânides, j'ai montré comment cette tradition néglige rarement de trahir son hostilité contre les Omayyades. Cette animosité éclate déjà dans la qualification de راشدون , justes, accordée aux quatre premiers *vicaires* du Prophète. Elle laisse entendre que leurs successeurs immédiats ont rompu avec leurs traditions, celles de la primitive théocratie islamique. Parfois même elle ne leur reconnaît que le titre de *molouk*, rois profanes (2). Atti-

---

(1) Le Prophète aurait maudit Omayyades et Ṭaqafites ; la juxtaposition est éloquente ; Goldziher, *Muh. Stud.*, I, 100.

(2) *Mo'âwia*, 191-197. Cf. *Yazîd*, p. 15 sqq. Réserves en faveur de Mo'âwia, articulées dans *Chroniken*, W. III, 88.

tude équivoque dont ses plus intelligents interprètes ont·fini par reconnaître le danger et l'illogisme.

Mo'àwia fut le compagnon de Mahomet ; il fut aussi le frère d'Omm
Ḥabìba, la « mère des croyants » (1). Ses successeurs, en leur qualité de
commandeurs des croyants, avaient recueilli la *ḫilàfa*, la lieutenance du
Prophète. Ces titres imposaient des ménagements. A l'égard des « impies »
ministres de Ṭaqìf, on se sentait plus à l'aise. Aussi les annalistes, les
poètes, les théologiens au service des 'Abbàsides, ensuite les partisans des
'Alides, les amis des « gens de la maison » (2), tous les écrivains plus ou
moins gagnés aux théories šì'ites, se chargeront de faire expier aux « esclaves de Ṭaqìf » (3), le crime de s'être montrés les plus fermes soutiens des
« ennemis de la religion » — ainsi affectera-t-on désormais de désigner les
Omayyades (4). La même considération poussera les 'Abbàsides à sévir
contre les descendants du grand capitaine qoraišite, 'Amrou ibn al-'Aṣi.
Ils se verront dépouillés de leurs biens, parce que leur ancêtre s'était rangé
aux côtés de Mo'àwia (5). Tel sera le crime principal des Ṭaqafìtes.

Nous devons également tenir compte des rancunes, amassées par les
hommes d'Etat ṭaqafìtes, ensuite de la jalousie causée par leur invraisemblable fortune et aussi par leurs talents, « leur incontestable supériorité
intellectuelle », مقولهم ترجح على عقول الناس . Pour expliquer Karbalà, inutile de
tabler sur les fautes accumulées par Yazìd. Les adversaires de la dynastie
omayyade ne lui laissèrent pas le temps d'en commettre. C'est au lendemain même de l'avènement du second calife sofiânide qu'éclata la folle

---

(1) Pour la valeur de cette expression, voir *Fàṭma*, 99. Elle regarde bien les épouses de Mahomet ; Wàḥidì, *Asbàb*, 267, 6 d. l. Comp. 268, 1, où l'on essaie de combattre
cette interprétation.

(2) Jusqu'au sein de la *Sonna,* on trouve le قيل حَسَن. Mas'oûdì en est un des plus
caractéristiques représentants ; ajoutons Aboû'l-farag l'auteur de l'*Aġànì*.

(3) Sur l'interprétation abusive du théophore عبد اللّه, voir plus haut, p. 57.

(4) On les fait proclamer « les maulàs des Omayyades » par Mahomet ; Balàḍorì,
Fotoûḥ, 56.

(5) *Aġ*., X, 169, l. bas. Ils furent restitués ensuite. Voir dans Naṣr ibn Mozàḥim,
Kitàb Ṣiffìn (lithogr.), série de ḥadìṯ 'alides contre Mo'àwia et 'Amrou, pp. 111-118.

équipée de Ḥosain.

Cette catastrophe trouve sa meilleure explication dans la durée exceptionnelle, dans les vingt glorieuses années du califat de Mo'âwia. L'envie est demeurée, depuis Mahomet, le défaut national du peuple arabe (1). Les ressentiments politiques, coalisés contre les Omayyades, ne pardonnèrent pas davantage à Ziâd et à Ḥaǵǵâǵ leur trop longue prospérité. L'intervention des *So'oûbyya* contribua de son côté à envenimer ces préventions injustes. Ḥaǵǵâǵ n'avait cessé de se montrer un impérialiste outré, un partisan intransigeant de la suprématie arabe.

« Nous vous avons, disait le Qoran (**49**, 13), divisés en peuples, شعوب, et en tribus ; devant Allah, sachez que le plus grand parmi vous est le plus religieux ». Les partisans de l'égalité politique entre musulmans, sans distinction de race, s'autorisèrent de ce verset et s'en firent une arme contre l'impérialisme et le chauvinisme arabes. On les appela *So'oûbyya* ; dénomination que M. Snouck Hurgronje (2), avec infiniment de vraisemblance, rattache au vocable *šo'oûb*, mentionné par le Qoran. Se considérant comme le défenseur officiel de la suprématie arabe, Ḥaǵǵâǵ devait entrer en conflit avec les *maulâs*, les affranchis, les néophytes d'origine iranienne. Il n'est pas indifférent de noter que ce justicier s'attirera d'autre part l'inimitié des *latifondistes* arabes, en défendant contre leurs empiètements les droits du trésor public et ceux des cultivateurs indigènes (3). Viendra le moment — ce sera sous la dynastie 'abbâside — où les descendants des ilotes politiques que furent les *maulâs*, au premier siècle de l'hégire, tiendront la plume, inspireront la primitive annalistique et les recueils de *ḥadîṯ*. Ce sera pour rendre toute la tribu de Ṭaqîf responsable de cet odieux passé et de leurs anciennes humiliations (4).

---

(1) Cf. *Berceau*, I, 214.

(2) *De Islam en het Rassenprobleem*, p. 18.

(3) Cf. *Ziâd*, 62-63.

(4) Recueil de récits hostiles à la mémoire de Ḥaǵǵâǵ ; voir '*Iqd*', III, 22, etc. De cette haine procèdent des expressions comme la suivante, sous la rubrique de l'an 95 H. فيها قتل الله الصحابة في ليلة مباركة من الأثر ; Taġribardî, البحر الزاخر (man. Paris), 35 a. Cette phrase

Dans cette explosion de haines, les Ṭaifites se trouveront de nouveau associés à leurs patrons omayyades. Ils seront qualifiés de *'otaqā'*, affranchis, comme ceux-là avaient été stigmatisés par l'épithète synonyme — sortant de la même usine — de *ṭolaqā'*, libérés (1). On y rattachera la grotesque histoire d'Aboū Bakra, de Ziād et des soi-disant esclaves ṭaqafites, qui seraient venus rejoindre Mahomet, lequel se morfondait au pied des murailles de Ṭāif. Une glose enfantine sera citée, à l'appui, sur le nom d'Aboū Bakra. Il l'aurait mérité en cette circonstance, parce que, avec ses compagnons d'esclavage, il se serait laissé glisser, au moyen d'une poulie, *bakra*, le long des remparts de la ville assiégée (2).

Aux fonctionnaires ṭaqafites il arriva de manquer de dextérité. Sans parler de l'étrange Moḫtār, Ziād s'était vu forcé de sévir contre ses propres amis, les fougueux partisans de 'Alī. La vénération pour l'insignifiant Ḥoǵr ibn 'Adī, devenu le protomartyr de la cause šī'ite (3), fut exploitée contre le fils de Somayya. Chez 'Obaidallah son successeur, le zèle pour le maintien de l'ordre confina parfois à la brutalité. Il s'entêta, il manqua de clairvoyance, pendant les jours troublés de Karbalā. Ces défauts transformèrent une simple opération de police — ainsi l'avait conçue Yazīd — la capture d'une bande de révolutionnaires novices, en une boucherie inutile (4). La pitié d'abord, le fanatisme ensuite les métamorphoseront en héros, en martyrs ! Karbalā fournira une riche matière au drame de la « Semaine Sainte » des Šī'ites ; et chaque nouvelle représentation alimentera parmi ces sectaires la haine du nom de Ṭaqīf. Elle fera de Ziād, de 'Obaidallah, les Hérode, les Caïphe de la « Passion » šī'ite (5).

---

a eu un énorme succés. Le cliché a été appliqué à Ziād, à Qorra ibn Šariq ; Al-Kotobī, عيون التواريخ (man. Paris), II, 95, 98 *b* ; Al-Yāfi'ī, مرآة الجنان (ms. Paris), p. 67 *a*.

(1) Cf. notre *Ziād*, p. 2.

(2) Comp. Tamisier, *op. cit.*, II, 171. Les fortins de la région sont « sans portes... Les garnisons se servent d'une corde pour pénétrer dans l'intérieur » et aussi pour s'en évader, comme aurait fait Aboū Bakra.

(3) Cf. *Ziād*, 70, etc.

(4) Cf. *Yazīd*, 131, etc.

(5) Ḥaǵǵāǵ est « Pharaon »; I. 'Asākir (éd. Badrān), IV, 80.

Ḥaǧǧāǧ ne fut pas le tyran, assoiffé de sang, inventé par les écrivains
'alides et 'abbāsides (1). Pour son malheur, la véhémence des rancunes politiques accumulées le mit dans l'obligation de se renfermer dans le rôle
de justicier. Il lui manqua, non l'énergie, mais le prestige de Ziād, parfois
la maîtrise de lui-même, en un mot, la pleine possession du *ḥilm*. C'est,
assure Lyall (2), « a difficult word to render ». Plus malaisée encore à défi-
nir nous apparaît cette hybride et douteuse vertu qui fonda la renommée
des Omayyades — dosage indéfinissable d'intelligence politique et de scepticisme bienveillant.

Une sorte de fatalité mêla les grands gouverneurs ṭaqafites aux plus
tragiques aventures, aux catastrophes qui ensanglantèrent, pendant le
premier siècle de l'hégire, la famille du Prophète.

Parmi les « gens de la maison » contemporains des Marwānides, le
dernier grand martyr fut Zaid ibn 'Alī, un révolutionnaire plus fougueux,
mais non moins inconsidéré que son aïeul Ḥosain. Dans la répression de
cette rébellion, allait de nouveau se trouver impliqué le nom d'un gouverneur ṭaqafite, Yoûsof ibn 'Omar. C'en était trop. La haine šī'ite déborde
dans ce distique, par ailleurs si banal, de Komait, le chantre des prosaïques
Hāšimyyāt :

*Le Prophète vient d'être douloureusement atteint dans le crime, perpétré
sur son descendant par Yoûsof.*

*Le misérable, issu d'une lignée plus misérable encore ; en les appelant
des débauchés, je ne puis manquer à la vérité.*

الخبيث من المصبة الأخبثين   وإن قلت زانين لَم اقذف (3)

---

(1) '*Iqd*⁴, III, 22 etc. Comp. Périer, *op. cit.*, 313 sqq. lequel relève les plus fortes
exagérations.

(2) *Dîvan* de 'Abîd ibn al-Abraṣ, 50, n. 5. Cf. *Aǧ.*, XI, 123, bas. Pour la haine
contre le frère de Ḥaǧǧāǧ, gouverneur du Yémen, un trait suffira : كان قد جمع المجذومين
تاريخ الكفاية والاعلام ، 'Alî ibn al-Ḥasan al-Ḥazraǧî, بصَنْعَاء وجمع لهم الحطب ليحرقهم فماتت قبل ذلك
فيمن ولي اليمن وسكنها من الاسلام (man. arab. Leiden n° 292), p. 19.

(3) Komait, *Hāšimyyāt*, (éd. Horovitz), IV, 1-2. Comp. Kotobî, *ms. sup. cit.*, 35 b. ;
لو تحابثت [lis. تحابثت] الأمم رهطنا بالحجّاب لغابناهم ; quand les autres peuples réuniraient tous

La Šī'a primitive ne fut pas mieux servie par ses poètes que par ses chefs. Le distique insignifiant de Komait n'en désignait pas moins toute la tribu de Ṭaqīf à l'animadversion de l'islam. Les 'Abbāsides sauront exploiter cet état d'esprit. Moins que personne, les ancêtres des califes de Bagdad étaient fondés à prendre position contre les compatriotes de Ziād et de Ḥaǧǧāǧ. Pendant toute la période préhégirienne, nous les avons rencontrés en relations incessantes avec Ṭaif. Les récits qui en font foi ne sont pas tous authentiques et il resterait à réduire considérablement l'importance de ces rapports. Mais jusque dans l'exposé qu'en ont laissé les écrivains dévoués aux 'Abbāsides, il est impossible de découvrir trace d'hostilité entre Ṭaqafites et Hāšimites. Ceux-ci possèdent des domaines à Ṭāif; ils s'y approvisionnent du *zubīb*, destiné à corriger le breuvage de Zamzam; ils y jouissent de la large hospitalité accordée à tous les Qoraišites. En définitive, les Hāšimites ne trouvaient aucun arriéré de rancunes à régler avec la tribu de Ṭaqīf. Entre les deux groupes, aucun sang ne crie vengeance. Une situation aussi franche ne pouvait plus convenir à l'ambition éveillée des 'Abbāsides. Dès la fin du 1ᵉʳ siècle H., ils visent à supplanter Omayyades et 'Alides. Sans jamais se compromettre, l'astucieuse famille chercha à profiter des maladresses accumulées par les « gens de la maison ».

En s'abritant derrière ces infortunées victimes de l'imprévoyance, ils s'ingénièrent pour monnayer le prestige attaché au nom du Prophète, « comme un article de commerce, هولاء قوم جعلوا رسولَ الله صلعم سوقًا » (1). Ainsi les jugera le calífe Hišām. Ziād décidera 'Alī à confier, malgré ses répugnances trop justifiées, le gouvernement de Baṣra au cauteleux Ibn 'Abbās, qu'il assistera de ses conseils (2). Nous avons vu les Hāšimites prolonger leur séjour à Ṭāif, profiter de l'asile que leur garantit cette ville : tels Ibn 'Abbās et Ibn al-Ḥanafyya. Le tombeau du premier constitue encore, de

---

leurs scélérats, nous l'emporterions sur eux avec le seul Ḥaǧǧāǧ ! ». Les recueils de *nawādir* sont pleins de sentences analogues : cf. I. 'Asākir, IV, 80 ; '*Iqd*, loc. cit.

    (1) Balāḏorī, *Ansāb.* 749 *a* ; cf. *Fāṭima*, 137 ; Lammens, *La Syrie*, I, 101.

    (2) Ibn 'Asākir, *op. cit.*, (Badrān, V, 408).

nos jours, le principal sanctuaire de Ṭâif. Une fois arrivés au pouvoir, les 'Abbāsides, tout en tenant à l'écart les 'Alides, estimeront utile, sans en avoir été priés, de prendre à leur charge la liquidation sanglante des haines, amoncelées entre Ṭâif et les descendants de Fāṭima. S'instituant d'office leurs vengeurs officiels, ils adopteront tout le martyrologe šï'ite (1), depuis Ḥoǵr ibn 'Adī jusqu'à Zaid ibn 'Alī (2). Ce machiavélisme leur rapportera un double avantage : en donnant satisfaction aux rancunes des 'Alides, il se flatta de pouvoir écarter leurs réclamations dynastiques. Il leur permettra ensuite de se débarrasser des personnalités leur faisant ombrage, de tous ceux qui avaient été les plus solides soutiens de la dynastie omayyade.

*
* *

Quand la chute des Omayyades facilita la réalisation de ce programme, les derniers hommes d'Etat ṭaqafites avaient disparu au sein de l'ouragan balayant le trône des califes syriens (3). Devant l'impossibilité de se venger sur leurs personnes — leurs descendants, en majorité réfugiés en Syrie, vivaient dans l'obscurité — la réaction 'abbāside préféra associer ses rancunes aux haines des 'Alides et aux ressentiments politiques de l'Iraq. Elle voulut prendre sa revanche, en s'acharnant sur la mémoire des grands Ṭaqafites. Elle recourut à ses armes habituelles, le faux, la calomnie, s'efforça de mettre au ban de l'histoire la ville de Ṭâif et sa vaillante

---

(1) Voir l'édit du calife 'abbāside Mo'taḍid proscrivant de maudire les Omayyades ; Ṭab., *Annales*, III, 2169, 2170.

(2) Pour ce dernier, voir I. S. *Ṭabaq.*, V, 239 sqq. Les 'Abbāsides se proclament leurs vengeurs ; *Aǵ.*, IV, 93, 15; Van Arendonk, *op. cit.*, 37, etc.

(3) Descendants de Ḥaǵǵāǵ ; Qotaiba, *Ma'ārif*, E. 136. Pour les descendants de Ziād, voir notre *Ziād ibn Abīhi*, 133, notes 1, 2. On en retrouvait à Ǵaroûd près de Damas ; Yāqoūt, E. III, 90. Ils étaient encore nombreux à l'époque d'Ibn Qotaiba ; voir son *Ma'ārif*, E. 118-119. Le gouverneur 'abbāside de Baṣra, Solaimān, petit-fils d'Ibn 'Abbās, protégea en cette ville les biens et les personnes des descendants de Ziād. Il rendit le même service aux Omayyades (Balāḏorī, *Ansāb*, 753 *a-b.*), puis les abandonna aux bourreaux.

population. La manœuvre réussit à merveille et, de nos jours encore, parmi les Bédouins contemporains, une véritable défaveur s'attache au nom des Ṯaqafites (1). Pour expliquer la durée de haines aussi persistantes, il faut sans doute escompter l'intervention de la satire. Pendant toute la durée de la dynastie omayyade, on exagèrerait difficilement le rôle politique de la poésie : califes et gouverneurs durent s'en préoccuper (2). Or, au cours de leur carrière publique, les fonctionnaires ṯaqafites s'étaient vus obligés, à maintes reprises, de sévir contre le *genus irritabile vatum*, réclamant pour leur corporation le droit de tout dire, en d'autres termes, de ne rien respecter (3). Les poètes se vengèrent par des diatribes, fidèlement gravées dans la tenace mémoire des Bédouins. Conformément aux déplorables traditions du Parnasse arabe, ces attaques passionnées englobaient, dans une commune réprobation, les hommes d'Etat, leurs familles et leur tribu.

Ramassant toutes ces ignominies, la tradition antiomayyade s'est acharnée contre Ṯaqîf. Dans la boue de la satire arabe, elle a recueilli les traits infamants, glané dans la confusion de l'histoire préislamique les anecdotes les plus odieuses, tous les crimes de lèse-patrie. Les mettant sur le compte des ancêtres de la tribu, elle s'est arrogé le droit de les déclarer étrangers à la race arabe (4). Nous avons vu plus haut (5) quel parti on a prétendu tirer des incohérentes légendes qoraniques. Après la patrie—un

---

(1) Les *Thegif* de Doughty, *Travels*, II, 174-75, doivent être des Ṯaqîf authentiques, quoique actuellement rattachés aux Banoū Ġohaina. Ils occupent encore Ṯaif et les environs ; Burckhardt, *Voyages*, I, 113 ; Tamisier, *op. cit.*, I, 344, 349 ; A *Handbook of Arabia*, I, 72.

(2) Voir dans *Mo'āwia*, 252 sqq., le chap.: *la poésie politique.* Ḥaǧǧāǧ lui-même ne dédaigne pas de recourir aux poètes ; *Aǧ.*, XVI. 60.

(3) Vers de Oqaiśir contre Ḥaǧǧāǧ; Dīnawarī, *Aḫbār*, 320. Notice de A'śā Hamdān ; *Aǧ.*, V, 146 sqq., 159 ; Ziād et Farazdaq ; cf. *Naqā'id Ġarīr*, 609, 15 ; notre *Ziād*, 116-117.

(4) *Aǧ.*, IV, 76.

(5) Voir p. 56. Comp. dans Azraqī Wüst., 362, bas, comment Aboū Riġāl aurait été sauvé du désastre de Ṯamoūd.

concept demeuré étranger à la mentalité bédouine — la religion se trouvait appelée à déposer contre Ṭâif. Les impies Ṭamoŭdites avaient été
exterminés par Allah. Or, Ṭaqîf se rattache à cette race maudite. Cette
tribu fournit des guides aux Abyssins en marche vers la Mecque (1).
Comme preuve on montrait la tombe d'Aboŭ Riǧâl, lapidée par tous les
passants en punition de sa trahison (2).

Descendus de ces ancêtres mécréants, les Ziâd, les 'Obaidallah, les
Haǧǧâǧ, les Yoŭsof ibn 'Omar ont simplement continué les traditions impies de leur race ; ils se sont montrés les dignes ministres des 'Omayyades,
ces Pharaons de l'islam (3). Grâce à ces apocryphes impudents, l'histoire
du premier siècle acquiert une saisissante unité; tout s'y tient, tout s'explique. La mort des fils de Fâṭima, l'énigme de leur sang, le propre sang du
Prophète, versé dans les plaines de l'Iraq, forme un douloureux mystère
pour la conscience musulmane, même chez les croyants hostiles aux exagérations des Šī'ites. Comment des hommes, « s'acquittant des cinq prières,
مُصَلّون الخمس » (4), ont-ils pu se laisser entraîner à ces excès ? A ces esprits
aveuglés par les préjugés, la redoutable influence de l'atavisme doit aider
à faire comprendre les abominations des Ṭaqafites, les malheurs des 'Alides,
مَقَاتِل الطالبيّين (5), innocentes victimes des bourreaux de Ṭâif (6).

Restait à expliquer l'attitude réservée et diplomatique, adoptée par
Mahomet. Il avait attaché un grand prix à la conversion, publiquement

---

(1) *Aǧ.*, IV, 74-76.

(2) Voir précédemment, p.66. Ancien lieu de culte pour les Ṭaqafites; Cf. *Kanz al-
'ommâl*, VI, p, 212, n° 3705.

(3) Pharaon est dans le Qoran le type de l'impiété. Voir une *Concordance* du Qoran,
au nom de Pharaon. Cf. *Yazîd*, 492-493. Pharaon, synonyme de tyran. Ainsi le Prophète
بعث رجلاً إلى رجل من فراعنة العرب ; Wâḥidî, *Asbâb*, 204. En enfer, Mo'âwia n'est que d'un
degré au-dessus de Pharaon ; Naṣr ibn Mozâḥim, *op. cit.*, 111-113.

(4) Les cinq prières quotidiennes de l'islam ; Ibn Hišâm, *Sīra*, 136, 1 ; 138 ; I. S.
Ṭabaq., I¹, 104,25.

(5) Titre d'un ouvrage attribué à l'auteur de l'*Aǧânî*.

(6) Voir la citation de Komait, *Hâšimyyât*, plus haut, p. 177.

émis des vœux pour l'entrée dans l'islam (1), des citadins du Sarât, des intelligents compatriotes de Moġïra ibn So'ba, secrétaire et chambellan du Prophète. Depuis l'échec patent de sa propagande auprès des Bédouins, il semble, les dernières années de sa vie, avoir concentré ses efforts sur l'adhésion des sédentaires, principalement des agglomérations urbaines : Médine d'abord, puis la Mecque, enfin Ṭāif. Ce résultat assuré, comme s'il avait accompli le dernier article de son programme, le Maître rentre à Médine pour s'y accorder un repos mérité (2). La conquête des centres, a-t-il pensé, lui vaudrait incessamment la soumission des nomades. Quoiqu'il en soit, il ne voulut point s'arrêter, avant d'avoir gagné la ville-sœur, la Mecque alpestre du Ḥiġāz méridional.

Nous connaissons ses condescendances, la souplesse de sa politique ondoyante pour s'attacher ces néophytes récalcitrants. Ṭaif, c'était la brebis égarée de l'islam : une parabole évangélique, attribuée à Mahomet par les *Mosnad* (3). Jusque sous les murs de la ville assiégée, malgré les instances de ses Compagnons, exaspérés par la longue résistance, décimés par la balistique de Ṭaqīf (4), il s'était refusé à maudire la ville et la tribu revêches, se bornant à émettre des vœux pour leur conversion (5). Sa vie durant, le Prophète ne cessa de se défier des Bédouins, de tenir pour sus-

---

(1) اللّهمّ اهدِ ثقيفا ; Baġawï, *Maṣābīḥ as-sonna*, II, 192 ; *Montaḫab Kanz*, V, 306. Maqrīzī, *Imtā'*. I (ms. Kuprulu), les proclame « oncles du Prophète », à propos de son premier voyage à Ṭāif, يلتمس النصرَ من ثقيف لانهم كانوا اخوال . Je me demande comment on pourrait justifier cette parenté. Sans doute en remontant aux aïeules ṭaqafites du Prophète ; cf. I. S. *Ṭabaq.* I¹ 31, 9.

(2) On essaie d'expliquer cet oubli de la Mecque et du pélerinage ; Azraqī W., 382 sqq. Les Ṣaḥābïs tremblent de commettre des infractions dans le ḥaram ; *ibid.* La Tradition ne pouvait plus ouvertement manifester son embarras.

(3) Ou encore les ouvriers de la 11ᵉ heure ; *Kanz al-'ommūl*, VI, p. 230 (cf. p. 234, variantes), n° 4089 ; Ḥanbal, *Mosnad*, II, 524, 5 sqq. Comp. Ibn Foūrāk, الاحاديث المشهورة (man. Leiden), 72 *a* : « Dieu se réjouit du retour du pécheur plus que… »

(4) Baġawī *Maṣābīḥ as-sonna*, II, 192 ; Ibn Daiba', *Taisīr al-woṣoūl*, III, 110 ; Ibn Hišām, *Sīra*, 877, 1.

(5) Ibn Daiba', *Taisīr al-woṣoūl*, III, 110 ; I. S. *Ṭabaq.*, II¹, 115, 8.

pects leurs sentiments islamiques. Sur la fin de sa carrière, on lui attribue cette parole : « Je songe à refuser tout cadeau, excepté d'un Qoraiśite, d'un Anṣârien ou d'un Ṭaqafite » (1). Au point de vue musulman, on ne pouvait mettre en meilleure compagnie les habitants de Ṭâif. A tout prix, il fallait détruire l'impression produite par des exemples venus de si haut. Il suffira parfois du changement d'une lettre pour obtenir l'effet désiré : « A sa mort, le Prophète honorait trois clans : les Ṭaqîf, les Omayyades et les Banoû Hanîfa ». Au lieu de رَكَمَ, *honorait*, l'auteur zaidite du *Taisîr al-woṣoûl* proposera de lire رَكَمَ, *détestait* (2). Les *mohaddiṯ*, traditionnistes, hostiles savaient comment déformer les dictons du Prophète, comme ils possédaient l'art de démarquer les passages bibliques (3). Avec non moins d'adresse, ils s'entendaient à puiser dans les archives passionnées que forme l'énorme collection des divans poétiques. Au moment de la levée générale de boucliers contre Haǵǵâǵ, l'aède A'śâ Hamdân s'était écrié, pour galvaniser le courage vacillant des rebelles iraqains :

ان ثنيفًا منهم الكذّابان   كذّابها الماضي وكذّاب ثان (4)

Le premier de ces « imposteurs » sortis de Ṭaqîf, Moḫtâr, avait vécu ; le second, c'était Haǵǵâǵ (5). Le trait nous paraît bien décoché. Au moment de lancer les inconsistantes milices de l'Iraq contre les solides légions syriennes, toutes les armes ont semblé bonnes. Le vers d'A'śâ avait eu trop de succès, en son temps, pour échapper à l'attention de la Tradition. Elle

---

(1) Nombreuses variantes ; Baġawî, *op. cit.*, II, 14, 1 ; Tirmiḏî, *Ṣaḥîḥ* D., II, 233, 234 ; Aboû 'Obaid, *Ġarîb* (man. cité), 71 *b.* ; Ḥanbal, *Mosnad*, II, 247, 292.

(2) Tirmiḏî, *op. cit.*, II, 233 ; Ḥanbal, *Mosnad*, IV, 420, les déclare odieux à Allah ; Ibn Daiba', *loc. cit.*

(3) Par ex. Ibn Foûrâk, *ms. sup. cit.*, 17 *a*, 18 *a*, 20 *a* : « j'étais malade et vous m'avez visité ; j'étais.... etc. ! ». Le *Pater* attribué à Mahomet ; Ḥanbal, *Mosnad*, VI, 21, 2 ; Baġawî, *Maṣâbîḥ* (ms. Berlin), p. 66 *b.*

(4) « Ṭaqîf compte deux imposteurs : le premier n'est plus, puis (viendra) un second imposteur. »

(5) *Aġ.*, V, 159. Comp. Baġawî, *Maṣâbîḥ as-sonna*, II, 192. Nombreuses variantes dans Ibn 'Aṣâkir (Badrân), IV, 50.

y a flairé la matière toute prête pour un ḥadīṭ et l'a placé à peine modifié
sur les lèvres de Mahomet. « De Ṭaqīf, aurait dit le Prophète, sortiront un
imposteur et un bourreau » (1). Le bourreau s'appelait Ziåd, 'Obaidallah,
Ḥaġġåġ, Yoūsof ibn 'Omar… On n'avait que l'embarras du choix, parmi
les nombreux fonctionnaires de Ṭâif (2), qui avaient toujours pris au
sérieux leur mandat administratif, partant entraînés à sévir contre les
éléments anarchiques.

Non content de cette prédiction, le Prophète aurait rappelé aux bons
musulmans l'obligation de détester la tribu mécréante (3). Cette précision
cadre mal avec les habitudes de l'auteur du Qoran, avec sa recherche constante de l'anonyme et de l'impersonnel. Ce recueil, tout en stigmatisant
durement les adversaires du Prophète, évite de les excommunier nommément. La seule exception à cette règle — le verset conservant la mention
d'Aboū Lahab — semble avoir été regrettée par le Prophète. En insérant,
dans le même ḥadīṭ, l'obligation d'aimer les 'Anṣår, le faussaire a trahi
son origine médinoise. Dans la tendance antiomayyade, les apocryphes
recommandations en faveur des *Auxiliaires* de Yaṭrib occupent une place
considérable (4). Enfin, pour achever de nous édifier sur la provenance de
ces récits suspects, on a placé tout le cycle sous le patronage de 'Alī. Le

---

(1) Tirmiḍī, *Ṣaḥīḥ* (Dehli), II, 45 : *Aġ.*, loc. cit. ; Mas'oūdī, *Pratries*, V, 25,
265 ; Ibn al-Aṭīr. *Kāmil*, E. IV, 294 ; I. S. *Ṭabaq.*, VIII, 185. Ce ḥadīṭ est successi-
vement exploité par les moḥaddiṭ de l'Iraq, par les partisans de 'Alī et par ceux d'Ibn
Zobair.

(2) La Šī'a a dû aussi garder rancune de cette parole d'Aboū Bakra : لا اكون ذباب
انتقل على الجيف احبّ الىّ من ان ادخل فيما دخل فيو على ; Balāḍorī, *Ansāb*, 323. Le ḥadīṭ des deux
imposteurs est d'ordinaire accompagné d'un commentaire, désignant Ḥaġġåġ et rappelant ses 120,000 (*sic* !) victimes ; Tirmiḍī, *loc. cit.*

(3) Ḥanbal, *Mosnad*, IV, 420. Voir les auteurs cités précédemment. *Montaḥab Kanz*,
V, 306. Le Prophète ordonne aux siens de lapider la tombe d'Aboū Riġāl ; *Aġ.*, IV, 74,
76.

(4) Cf. *Mo'āwia*, 282 ; *Yazīd*, 60. *Aġ.*, IV, 76, 9 d. l. Voir plus haut la remarque
sur la « waṣyya » prophétique en faveur des Anṣårs, et le ḥadīṭ prophétique sur l'obligation de détester les Ṭaqīf et les Banoū Omayya. La juxtaposition est suggestive !
Ibn Daiba', *op. cit.*, III, 110.

mari de Fāṭima, l'ancêtre des médiocres héros pitoyables victimes d'une ambition inconsidérée, 'Alī doit se porter garant de leur authenticité. Or, au moment précis où l'on lui fait articuler ces graves accusations, on nous montre l'imprévoyant calife, parlant sous l'empire de la colère, ripostant comme un vulgaire Bédouin par de basses injures à un manque d'égards, dont des Ṭaqafites se seraient rendus coupables (1).

Nous avons apprécié ailleurs (2) la valeur de sa réputation comme juriste. Il ne faut pas moins se défier de son érudition littéraire et historique ou de celle qu'on lui prête en ces matières. Il n'y a pas que les Šī'ites et nous qui aient tenté de protester contre le rôle envahissant attribué à 'Omar. Plus discrètement, avec moins de franchise surtout, ceux que, parmi les Sonnites, on qualifie de Šī'ites « louables », حبّ, ont éprouvé le même besoin. Les deux partis opposent 'Alī (3) à 'Omar.

Le savoir universel du second calife se trouve d'ordinaire pris en défaut par la science surhumaine du gendre de Mahomet (4). Procédés enfantins ! Ils devaient contrebalancer la qualification d'esprit borné, محدود, accolée au nom de 'Alī dans certains Ṣaḥīḥ (5). Quant à la masse des ḥadīṯ attribués à 'Alī, on s'explique mal comment ses propres fils se trouvaient

---

(1) تشامزوا به. 'Alī se retourne et vomit les injures rapportées, *Aǧ.*, IV, 74. Pour la puissance d'injures chez 'Alī, voir *Aǧ.*, XVIII, 159. Comme tous les esprits faibles et débordés, 'Alī, à bout d'arguments, se fâche ; cf. *Aǧ.*, XV, 30, bas. A l'égard des *tributaires*, la Šī'a a placé sa propre intolérance sous le même patronage ; cf. *Aǧ.*, XVI, 36 bas.

(2) *Fāṭima*, 49, 55, 87, 88. Azraqī, W., 171. La Tradition, celle des Šī'ites avant tout, présente 'Alī comme le grand قطب, le conseiller écouté des califes, en première ligne de 'Omar ; cf. Lammens, *A propos de 'Alī ibn Abī Ṭālib*, dans *MFOB*, VII, 313. Ḥaǧǧāǧ est prédit et décrit par 'Alī : Ibn 'Asākir, (éd. Badrān), IV, 72-73.

(3) Cf. *Yazīd*, 393, etc. Comp. Moslim, *Ṣaḥīḥ²*, I, 8.

(4) Azraqī, *loc. cit.*; *Fāṭima*, 87 ; Ya'qoūbī, *Hist.*, I, 271, 272 ; Qotaiba, *'Oyoūn*, 475 ; *Aǧ.*, XXI, 219-220 ; Yāqoūt, *Mo'ǧam*, E. I, 44 ; *A propos de 'Alī*, (*MFOB*, VII, 312-313).

(5) Cf. *Mo'āwia*, 79, 88 ; *Fāṭima*, 23, 49, ; *MFOB*, VII, 312. Pour la virtuosité poétique de 'Alī, voir plus haut.

être les premiers à les ignorer (1). Ils se montrèrent heureux de les apprendre, longtemps après la mort de leur père, et de la bouche d'un étranger à leur famille, un certain Ḥāriṯ al-Aʿwar. Pour satisfaire leur curiosité, ce « borgne » traditionniste, partisan fanatique de ʿAlī (2), leur en expédia d'énormes recueils, de quoi « charger un robuste chameau », بَمَا يوقر بَعير (3). Or ce Ḥāriṯ, si zélé pour la gloire de ʿAlī, jouissait, jusque parmi les partisans de la Šīʿa, d'une réputation douteuse. On lui reprochait son manque de critique et de loyauté, لهُ قولٌ سوء وهو ضعيف في روايتِه (4). ʿAlī lui-même l'appelait « un avorton d'homme », ضف رجل (5).

C'est dans ces officines qu'ont dû être élaborées les légendes défavorables à Ṯaqīf. Dans les anciennes rédactions de la Sīra, Ṯāif figure comme le satellite de la Mecque qoraišite, mais sans trace aucune d'animosité ni de préventions. La Šīʿa a prétendu corriger cette impression. Un jour même, elle fait déclarer à ʿAlī, du haut de la chaire (6), qu'il pense à soumettre au tribut les Ṯaqafites, les ramener à la condition servile de leur ancêtre, Aboū Riǧāl, esclave de Ṯaqīf, عبد ثقيف (7). C'était attribuer à ʿAlī une méprise grossière et l'inintelligence complète du théophore ʿAbdṯaqīf (8). Dieu

---

(1) Cf. *Yazīd*, 131. Pour les apocryphes attribués à ʿAlī et le travail de la Šīʿa à ce propos, comp. Moslim, *Ṣaḥīḥ²*, I, 8 ; *Faṭima*, 87, n. 8. Traits nombreux cités, Moslim, *op. cit.*, I, 12-13.

(2) من شيعة امير المؤمنين et من مقدّمي اصحاب امير المؤمنين علي ; Ṭab., *Annales*, III, 2524, 5, 19. Cf. I. S. *Ṭabaq.*, VI, 116 sqq. Il est traité de menteur كذاب كان ; Tirmiḏī, *Ṣaḥīḥ* D., II, 239 ; Moslim, *Ṣaḥīḥ²*, I, 11, bas ; Ḏahabī, *Mīzān al-iʿtidāl* B., I, 202.

(3) Ṭab., *Annales*, III, 2524, 11-12. Šīʿite exalté, ǧālī, « menteur sans vergogne dans les ḥadīṯ ʿalides » ; Ḏahabī, *loc. cit.*

(4) I. S. *Ṭabaq.*, VI, 116 ; *Ziād*, 81.

(5) I. S. *Ṭabaq.*, VI, 116. Comp. les traits cités par Moslim, *op. cit.* I, 11-12 ; Ḏahabī, *op. cit.*, I, 202.

(6). Cette incise est toujours destinée à souligner la solennité de l'affirmation. Cf. *Moʿāwia*, 204-208 ; Azraqī, Wüst., 305.

(7) Aǧ., IV, 75-76. D'autres versions font d'Aboū Riǧāl l'esclave d'une femme juive. Ici l'intention malveillante se trouve encore moins déguisée.

(8) Voir plus haut. Comp. Aǧ., IV, 75, 19, ancien saǧʿ où ʿAbd Yād apparaît avoir été primitivement un théophore. En déformant ces théophores, la Tradition fait passer l'ancêtre de Ṯaqīf par toutes les servitudes.

sait pourtant si, au cours de son califat, le mari de Fâţima chercha à utiliser les talents administratifs des Ţaqafites — tel le fameux Ziâd, d'abord
attaché à son service—de même qu'il n'hésita pas à introduire des femmes
de Ţâif dans son harem. Ses descendants (1) connaissaient sans doute ces
antécédents, lorsque, pendant les révolutions du Ḥiǵâz, nous les voyons
demander asile aux Ţaqafites hospitaliers. Deux siècles plus tard, le ḥasa-
nide Yaḥyâ, le fondateur de l'imâmat zaidite au Yémen, les connaissait
également, puisque pour soutenir ses revendications dynastiques, il s'ap-
puiera sur les Ţaqîf et les Aḥlâf de Ţaif (2).

(1) Nommons ʿAlî ibn Ḥosain et Ibn al-Ḥanafyya. On fait prédire par ʿAlî le régime du redoutable Ḥaǵǵâǵ ; Masʿoûdi, *Prairies*, IV, 430, 441.

(2) Cf. Van Arendonok, *op. cit.*, 125, 126, 162, 165 et *passim*.

XIV

LES ṬAQAFITES ÉDUCATEURS DES BÉDOUINS ;
LEUR ÉCHEC.

Les Médinois réclament leur part dans le califat. — Les Ṭaqafites, vizirs des califes,
éducateurs des Bédouins. — Contradictions dans la constitution du califat. — Maintien des institutions de la tribu. — Le nomadisme, la Tradition et le Qoran. —
Koûfa et Baṣra, agglomérations de nomades. — Lutte des régents ṭaqafites contre
l'indiscipline des Bédouins. — Raisons de leur échec. — Services rendus par eux
au califat et à l'islam.

Cette guerre sournoise et déloyale constitue, en somme, le plus bel
éloge décerné à l'activité des Ṭaqafites, comme hommes d'Etat. Aucune
autre tribu n'a mérité pareille distinction, pas même les Kalbites — si
odieux aux Iraqains — sur lesquels s'appuya le pouvoir des Omayyades.
Il faut dire, à la décharge des Arabes de Syrie, qu'ils demeurèrent absents
de Karbalâ et ne se trouvèrent qu'incidemment mêlés aux infortunes des
'Alides. C'est une preuve nouvelle que les préventions contre les Ṭaqafites
sont, en majorité, d'inspiration šî'ite.

Au lendemain de la soudaine disparition du Prophète, quand il fut
question de désigner son successeur, l'homme du *Triumvirat*, Aboû Bakr,
s'adressant aux Anṣârs, leur avait tenu ce langage : « نحن الامراء وانتم الوزراء ;
à nous, Qoraišites le commandement, l'empire ; vous, Médinois, vous nous
assisterez, en qualité de vizirs » (1). C'était pour les Anṣârs la réduction à

____

(1) Cf. *Yazîd*, 57.

la portion congrue. A cette cavalière mise en demeure, ils opposèrent leur
propre programme : « منّا امير ومنكم امير يا معشر قريش ; nous aurons un émir,
un chef ; vous, ô Qoraiś, vous aurez le vôtre ! » (1). Sans prétendre à l'hégémonie, cette formule réclamait nettement l'égalité de traitement dans
le partage de l'autorité. De quel côté se trouvait le bon droit, nous n'a-
vons pas à l'examiner (2). Par l'organe d'Aboū Bakr, les hommes de Qoraiś affirmaient leur détermination de garder pour eux seuls le pouvoir
exécutif et invitaient les *Auxiliaires* médinois à les seconder en sous-ordre.
De ces deux conceptions politiques opposées, celle des Anṣârs se trouvait
être la plus conforme à la mentalité des Bédouins, foncièrement hostiles
au principe monarchique, nous l'avons vu précédemment (3). La première,
préconisée par les Qoraiś, témoignait seule d'un sens gouvernemental.
L'amour-propre, l'étroitesse d'esprit des Médinois ne leur permirent pas
de le comprendre. Encore moins ces cultivateurs pouvaient-ils soupçonner
leur propre infériorité politique en face des habiles commerçants de la
Mecque, rompus au maniement des grandes affaires. Cette inintelligence,
ce désaccord entre les deux principales fractions de l'islam, achevèrent de
rendre laborieuse la constitution du califat (4).

A l'avènement des Omayyades, trente ans après la mort de Mahomet, ces souverains savaient ne pouvoir compter sur l'aide de Médine.
Connaissant par expérience la souplesse, l'intelligence pratique des
« cousins » de Ṭâif, ils feront, nous l'avons dit, appel à leur concours. Ces
derniers s'empresseront d'accepter la mission subalterne, dédaignée par
les Anṣârs ; ceux-ci beaucoup mieux qualifiés, semble-t-il, par tous leurs
antécédents, par leur dévouement plus ancien à la cause de l'islam. Et
voilà comment les habitants de Ṭâif se trouvèrent désignés au rôle de

---

(1) Ṭab., *Annales*, I, 1823 ; comp. notre *Triumvirat*, 137.

(2) Yasīd, 73-74; cf. *Triumvirat*, 137. Encore moins la valeur historique de cette
scène traditionnelle, exprimant nettement la thèse qoraiśite et la pratique gouvernementale au 1ᵉʳ siècle H.

(3) *Berceau*, I, 197 etc.; 252 etc.; 315 etc.; cf. Yasīd, 93, etc.

(4) Acuité de la crise, à l'époque de la « Ḥarra » ; cf. Yasīd, 200, etc.

wazîr, de ministres (1) des califes. L'opinion ne s'y trompa pas. Ḥariṭa ibn
Badr et les poètes, ses collègues, souligneront l'importance de cette dési-
gnation quand ils interpelleront Ziad :

*Ton frère est le représentant d'Allah, le fils de Ḥarb, et toi, son digne,
très compétent vizir.*

اخوك خَلِيفةُ الله ابن حَرْب   وانت وزيرهُ نِعْم الوزيرُ (2)

Pendant que les Omayyades achèveront la formation politique des
Arabes de Syrie, que le christianisme et la discipline des camps romains
avaient sommairement dégrossis, ils réserveront à leurs vizirs ṭaqafites la
tâche la plus ingrate : l'éducation des Bédouins de l'Iraq (3), rebelles entre tous, «matière de l'islam». De cette masse demeurée inerte, ils devront
tirer ce qu'elle pouvait donner: des soldats et des défenseurs de la religion
qoranique. Pour bien marquer leur intention, les califes les prépose-
ront على الحرب وعل الصلاة , «à la guerre et à la prière » (4).

Se flattèrent-ils en outre de transformer les nomades en citoyens du
nouvel empire ? Ces illusions, ils n'auront pu les conserver longtemps. Il
suffit de se rappeler le découragement de Ḥaǧǧaǧ (5), à la fin de sa carrière, si remplie, après vingt années de luttes ; ses vibrantes apostrophes
à ses administrés de l'Iraq, tous Bédouins (6) émigrés de la Péninsule :
« يا اهل العراق يا اهل النفاق ومساوي الاخلاق , ô peuple de l'Iraq, ô race de mécréants, ramassis d'apaches ! » On ne peut pourtant lui reprocher de n'a-
voir pas travaillé à l'amélioration des mœurs. Ses mesures en faveur de

---

(1) وزير = aide, second dans le Qoran, 20, 30 ; 25, 37.

(2) Ṭab., *Annales*, II, 78 ; autre exemple ; *Aǧ.*, XVI, 11, l. 12. Ibn Ḥarb désigne le
calife Moʻâwia.

(3) Cf. Qotaiba, *Maʻârif* E., 186, 18.

(4) Conformément à leur diplôme d'investiture. Sur le sens de *prière* dans cette
formule, cf. *Moʻâwia*, 112, note.

(5) Cf. notre article Ḥaǧǧaǧ dans *Encycl. de l'islam*, II.

(6) Parmi eux beaucoup de B. Tamîm « اغلظ العرب وإجفاها , les moins souples parmi
les Arabes » ; *Aǧ.*, XVI, 37, 6 d. l.

l'agriculture, du commerce, sa réforme de la monnaie, de l'administration ne tendaient pas à un autre but (1). Mais il était écrit : le califat compterait parmi les Bédouins des soldats, mais non des citoyens. Cet échec ne saurait être attribué à l'incapacité des fonctionnaires de Ṭaqîf : elle tient à la constitution même de l'Etat arabe. Ḥaǵǵāǵ, affirme le Professeur G. Levi Della Vida (2), « assura à la fertile vallée du Tigre et de l'Euphrate une tranquillité, une prospérité dont elle n'avait plus joui depuis l'empire assyrien et qu'elle ne devait plus connaître dans la suite ».

Quand on étudie les origines et l'organisation du califat, on ne tarde pas à découvrir l'instabilité de la base, étayant cette énorme machine(3) : la contradiction perpétuelle entre la grandeur de l'entreprise et la disproportion des moyens employés pour la réaliser. Véritable tare originelle dont les effets ne pouvaient tarder à se manifester. La fondation d'un grand Etat suppose l'ordre, la discipline, la fusion des éléments destinés à entrer dans sa composition ; avant tout, une autorité capable de forcer au respect de la loi (4), l'entente au sein des classes dirigeantes, l'accord entre les conquérants. Autant de conditions de succès, dont on cherche vainement la trace chez les conquérants bédouins, du moins dans les provinces orientales, celles-là même échues en partage aux gouverneurs, originaires de Ṭaif.

Une opération préliminaire, une sorte de révolution sociale s'imposaient. La source première du mal, de l'incurable anarchie de la race, se trouvait dans le nomadisme. C'est le nomadisme qu'il aurait fallu pouvoir supprimer. Or, le Qoran considère bel et bien la vie pastorale comme le lot ordinaire, l'état normal de l'humanité (5) ; لِكلّ أنّا, dira-t-il, de toute

---

(1) Cf. Périer, *op. cit.*, 253 sqq.

(2) *Rivista di cultura*, Déc. 1920.

(3) Cf. *Mo'âwia*, 278.

(4) « Der Begriff des rechtlichen Zwanges war den Arabern unbekannt ; überall herschte in letzter Instanz das Reservatrecht der persönlichen Entscheidung » ; Procksch, *op. cit.*, 58. Gouverneur de l'Iraq, 'Ammar ibn Yâsir s'entend publiquement traiter de لها الحرية الأبدية ; Balāḍorî, *Ansâb*, 98 a.

(5) Arabe, la seule qu'il envisage ; voir précédemment, pp. 8, 161.

race, de tout groupe social. Ainsi le pélerinage, l'acte le plus solennel de
la religiosité arabe, n'aurait, selon lui, d'autre but que de «remercier
Allah pour l'augmentation, la prospérité des troupeaux» (1). Et comme si
le Qoran craignait qu'on ne se méprenne sur la portée de cette grave affirmation, il ajoute : «pour chaque peuple, لكل امة, nous avons déterminé
un cérémonial sacré afin de lui permettre d'invoquer le nom d'Allah sur
les troupeaux qu'il lui a accordés» (2). Ce qui nous ramène au concept de
la vie pastorale et nomade. Il faut conclure de nouveau que « la révélation » qoranique ne visait que le peuple arabe. Le Prophète n'a pu ignorer
à ce point les conditions sociales des empires grec et perse.

Les Bédouins, émigrés de la Péninsule, ne le comprirent pas différemment. Partout où ils se groupèrent dans l'Iraq, ils avaient conservé
les mœurs et la vie nomades. Par dessus la tribu, le Qoran (3) avait en-
trevu la division de l'humanité en groupes moins restreints, شعوب : Il en
avait profité pour émettre un timide appel en faveur de l'union. Sourds à
cet appel, les Bédouins n'avaient retenu que l'organisation atavique du
clan. L'Iraq, c'était Baṣra et Koūfa, les «deux centres », مصران, comme on
les appelait (4). Le reste ne comptait guère. Là battait le cœur de la province, dont les fiévreuses pulsations se propagaient et portaient le désordre
jusqu'aux frontières de l'immense vice-royauté, soumise aux régents
ṯaqafites. D'origine et de fondation arabes, les «deux centres» n'avaient
rien d'une agglomération urbaine. Ils représentaient en réalité de vastes
bādias (5) ; réunion hétéroclite de tentes, de huttes en boue ou en roseaux,
de cimetières et d'amas d'immondices. Les nomades gitaient pêle-mêle
avec leurs troupeaux et leurs esclaves, groupés au gré de leurs affinités

---

(1) *Qoran*, 22, 29.

(2) *Qoran*, 22, 35. Kasimirski traduit : «...*sur la nourriture* que Dieu leur accorde
de leurs troupeaux » ; un des nombreux à-peu-près dont fourmille sa version.

(3) Voir plus haut Qoran; 49, 13.

(4) *Mo'āwta*, 31.

(5) Cf. notre *Bādia*, p. 91, etc.

et plus encore de leurs rancunes (1). Ils y mettaient en commun tous leurs instincts de haine, tous les ferments de discorde, toutes les divisions historiques, apportés du désert. A cet arriéré de querelles, de dissensions, dont les poètes bédouins ne cessaient de rafraîchir la mémoire — héritage néfaste de la *ǧāhilyya*, gentilité — étaient venues s'ajouter les convoitises, les rancœurs, allumées par 30 années de conquêtes et de guerres civiles ; ce que l'islam appelle l'âge d'or des Compagnons et des « califes راشدون ».

Cette antinomie ne pourra échapper à l'auteur du Qoran, quand il essaiera de jeter les bases de l'Etat islamique. C'est à son corps défendant, qu'il dispensera ses adhérents bédouins de la *hiǧra, émigration*, à savoir, l'obligation de s'arracher au milieu de leur tribu et de la vie nomade pour venir s'établir à Médine, sa capitale. Fidèle à cette doctrine du Maître, la Tradition ne cessera de polémiquer contre le تَعَرُّب, les mœurs et les conceptions bédouines. Je l'ai montré dans la *Bâdia et la Hîra*. Elle considèrera le retour au désert, après la *hiǧra* — à savoir le séjour dans les villes — comme une sorte d'*irtidâd*, apostasie ; elle l'énumèrera parmi les *kabâ'ir*, péchés capitaux (2). Le motif de cette sévérité, c'est que le séjour dans la *bâdia*, désert, amène l'abandon des جماعات, réunions cultuelles (3). Si les ḥadīṯ préconisent l'établissement dans les villes, *fosṭâṭ*, c'est toujours pour le même motif, l'assistance aux جماعات (4). Chez les saints personnages, les traditionnistes blâment le تعرب, non pas les « beduinische Manieren », comme a compris M. Meissner (5), mais le retour à l'idéal nomade. Avec raison d'ailleurs. En Occident, le *paganus*, habitant des campagnes, adhéra le dernier au christianisme. Ainsi le Bédouin opposera la plus tenace résistance à l'islam et vouera finalement à l'échec les efforts de ses éducateurs, ṯaqafites et omayyades.

---

(1) Cf. *Ziâd*, 27 etc.
(2) Ibn al-Aṯīr, *Nihâya*, E. II, 186 ; III, 78.
(3) Ibn al-Aṯīr, *op. cit.*, III, 137, 5.
(4) *Ibid.*, III, 200, bas.
(5) I. S. *Ṭabaq.*, VII¹, 91, 21, cf. p. XXXII ; Ḥanbal, *Mosnad*, VI, 58.

Qu'on compare ces lignes qu'un « Qoraišite 'alide قرشيّ علويّ , descendant de Mahomet, le prophète arabe»(1), le sayyd Moḥammad Rašīd Riḍa consacre, dans la revue *Al-Manār*, à la situation dans l'Arabie contemporaine. « Des millions d'hommes peuvent affirmer pour en avoir été témoins ou l'avoir appris par des attestations irrécusables que les Bédouins du Ḥigāz et des provinces arabes sont retombés dans une barbarie pire qu'au temps de la *ǧāhilyya*, gentilité. Ils razzient, pillent, volent, massacrent, sans égard pour la vie des pélerins, ni pour les villes saintes ni pour les mois sacrés. Aucun de ces excès ne leur paraît blâmable ; ce sont les fruits de leur industrie, comme ils s'expriment. Ils ne pratiquent ni la prière ni le jeûne. S'ils exécutent le pélerinage, ils ne s'inquiètent pas d'en observer les prescriptions, mais ils en profitent pour piller, voler, tuer, quand ils en ont les moyens » (2). Devant cette anarchie, créée et perpétuée par le nomadisme, Ziād et ses successeurs se trouvèrent pratiquement désarmés.

C'est que, pour atteindre efficacement le nomadisme et, par lui, l'individualisme invétéré de l'Arabe, il aurait fallu briser les cadres de la tribu, abolir les institutions primitives, la confusion administrative, introduite par cet embryon d'organisation sociale : tels le *ṯār* ou la loi du sang (3), ensuite le droit de justice privée, reconnu à l'individu par dessus l'autorité hiérarchique ; deux concessions sanctionnées et sanctifiées par la révélation qoranique. Pour ne l'avoir pas mieux compris, ou, si l'on aime mieux, pour avoir voulu concilier l'inconciliable : le *patriarcalisme* bédouin avec l'organisation régulière d'un vaste empire, pour avoir enfin repris la chimère des quatre premiers califes : la fondation d'un Etat exclusivement arabe, la dynastie omayyade et, avec elle, *l'arabisme*, l'hégémonie injustifiée de la race arabe, succomberont. Ces antinomies précipiteront la catastrophe plus sûrement que les intrigues des 'Alides et des

---

(1) Ce sont les qualificatifs qu'il adopte dans *Al-Manār*, XX, 33.

(2) *Al-Manār*, XXI, 228.

(3) Cf. O. Procksch, *Ueber die Blutrache bei den vorislam. Arabern*, passim. L'islam échoue à briser, au profit de l'autorité, la cohésion de la tribu ; *ibid.*, p. 33 etc.

'Abbāsides contre le régime omayyade.

Un des premiers dans la série des lieutenants ṯaqafites des Sofiānides, semble s'en être rendu compte. Ce fut Ziād ibn Abīhi. Les auteurs arabes le reconnaissent, avec Mo'āwia, comme un maître, un précurseur en matière de politique gouvernementale (1). Je crois découvrir un indice de cette divination dans le programme, développé par lui, à son entrée en charge, dans la mosquée de Baṣra. Dans sa substance, l'authenticité du morceau ne saurait être contestée, pas plus que pour certains discours de Ḥaǵǵāǵ (2). Il semble avoir existé une éloquence officielle, inaugurée par les vice-rois ṯaqafites, dont la tradition devait se perdre sous le régime absolu des 'Abbāsides.

A moins de reconnaître en cette composition un exercice de rhétorique' — hypothèse peu vraisemblable chez un personnage aussi convaincu — le programme de Ziād ne saurait être qu'une déclaration de guerre à l'anarchie importée du désert, aux institutions de la tribu, obstinément maintenues dans les cités, fondées par les conquérants. Ziād, le puissant orateur, y expose la contradiction, perpétuée par ces mœurs archaïques, avec la mission d'un grand empire, d'un État constitué. Une menace permanente pour la tranquillité publique, c'était la *da'wa*: mot d'ordre ou de passe, cri d'appel ou de guerre, commun à toute une tribu. Ce cri prétendait affirmer l'unité, la parenté qui étaient censées relier les contribules et, d'autre part, mettre sous la protection de toute la tribu le concept religieux, qui seul, dans l'anarchie du désert, garantissait l'existence des individus. A la première audition de la *da'wa*, tous les membres du clan nomade, tous ses alliés ou confédérés, étaient tenus de venir se ranger autour du contribule en détresse, de le défendre, fût-ce contre les agents du pouvoir, en mettant de côté toute autre considération, sans avoir le droit de s'informer des motifs de son appel, de la justice de sa cause; انصر اخاك ظالماً او مظلوماً, « défends ton frère, à tort ou à raison ». Dans une société inorganique, comme celle

---

(1) Cf. *Ziād*, 15.

(2) Lequel assimile également le تمرّب à l'*irtidād* ; Moslim, *Ṣaḥīḥ*, II, 92.

de l'Arabie des Scénites, ce dicton avait affirmé une vérité salutaire, la
sainteté de la vie individuelle(1), le droit de tous — y compris le plus hum-
ble — à l'assistance inconditionnée de leurs frères de sang. Le Qoran(2,175)
observe pertinemment : « le talion, قصاص, devient une garantie pour votre
vie, ô hommes doués d'intelligence, si vous craignez Allah ». C'était convenir combien, dans la pratique, cette loi lui paraissait d'une application
délicate, dans un milieu aussi passionné que celui des Bédouins. Faussée
par leurs tendances extrémistes, elle devait fatalement ruiner le sentiment
de l'autorité dans un Etat hiérarchique. Situation d'autant plus alarmante
que les tribus se trouvaient maintenant groupées dans des centres. La
guerre de conquêtes les avait armées et enrichies. Elles demeuraient sous
l'influence de chefs, d'agitateurs sans scrupules, ne poursuivant que leur
intérêt particulier.

Ziâd n'hésitera pas à bousculer, à traiter de radoteurs (2) ceux qui,
parmi les vieux Compagnons de Mahomet, s'obstinaient à glorifier le régime
anarchique de l'ancienne Arabie, à déplorer la ruine du chaotique califat
médinois. Décidé à briser avec ce passé, voici comme il haranguera ses
administrés de l'Iraq :

« Malheur à qui parmi vous fera entendre la *da'wa* de la gentilité (3) !
Il aura la langue coupée. Vous avez inventé des crimes inconnus ; je dé-
couvrirai pour chaque méfait un châtiment approprié. Celui qui noiera un
de ses concitoyens, je le jetterai à l'eau. Qui percera le mur d'une demeure
ou y mettra le feu, je le brûlerai ou lui fendrai la poitrine. Les violateurs
de tombeaux se verront enterrés vivants » (4). Telle était la situation à
Baṣra, une des grandes métropoles de l'islam, 40 ans après la mort de
Mahomet. Un poète contemporain manifeste son écœurement, à la vue de

---

(1) Cf. Procksch, *op. cit.*, 42.

(2) Ibn 'Asâkir (éd. Badrân), V, 420.

(3) دعوة الجاهلية. On la fait interdire par Mahomet ; Moslim, *Ṣaḥîḥ*, I, 43-45 ; de
même la حمية de tribu ; Baǧawî, *op. cit.*, II, 108 ; comment on cherche à atténuer le
sens... النصر اخاك (*ibid.*), pour en émousser la pointe anarchique.

(4) Ṭab., *Annales*, II, 74 ; cf. *Ziâd*, 39.

ce spectacle, et ne voit d'espoir qu'en Ziād, l'homme providentiel, « assisté par Allah » :

Esprit libéral, tu apparus, au milieu d'un siècle inique, où le mal s'affichait publiquement ;

Où, les hommes divisés par leurs passions, les cœurs ne prenaient plus la peine de dissimuler leurs haines.

Le sédentaire tremblait ; les alarmes enveloppaient le nomade en marche ou au campement.

A ce moment parut l'épée d'Allah, Ziād... ! (1).

La mort ne lui laissa pas le temps d'achever son œuvre. Son programme sera repris par son fils et successeur, 'Obaidallah. Il en poursuivra inlassablement l'exécution, au milieu des troubles qui signalèrent le règne de Yazīd Iᵉʳ (2). L'énergie de Ḥaǵǵāǵ n'aboutira qu'à des « réformes partielles, à tenir en laisse la population de l'Iraq » (3). En désespoir de cause, il faudra, à certains moments, recourir à des mesures extrêmes : la déportation en masse des Bédouins perturbateurs. Ziād en expédiera 50.000 avec femmes et enfants au Ḥorāsān (4). Seul ce remède violent parviendra à assurer un répit momentané aux provinces orientales, où leur insubordination perpétuait l'anarchie. Le Bédouin — et ici nous nous trouvons d'accord avec Ibn Ḥaldoūn — le Bédouin demeure incapable de fonder un gouvernement.

Pour discipliner les nomades, les transformer en citoyens de l'empire arabe, en soldats de l'expansion islamique, Ziād songea à développer parmi eux le sentiment réligieux (5). Sprenger s'est laissé éblouir par les

---

(1) Ṭab., *Annales*, II, 78. Le poète 'Odail (*Aǵ.*, S. I. 139, 4) donne également à Ḥaǵǵāǵ le titre de سيف الله, déjà décerné à Mahomet par Ka'b ibn Zohair ; *Aǵ.*, XV, 149, 7 d. l. Ḥaǵǵāǵ accuse les traditionnistes de déformer les ḥadīṯ ; Ibn 'Asākir (éd. Badrān), IV, 76, 7 d. l.

(2) Cf. *Yazīd*, 131-144.

(3) Qotaiba, *Ma'ārif*, E. 136.

(4) Cf. *Ziād*, 109 etc.

(5) Il est compté parmi les « ascétes » ; I. 'Asākir (Badrān), V, 406.

théories renaniennes. Il attribue donc le succès du monothéisme qoranique parmi les Bédouins à leurs prétendues «convictions monarchiques»(1). Ziâd connaissait trop ses anarchiques administrés pour nourrir d'aussi extraordinaires illusions. Mais il a deviné l'importance du facteur religieux. Ainsi dans l'Europe médiévale, le christianisme avait civilisé les tribus barbares. Avant et après l'hégire, les poètes attestent la profonde influence produite sur les Arabes par les magnificences du culte chrétien. Par malheur, le rigide monothéisme qoranique ne possède pas de liturgie. Ziâd paraît avoir déploré cette lacune. Tout ce qu'il put faire, ce fut de donner plus de solennité à la prière publique du Vendredi.

Ḥaǵǵâǵ poursuivra le même but. M. L. Massignon (2) assure que les sermons de Ḥasan al-Baṣrī, son contemporain, « sont restés les plus sobres et les plus beaux prônes, *khoṭab*, que l'islam ait connus ». Je lui comparerais volontiers ceux de Ḥaǵǵâǵ, à la tournure si foncièrement arabe. Les deux orateurs développent fréquemment des thèmes identiques. Rien n'autorise à supposer que la tradition iraqaine, nettement hostile au vice-roi ṭaqafite, les lui a prêtés gratuitement.

« La mosquée est essentiellement citadine » (3). Pour transformer les Bédouins en citadins, ensuite en citoyens, Ziâd imagina de construire des mosquées monumentales qu'il orna de peintures et de mosaïques, à l'instar des basiliques byzantines (4). Les califes marwânides marcheront sur ses traces. C'est aux Omayyades et à leurs lieutenants ṭaqafites que l'islam devra la première ébauche de ce qu'on pourrait appeler le culte musulman. Un neveu de Ziâd, le ṭaqafite ʿObaidallah ibn Abi Bakra, pratiquera le premier à Baṣra les ablutions rituelles. Son initiative lui vaudra les plaisanteries grossières de la population bédouine de cette ville (5).

-----

(1) *Moḥammad*, I, 249.

(2) *Lexiq te nique de la mystique musulmane* (Paris, 1922), p. 171.

(3) Renan, *Marc Aurèle*. p. 410.

(4) Cf. *Ziâd*, 95. Pour l'éloquence religieuse de Ḥaǵǵâǵ, voir des spécimens dans Ibn ʿAsākir, *op. cit.*, IV, 48, 60 ; *ʿIqd*. III, 22. Je me demande comment M. Nöldeke a pu signaler l' « imponierenden Ceremoniell » de l'islam; *Orient al. Skizzen*, 104.

(5) I. S. *Ṭabaq.*, VII¹, 138, 10-14.

Du Qoran les nomades n'accepteront que les doctrines s'accordant avec leurs conceptions particularistes (1), par exemple la distinction entre conquérants et tributaires; ceux-ci destinés à nourrir les vainqueurs.« Combattez les mécréants...et parmi les possesseurs de l'Ecriture ceux qui ne suivent pas la religion de vérité, jusqu'à ce qu'humiliés ils paient le tribut» (2). Avec cet idéal, comment concilier la fusion des races ? A moins d'adopter la plus récente théorie des nationalistes turcs. Ils n'hésitent pas à distinguer, jusque dans le Qoran, des stipulations « universelles », *mojmal*, donc perpétuelles, intimées *urbi et orbi*, et d'autres « spécifiques », *mofaṣṣal*, ces dernières ne valant que pour un pays et pour une époque, donc temporaires de leur nature, sujettes à révision (3). Quel que soit l'accueil, réservé à ces doctrines modernistes par l'islam contemporain, les Bédouins du Ier siècle de l'hégire n'étaient, en aucune façon, prêts à les admettre.

Et voilà comment les remarquables hommes d'Etat sortis de Tāif échouèrent dans leur mission éducatrice auprès des Arabes de l'Iraq. Ils réussirent toutefois à atténuer momentanément les plus lamentables effets de l'anarchie bédouine. Résultat très appréciable. En permettant aux Omayyades d'organiser définitivement le califat, ils contribueront à la consolidation, ils assureront l'avenir de l'islam, pendant la crise de croissance qu'il traversa, au premier siècle de l'hégire, tâches qui avaient dépassé la capacité de 'Alī et de ses trois prédécesseurs.

---

(1) Pour le *ŧâr*, cf. Procksch, *op. cit.*, 66 etc., 73 etc.

(2) Qoran, 9, 29.

(3) Dr Ahmed Muhiddin, *Die Kulturbewegung im modernen Türkentum* (Leipzig, 1921), p. 57.

TABLE ANALYTIQUE (*).

(*) Très complaisamment compilée par mon confrère, le R. P. Ferdin. Taoutel.

Les chiffres indiquent les numéros des pages mis entre crochets. Les chiffres *gras*
renvoient aux passages les plus importants.

Esclaves, 85.

Exégèse, 65, 80, 128. (Cf. *Asbâb an-nozoûl*, *Tafsîr*).

Exil : Ţâif, lieu d' — des grands personnages, 129.

Exportation (l') à Ţâif, 69.

Extrême Orient, 96.

F.

Fadak (oasis), 6, 72.

Fâloûg, 40.

Farazdaq (poète), 134, 157.

Fatalisme, 152, 161. (Voir *Qoran*).

Fâţima, fille de Mahomet, son caractère, 53, 168, 179, 181, 185, 187. (Voir *Renan*).

Femmes: les — et le séjour à Ţâif, 51 etc.; énergie des — préislamites, 52-53; 99 ; 130 ; — ţaqafites recherchées, 131 ; 141. (Voir *Sobas'a*).

Fétiches, 28.

Fiğâr (bataille d'al-), 54, 98.

Financiers, 5, 117. (Voir *Banquiers*).

Foires : voir *Ḥîra*, *'Okâż*.

Forêts du Sarât, 22, 32, 114. (Voir *Chasse*).

Froment : le — donne de l'esprit, 138.

Fruits de Ţâif, 29, 33.

G.

Ġahilyya, 11, 56 ; licence, legs de la—, 193, 194.

Ġâḥiż : — et la légende de Ţamoûd, 57 ; il déclare intraduisible la poésie arabe,144; comment il juge les poètes de Ţaqîf, 150, 151, 153, 154 ; il proclame la supériorité intellectuelle des Ţaqafites, 160.

Ġailân, 30, 64, 65, 72, 93, 99, 119, 131, 142 ; ses poésies, 150.

Ġarîr (poète), qualifié de «'afîf », 157.

Ġaur, région basse, 18, 46,152. (Voir *Thâ-ma*.)

Ġazwân (mont), 18, 20, 23, 46, 62, 114, 129.

Généalogistes : leur partialité, 59.

Géographes arabes, 75. (Voir *Bakrî*, *Maqdisî*, *Yâqoût*).

Ġifâr (Banoû), 14.

Ġildân ou Ġildân, 24, 65, 106.

Ġodda : l'hiver à —, 50.

Ġoḏâm (Banoû), 40, 62, 66.

Ġoḥfa (oasis), 6.

Gomme, 113.

Ġoraš, 76, 94.

Ġošam, ancêtre des B. Ţaqîf, 68, 105.

Goudron, 22, 114.

Grammairiens : — à Ţâif, 142; leur jugement sur Omayya ibn Abi'ṣ-Ṣalt, 149 ; leur purisme exagéré, 155.

Guépard : chasse au —, 22.

Ġyara, ancêtre ţaqafite, 68.

H.

Ḥabîba (Omm), 131, 174.

Ḥadîţ, 12, 25, 34, 43, 47, 124; les «maulâs» et les — hostiles à Ţâif, 175.

Ḥaḏrâ' de Damas, 50.

Ḥağğâğ, 4, 16, 17, 29, 57, 58, 68,121, 133, 139 sqq., 153, 156, 159, 160, 168 sqq., 188 sqq.,195, 196. (Cf. *Ḥasan al-Baṣrî*).

Haġar : « porter des dattes à — », 35.

Ḥaibar (oasis), 6, « porter des dattes à—», 35 ; 46, 72, 75, 77, 83, 89. (Voir *Juifs*).

Ḥakam, Ḥakamides, 126,129.

Ḥâlid, fils du calife Yazîd Iᵉʳ, 171.

Ḥalîf : cf. *Aḥlâf*, 170.

Hamdânî (géographe) : son jugement sur le dialecte du Sarât, 142, 143.

Ḥanîf (les) : 81-82.

Ḥanîfa (Banoû) : Mahomet et les —, 183.

Ḥansâ' (poétesse), 75.

Ḥaram, 32 ; — de la Mecque, lieu d'asile, 91-92.

ERRATA.

P. 14,   n. 3, l. 4,   *au lieu de*   Aḫnaś,   *lire :*   Aḫnas.
P. 19,   ligne 19,   *au lieu de*   Gazwān,   *lire :*   Ǧazwān.
P. 20,   ligne 3,   *même correction.*
P. 21,   note 4 : « Pour اول تهامة , Yāqoūt a confondu Al-ʿArǵ de Ṭaif avec celle
entre Médine et la Mecque ».
P. 23,   note 5,   *au lieu de*   evec,   *lire :*   avec.
P. 31,   note 3,   »   nourrit-elle,   »   nourrit-elle.
P. 33,   ligne 11,   »   coigns,   »   coings.
P. 38,   note 1,   »   أثـرق ,   »   أزيرق .
P. 40,   note 5,   »   الكنر ,   »   الكدَر .
P. 40,   note 5,   *lire :*   Taisīr al-woṣoūl, III, 150.
P. 43,   note 1,   *au lieu de*   مطيب ,   *lire :*   مطيـب .
P. 46,   ligne 1,   »   Gaur,   »   Gaur.
P. 51,   note 0,   »   revindrons,   »   reviendrons.
P. 52,   n. 4, l. 2,   »   صبـ ,   »   اصبـ .
P. 59,   note 6,   »   بـبـ ,   »   بـتّـة .
P. 62,   ligne 9,   »   Goḏām,   »   Goḏām.
P. 64,   ligne 2,   »   باتّي ,   »   بوتّي .
P. 64,   dern. l.,   »   ǧār,   »   ǧār.
P. 77,   ligne 12,   »   Gaṭafān,   »   Ǧaṭafān.
P. 88,   note 5,   »   Ḏoū Nawās,   »   Ḏoū Nowās.
P. 96,   note 15,   »   aint,   »   aient.
P.110,   note 7,   »   Ṭaifites,   »   Qoraišites.
P.112,   note 4,   »   Hišām,   »   Hišām.
P.123,   ligne 1,   *mettre après* « aristocratie mecquoise », *le renvoi à la note* 1.
P.131,   note 2,   *au lieu de*   Amīna,   *lire :*   Amina, آمنة .
P.153,   note 3,   »   Osd, V, 209-291, »   V, 290-291.

TABLE GÉNÉRALE.

Page